中等职业教育创优导航文化素养提升系列丛书

语文导学基础模块 ◆上册

主 编 张剑锋 庞英芹

北京理工大学出版社
BEIJING INSTITUTE OF TECHNOLOGY PRESS

内 容 摘 要

本书是以高等教育出版社出版的中等职业教育课程改革国家规划新教材《语文》（基础模块上册）为主要参考教材编写的配套语文导学练习册。本书突出应用性、重视实用性，符合中等职业学校学生的学习现状和语文考试的需求。

本书在编写过程中参考中等职业学校语文教学大纲，依据课本的教学单元编写，结合教材特点和学生实际，练习突出双基训练，题型全面，内容丰富。该导学从题型上来说，涵盖了选择、填空、阅读和写作等题型；从内容上来说，和课文紧密结合，体现导向性，同时还注重课内阅读与课外阅读的有机结合，实现阅读能力的迁移转化；从练习册的体例上来说，不仅仅有大量的练习题，它还包括学习目标、文学常识、课文解析和知识积累等内容，可以帮助学生对以往知识记忆与理解。每一单元学习完毕，后面还有单元测试，以方便学生对单元教学内容进行检测。整册书学完后有综合检测题。单元检测和综合检测以"河北省普通高等学校对口招生考试语文试题"为模板，题型典型、新颖、难易适中，既注意结合教学单元内容，考查学生的基础知识和基本能力，也注重提升学生的应用能力和创新意识，不仅重视积累与拓展学生的语文知识，而且重视培养提高中职学生的语文综合能力。

版权专有　侵权必究

图书在版编目（CIP）数据

语文导学基础模块．上册／张剑锋，庞英芹主编．— 北京：北京理工大学出版社，2018.10（2022.11 重印）

ISBN 978-7-5682-6182-1

Ⅰ．①语⋯　Ⅱ．①张⋯ ②庞⋯　Ⅲ．①语文课－中等专业学校－教学参考资料　Ⅳ．① G634.303

中国版本图书馆 CIP 数据核字（2018）第 189042 号

出版发行／北京理工大学出版社有限责任公司
社　　址／北京市海淀区中关村南大街 5 号
邮　　编／100081
电　　话／（010）68914775（总编室）
　　　　　（010）82562903（教材售后服务热线）
　　　　　（010）68944723（其他图书服务热线）
网　　址／http：//www.bitpress.com.cn
经　　销／全国各地新华书店
印　　刷／定州市新华印刷有限公司
开　　本／787 毫米 ×1092 毫米　1/16
印　　张／15　　　　　　　　　　　　　　　　责任编辑／李慧智
字　　数／356 千字　　　　　　　　　　　　　　文案编辑／李慧智
版　　次／2018 年 10 月第 1 版　2022 年 11 月第 6 次印刷　责任校对／周瑞红
定　　价／40.50 元　　　　　　　　　　　　　　责任印制／边心超

图书出现印装质量问题，请拨打售后服务热线，本社负责调换

中等职业教育创优导航文化素养提升系列丛书

编写委员会

主　任　　张志增

委　员　　（按首字汉字笔画排序）

　　　　　于春红　韦玉海　陈宝忠

　　　　　张秀魁　张剑锋　张健智

　　　　　郝玉华　郭建成　黄书林

本书编写组

主　编　　张剑锋　庞英芹

副主编　　张维杰　张亚萍　李淑霞

参　编　　龙宏丽　宋海英　李慧卿

编写说明

编写目的及特点

多年来，中职学生使用的都是与教材配发的学科练习册，试题难度整体偏低，试题类型与对口高考试题也不十分一致，在实际使用中，老师们越发觉得语文学科练习册与广大学生的实际学习能力训练不匹配，主要表现在以下几个方面：

第一，忽视了基础知识的训练，学生最基本的修辞、病句等语文能力的培养得不到很好的落实；

第二，所设计的练习题，虽说与课文内容相结合，但对于参加对口高考的学生来说太过简单，不适用；

第三，课外拓展题虽然有一部分，但题型也不符合对口高考的题型。

为此，我们本着"以考纲为本，以生为本"的理念，编写了这套语文导学练习册。

结构体系、栏目设计

本书是以教育部颁发的《中等职业学校语文教学大纲》和《中等职业学校对口升学语文考试大纲》为依据，以"普通高等学校对口招生考试语文试题"为模板。

本书每一课基本都分五大部分：①学习目标；②文学常识；③课文解析；④知识积累；⑤知识检测。其中知识检测部分包括选择题、填空题、课内阅读和拓展阅读四个部分。

本书本着先易后难、先基础后综合、先知识后能力的原则，在知识点覆盖、题型设计、阅读材料选择等方面都进行了仔细斟酌和筛选，使学生既能全面掌握语文知识，又能及时准确理解课文内容，同时还能够延续初中刚接触的基础知识。

此外，每一个单元还设计了单元检测题，单元检测题严格按照中等职业学校对口升学考试2012年之后的高考题型设置。

与相邻课程的衔接情况

职高一年级语文基础模块上册教材和初中教材一脉相承，同时又是语文基础模块下册的基础，可以说语文基础模块上册是初中向职高的过渡阶段。因此在编写导学练习册的时候，我们注重文学常识和各种基础知识的积累。导学练习册体系开放而富有活力，它注重全面提高学生的语文素养，在设计上更加重视联系学生的生活实际，着眼于积累语言、启发思维、培养学生的语文能力。

本书既可作为职高学生的练习册，又可作为对口升学的辅导材料，同时还可作为教师的教学用书。

第一单元 ★★★★★★★★★★ 1

- 一 沁园春·长沙 2
- 二 爱情诗二首 9
- 三 歌词二首 16
- 四 再别康桥 22
- 第一单元检测题 30

第二单元 ★★★★★★★★★★ 37

- 五 故都的秋 38
- 六 离太阳最近的树 45
- 七 像山那样思考 53
- 八 窗前的树 59
- 第二单元检测题 66

第三单元 ★★★★★★★★★★ 73

- 九 哦，香雪 74
- 十 项链 81
- 十一 荷花淀 88

| 十二 棋王（节选） | 95 |
| 第三单元检测题 | 103 |

第四单元　　　　　　　　　　110

十三 改造我们的学习	111
十四 读书人是幸福人	118
十五 拿来主义	124
十六 文艺随笔二篇	131
第四单元检测题	138

第五单元　　　　　　　　　　146

十七 我的母亲	147
十八 金大力	154
十九 "探界者"钟扬	163
二十 国家的儿子	170
第五单元检测题	177

第六单元　　　　　　　　　　184

二十一 《诗经》二首	185
二十二 子路、曾皙、冉有、公西华侍坐	191
二十三 劝学	196
二十四 廉颇蔺相如列传	201
第六单元检测题	208

| 综合检测题一 | 214 |
| 综合检测题二 | 223 |

第一单元

一　沁园春·长沙

学习目标

1. 了解词的常识，掌握朗读技巧；培养学生掌握诗词中的意象和意境，并能独立分析诗词的能力。
2. 联系写作背景，让学生在感受词的魅力的同时，体会毛泽东的伟人情怀以及他那种豪放雄奇的风格。引导学生树立正确的人生观和远大的抱负。
3. 反复诵读并能品味富有表现力的语言。

文学常识

毛泽东，字润之，笔名子任。1893年12月26日生于湖南湘潭韶山冲一个农民家庭。1976年9月9日在北京逝世。中国人民的领袖，马克思主义者，伟大的无产阶级革命家、战略家和理论家，中国共产党、中国人民解放军和中华人民共和国的主要缔造者和领导人，诗人，书法家。

词，又称长短句，产生于唐代，流行于宋代。最初称为"曲词"或"曲子词"，是配音乐的，后来逐渐跟音乐分离，成为诗的一种，所以又称为"诗余"。

词的分类：词按字数的多少分小令（58字以内）、中调（59—90字）、长调（90字以上）。词的流派分豪放派和婉约派。豪放派作品气势豪放，意境雄浑，充满豪情壮志，给人一种积极向上的力量，代表作家是苏轼和辛弃疾。婉约派作品清丽含蓄，感情婉转缠绵，情调或轻松活泼，或婉约细腻，题材较狭窄，多是写个人遭遇、男女恋情，也有写山水、融情于景的，代表词人有柳永、秦观、李清照等。

课文解析

这首词作于1925年，当时革命运动正蓬勃发展。五卅运动和省港大罢工相继爆发，湖南、广东等地农民运动日益高涨。毛泽东直接领导了湖南的农民运动。同时，国共两党的统一战线已经确立，国民革命政府已在广州正式成立。这年深秋，毛泽东去广州主持农民运动讲习所,在长沙停留,重游橘子洲,面对如画的秋景,回忆在长沙的求学生活和革命斗争经历,不禁浮想联翩,写下了这首词。

上阕描绘了一幅多姿多彩、生机勃勃的湘江寒秋图,并即景抒情,提出了苍茫大地应该由谁来主宰的问题。"看万山红遍,层林尽染",一个"看"字,总领七句,描绘了独立橘子洲头所见到的一幅色彩绚丽的秋景图。这七句,为下面的抒情提供了背景,烘托了气氛。"怅寥廓,问苍茫大地,谁主沉浮?"的感叹,道出了词人的雄心壮志,表现了他的博大胸怀,由写景直接转入抒怀,自然带出下半阕的抒情乐章。

下阕着重抒情,但也不乏情中含景之处。"忆往昔峥嵘岁月稠",以峥嵘形容岁月,新颖、形象,自然地引起对往昔生活的回忆,将无形的不平凡岁月,化为一座座有形的峥嵘山峰,给人以巍峨奇丽的崇高美。"恰同学少年,风华正茂"一个"恰"字,统领七句,形象地概括了早期革命者雄姿英发的战斗风貌和豪迈气概。"中流击水,浪遏飞舟",也是一幅奋勇进击、劈波斩浪的宏伟画面。可以说,这首词的崇高美,是以情为经线,景为纬线,交织而成的。

全词通过对长沙秋景的描绘和对青年时代革命斗争生活的回忆,抒写出革命青年对国家命运的感慨和以天下为己任,蔑视反动统治者,改造旧中国的豪情壮志。

知识积累

1. 给加点字注音。

漫江(　　)　　百舸争流(　　)　　怅寥廓(　　)　　白侣(　　)

挥斥方遒(　　)　　浪遏飞舟(　　)　　竞争(　　)

2. 解释下列词语。

风华正茂:

怅寥廓:

沉浮:

遏:

知识检测

一、选择题

1. 下列词语中,读音有错误的一组是(　　)

A. 寒秋(qiū)　　寥廓(kuò)　　明净(jìng)　　可测(cè)

B. 沙哑（yǎ）　　清冽（liè）　　哽咽（yè）　　嗅觉（xiù）

C. 耐（nài）心　　禅（chán）师　　油腻（nì）　　厌恶（wù）

D. 露（òu）出　　沉（chén）浮　　污秽（huì）　　掀（xiā）动

2. 下列句子中，没有错别字的一句是（　　）

A. 粪土当年万户侯。

B. 指点江山，击扬文字。

C. 曾记否，到中流及水，浪遏飞舟？

D. 看万山红遍，层林近染。

3. 下列句子中，没有错别字的一组是（　　）

A. 疑惑　笨绌　污秽　灌概　　　　B. 击水　寥廓　激扬　峥嵘

C. 桥墩　含糊　镇净　简练　　　　D. 慎重　耐心　长空　既使

4. 依次填入下面空缺处的词语，最恰当的一项是（　　）

　　____长空，鱼翔浅底，万类____竞自由。怅寥廓，问____大地，谁主____？

A. 鹰击　霜天　苍茫　浮沉　　　　B. 鹰击　天霜　苍茫　沉浮

C. 鹰击　霜天　苍黄　沉浮　　　　D. 鹰击　霜天　苍茫　沉浮

5. 下列句中标点符号使用正确的一项是（　　）

A. 他的节奏、他的理念，超越了大多数人，所以容易产生争议；有争议，说明受关注；有争议，说明他人气旺。

B. 王老师走进教室，问道："作业写完了吗？同学们。"

C. 实践，要靠认识来指导；认识，要靠实践去检验：实践和认识是密切相关的。

D. 凭着坚忍不拔的毅力，他成为能诗、能画、能写、和能制印的大艺术家。

6. 下列句子没有语病的一项是（　　）

A. 辛亥革命推翻了清王朝统治，结束了几千年君主专制制度，传播了民主共和理念，至今仍深刻影响着每一个国人。

B. 幼儿要受到科学的学前教育，获得身心健康发展，主要取决于幼儿园能否提供适合他们年龄特点的保育教育活动。

C. 针对某大型超市以普通蔬菜冒充有机蔬菜、以虚假商品说明欺骗消费者等，工商部门对涉案门店进行了依法处理。

D. 近几年来，食品加工企业的原材料成本累计涨幅超过40%左右，由于一些中小企业缺乏竞争力，已经出现了亏损。

7. 下列对文章的解读不正确的一项是（　　）

A. 《沁园春·长沙》的上阕描绘了一幅多姿多彩、生机勃勃的湘江寒秋图。

B. "看万山红遍，层林尽染"，一个"看"字，总领七句，描绘了独立橘子洲头所见到的一幅色彩绚丽的秋景图。

C. "恰同学少年，风华正茂"一个"恰"字，统领七句，形象地概括了早期革命者雄姿英发的战斗风貌和豪迈气概。

D.《沁园春·长沙》的下阕着重写景。"忆往昔峥嵘岁月稠"，以峥嵘形容岁月，新颖、形象，自然地引起对往昔生活的回忆。

8. 下列各句中，加点的成语使用恰当的一句是（   ）

A. 我本来就对那里的情况不熟悉，你却硬要派我去，这不是差强人意吗？

B. 事故的隐患越来越明显，厂领导还是认为不足为训，以致酿成了大火。

C. 向别人学习要有恭恭敬敬、老老实实的态度，自命清高是不可能学有所成的。

D. 为了提高工作效率，必须杜绝侃侃而谈、废话连篇的工作作风。

9. 对下列各句所使用的的修辞手法判断正确的一组是（   ）

①从外面看，一只睡醒了的船隐藏在一堆黑影里。

②一声声的问候，一份份不期而至的礼物，都是用真情渲染的一幅幅美丽的图画。

③红军一天一夜行军一百二十里，赛过了敌人的四个轮子。

④无耻啊！无耻啊！这是某集团的无耻，恰是李先生的光荣。

A. 拟人　比喻　借代　反复

B. 比喻　排比　借喻　排比

C. 拟人　比喻　借喻　排比

D. 比喻　排比　借代　反复

10. 下列各句中，措辞得体的一项是（   ）

A. 这是鄙人的近作，希望您好好拜读，并提出宝贵意见。

B. 鲁迅先生不幸逝世，噩耗传来，举国哀悼。

C. 张老师，我们全班同学都很赏识您的教学方法。

D. 中国政府历来主张，地区间的矛盾应以和平方式解决，不能两句话说不到一块，就动刀动枪的。

二、填空题

1.《沁园春·长沙》的作者是_____。本文的文章体裁是_____。

2. 鹰击长空，鱼翔浅底，_____。

三、课内阅读

阅读下面的课文选段，完成后面各题。

独立寒秋，湘江北去，橘子洲头。

看万山红遍，层林尽染；漫江碧透，百舸争流。
鹰击长空，鱼翔浅底，万类霜天竞自由。
怅寥廓，问苍茫大地，谁主沉浮？
携来百侣曾游。忆往昔峥嵘岁月稠。
恰同学少年，风华正茂；书生意气，挥斥方遒。
指点江山，激扬文字，粪土当年万户侯。
曾记否，到中流击水，浪遏飞舟？

1. 请概括选文上阕和下阕的主要内容。

2. 选文的前三句，点明了_____、_____。其作用是什么？

3. 如果让你给这首词配乐朗诵，你会选择哪一首曲目？说说理由。

4. 选文的第四到第十句，描写了湘江大自然的寒秋景色。一个_____字，领起了下文景色的描写。写景层次分明：_____、_____、_____、_____，依次写来；远眺、近看、仰视、俯视、上下、高低、动静结合，写出了寒秋中国江山呈现的美丽画面和万物在寒流里争取生存自由的斗争情景。

5. 词句"怅寥廓，问苍茫大地，谁主沉浮？"在结构上起_____作用。

6. 你认为那些词句表现出革命青年们对反动统治者的极端蔑视，表现出他们大无畏的战斗气魄？

7. 结尾三句，如果让你写一段话表现出作者的豪情壮志，你会怎样写？

四、拓展阅读

回家的花朵

李雪峰

①四月的时候，星星点点的蒲公英便绽开了，在春天湿漉漉的氤氲着*丝丝缕缕乳白*

地汽的田塍上，印满牛羊蹄印的纷乱村间小道两侧，甚至在山坳背阴处那些还没有融化的一片一片残雪里，甚至村庄生满幽绿苔藓的墙基或台阶缝隙里，或者那些泥土斑驳墙头生满了蓬草的残墙败垣上。

②蒲公英开了，它从草长莺飞的春天，绽开过长长的夏天，甚至金黄到秋天的深处，当漫山遍野的野菊染尽乡村山野的时候，还有三三两两的蒲公英开着呢。它们黄绒绒地亮着，泥土就还醒着，村庄就还醒着，鸟儿和虫子就还醒着，直到一场漫天漫地的鹅毛大雪之后，它们在白皑皑的雪层下沉睡了，泥土就也沉沉睡去了，村庄以及世界上的一切也都沉沉地睡去了。

③<u>蒲公英是春天最早醒来的，它醒了，大地就醒了，村庄的春天就醒了，村庄新一轮的岁月就醒了</u>。村庄的女人们在乍暖还寒的初春就早早把它们带进城市里，那时它们有的刚冒芽，有的刚鼓起三五个青豆般嫩嫩的蕾，有的刚绽开了黄绒绒的一两朵花。它们被摆放在城市拐角处冰冷的马路沿上，但更多的是被放在两个简陋的竹筐里，或是散乱地挤在一个个肮脏得已看不出颜色的蛇皮袋子里，在村庄女人们高一声低一声的胆怯叫卖声中，流浪在城市的喧嚣声或那一条一条仄斜而沉寂的幽长小巷里。

④它们是到城市寻找它们的亲戚的。

⑤那些从乡村走进城市的人家，那些在城市里生活了多，但根须还没有从乡间泥土里全部拔出来的人，那些在市声里沉睡，但梦的脚趾还常常粘满泥土的人，他们都是蒲公英的亲戚，他们常常会买几小扎的蒲公英，把它晾干了冲茶，或洗净剁碎了掺杂着做吃食，败火祛毒，给身心重新赋予乡野的清爽之气和生命的自然气息。

⑥我也是蒲公英的一个亲戚，从一百二十多里远的乡下老家到这小城里来生活，转眼就二十余了，从一个乡间的木讷青，变成了市井中一个临近不惑的人。我也常常掏几角钱买三五扎蒲公英冲茶，或者剁碎了摊几张饼子吃。我家的墙壁上，常常挂几束已经风干的蒲公英，或在院子里晾晒一些还带着一层乡间水气的湿漉漉的蒲公英。

⑦去深秋时，我又买回了十几扎蒲公英，那是些十分新鲜的蒲公英，叶子虽然已经被霜蜇得有些灰黑了，但褐色的根茎却饱满丰盈，粘着些湿漉漉的泥土，许多的蒲公英已经鼓了些米粒般大小的青蕾。我把它们淘洗干净，摊放在竹筛里静静地晾晒。有一个午后，我发现已经晾晒了几天的蒲公英，有几朵竟然又开花了，那金黄色的花朵，在根叶已经被晒得一片灰黑的竹筛里分外耀眼，在秋天的阳光里簇闪着金色的光泽。

⑧又过了许多天，我发觉那些蒲公英已经彻底风干了，而那许许多多的花蕾都已绽开过，花朵早谢了，成了白絮絮的一朵朵绒球，向晚的风轻轻一吹，那些绒球便沸沸扬扬飘起来，像一片片飞扬的微雪，从竹筛里沸扬到阳台上，飘过高高的楼顶，飞进了远远的天空里，随着一缕一缕的风飞走了。

⑨它们是要飞成天上的白云，是要随着那些流浪的云朵，飞回到遥远的乡间的田塍上、山坳里，是要迢迢地回到自己的乡野老家吗？

⑩花朵是植物的心灵,是一棵草或一棵树的灵魂,而蒲公英的灵魂已跟着一缕晚风或流云迢迢回到了它的老家去,来,它们将又会在河畔、在山涧萌芽、展叶、开花,重新点亮自己的乡野或田园。而一个辗转离乡的人,一个为生计而漂泊游离自己故园的人,他们什么时候能让自己的心灵回到自己的老家,什么时候能让自己的灵魂回到生育和养育我们生命的那一片泥土上呢?

灵魂或许是不会流落的,它注定永远属于某一粒土。不管岁月多么苍凉,不管脚步多么遥远,不管回家的路多么漫长,不管生命多么沉浮,它们都是一定要飞回去的,回到一粒熟稔温热的泥土上,回到一缕低低盘旋的炊烟里,回到一条歪歪的田塍上,回到一声苍老的召唤里……

1. 文中的蒲公英有哪些特点?请简要概括。

2. 解释第③自然段中画线句子的含义。

3. 文章标题是"回家的花朵",请探究其中的意蕴,并联系实际谈谈你的理解。

4. 下列对文章的分析和概括,正确的一项是(　　)
A. 第①段描写了蒲公英的生长环境,说明蒲公英生长环境恶劣,呼吁人们要关爱蒲公英。
B. 第⑤段"根须还没有从乡间泥土里全部拔出来的人"是指住在城市但还会回乡劳作的人。
C. 第⑧段采用了拟人的修辞手法,写出了蒲公英的种子随风飞扬的样子,生动形象。
D. 本文借物抒情,表面上写蒲公英,实际是写以作者为代表的离乡漂泊的人,感情真挚。

二 爱情诗二首

学习目标

1. 能流畅而有感情地诵读两首诗，提高阅读和鉴赏能力；通过诵读和品味，能说出诗中意象的丰富内涵；
2. 通过把握诗中形象来理解作者的情感和诗的意境；
3. 体会作者真挚的情怀、陶冶高尚的情操，树立学生正确的爱情观。

文学常识

舒婷，原名龚佩瑜，1952年出生，祖籍福建泉州。当代女诗人，朦胧诗派的代表作家之一。《致橡树》是朦胧诗派的代表作之一，与北岛、顾城齐名，但事实上，她的诗歌更接近上一代有较浓意味的传统诗人，反抗性淡漠了许多。1979年开始发表诗歌作品。著有诗集《童年絮味》《双桅船》《会唱歌的鸢尾花》《始祖鸟》，散文集《心烟》《秋天的情绪》《硬骨凌霄》《露珠里的"诗想"》《舒婷文集》（3卷）《真水无香》等。

裴多菲，19世纪匈牙利伟大的爱国诗人，出身于一个贫困的屠户家庭，当过兵，做过流浪艺人，领导了1848年匈牙利革命，在为国牺牲时年仅26岁。他15岁开始写诗，共写了八百多首抒情诗和九首长篇叙事诗，最著名的抒情诗有《民族之歌》《自由与爱情》《我愿意是急流》等，最著名的叙事诗有《勇敢的约翰》。裴多菲被誉为匈牙利"抒情诗之王"。

课文解析

《致橡树》发表于1979年《诗刊》第4期，30多年前的中国，"文革"刚刚结束，人们思想上的藩篱还没有彻底清除。"文革"十年，人性遭到蔑视，人的尊严遭到肆无忌惮的践踏。爱情，这一人类生活中必不可少的精神现象，在十年动乱中更是遭到贬低甚至扼杀。当时不少诗文中所描写的男女主人公，除了有革命的理想和激情之外，再没有其他的"欲望"，"爱情"这一"资产阶级的感情"更是与革命者的身份格格不入。

但是即使是在令人窒息的年月，诗人也毫不畏惧地把她的触角伸向人性的各个领域，对人的思想和感情做了细致的观察和体验。在打破了思维上的清规戒律之后，诗人勇敢地表现了对血肉丰满、精神高尚的人格的追求，作者在自己的诗中大胆地描写了对爱情的渴望，以及爱情生活中的各种体验和情状。这首诗集中表现了作者理想中纯洁热烈而高尚的爱情。这是作者的爱情宣言，这是一个经历了血与火洗礼的中国当代女性对爱情的不懈追求。这首诗抒写的不是个人狭小感情圈子的缠绵悱恻和朝花夕月，它的新颖独特，为新时期诗歌中的爱情描写吹进了一股清风。

《我愿意是急流》写于1847年。1846年，作者爱上一个伯爵家的美丽姑娘——尤丽娅，由于家境的悬殊，遭到对方家庭的强烈反对。1847年秋，裴多菲还是与心爱的人结为伉俪。这首诗的创作，可以看作爱情的表达。

当然，这首诗还可以看作一首政治抒情诗，《我愿意是急流》是紧随大家都熟悉的那首《爱情与自由》之后，都是在1847年写的，当时正处在1848年欧洲革命、匈牙利民族解放战争的前夜。爱情，这时在诗人心中不仅有风花雪月的轻柔甜蜜，也蕴蓄着为自由而牺牲生命的崇高。

知识积累

1. 给下列加点字注音。

慰藉（　　）　　雾霭（　　）　　流岚（　　）　　虹霓（　　）
炫耀（　　）　　稠密（　　）　　做窠（　　）　　懊丧（　　）

2. 解释下列词语。

慰藉：　　　　　　　　　　　　流岚：

雾霭：　　　　　　　　　　　　伟岸：

虹霓：　　　　　　　　　　　　懊丧：

知识检测

一、选择题

1. 下列加点字注音全部正确的是（　　）

A. 慰藉（jí）　　雾霭（ǎi）　　稠密（chòu）　　红硕（shuó）

B. 凌霄花（xiāo）　虹霓（ní）　　做窠（guǒ）　　废墟（xū）

C. 刀戟（jǐ）　　攀援（yuán）　　崎岖（qí）　　长春藤（téng）

D. 流岚（fēn） 威仪（yì） 懊丧（sàng） 绿荫（yīn）

2. 下列各组词语中有错别字的一项是（   ）

A. 崎岖　稠密　废墟　攀援　　　B. 火焰　闪现　广漠　珊瑚

C. 苍白　辉煌　鲜艳　雪崩　　　D. 咒骂　常规　和霭　青苔

3. 下列句子没有运用比喻修辞的一项是（   ）

A. 你的铜枝铁干像刀，像剑，又像戟。

B. 我们仿佛永远分离，却又终身相依。

C. 我红硕的花朵像沉重的叹息，又像英勇的火炬。

D. 我绝不像攀援的凌霄花，借你的高枝炫耀自己。

4. 下列朗读节奏划分不正确的一项是（   ）

A. 绝不／像攀援的／凌霄花　　　B. 常年／送来／清凉的／慰藉

C. 作为／树的形象／和你／站在一起　D. 这才是／伟大的／爱情

5. 下列各句中，与例句的修辞手法相同的一项是（   ）

例句：我必须是你近旁的一株木棉，作为树的形象和你站在一起。

A. 我们分担寒潮、风雷、霹雳，我们共享雾霭、流岚、虹霓。

B. 我如果爱你——绝不像攀援的凌霄花，借你的高枝炫耀自己。

C. 我们要枕着沙滩，也让沙滩多情地抚摸我们赤裸的情感。

D. 我们是一群东奔西闯狂妄自信的探险家啊。

6. 下列各句中，加点的成语运用正确的一项是（   ）

A. 在喜迎国庆、欢度中秋联欢晚会上，她声情并茂地朗诵了舒婷的《致橡树》。

B. 有人说生活提高了，生产就会提高，这是舍本逐末的说法。

C. 你的方案为我们节省了时间，提高了工作效率，作为始作俑者，你理应接受我们的谢意。

D. 小明的作文一直不好，他上了作文辅导班以后，一下子升堂入室了，受到了老师的表扬。

7. 下列各句中没有语病的一句是（   ）

A. 我们总不能成天幻想远方，只是向往，只是想往，而抛弃现实。

B. 鸦片战争以来的中国近代史，对于大多数中学生是比较熟悉的，重大的历史事件都能说得一清二楚。

C. 为保持北京的古都风貌，在北京市旧城区改造中，新的建筑应以故宫和皇城为中心向外分七个层次逐步提高。

D. 初涉文坛，她的第一部处女作就是这样一部意味深长的巨著，不能不令人刮目相看。

8. 依次填入下面一段文字横线处的语句，衔接最恰当的一项是（   ）

第一单元

我们知道这么一种情况,在琴厚重的人文积淀之外,琴的审美在世界音乐中独树一帜。_____,_____。_____,_____,_____,_____。难怪世界为之惊叹。

①琴没有肆意的宣泄　②琴与诗歌密不可分　③从而创造出一种空灵的意境　④这和国画的审美追求是统一的　⑤只在含蓄中流露出平和超脱的气度　⑥都讲求韵味,讲求弦外之音,虚实相生

A. ①⑤②⑥③④
B. ②⑥④①③⑤
C. ①⑤②③④⑥
D. ②④⑥①⑤③

9. 下列各句中所运用的修辞方法与其他三句不同的一项是(　　)
A. 在这儿还可以看见清清楚楚的春天的背影。
B. 他们谨小慎微,无非是怕说错了话丢了乌纱帽。
C. 看看诗人是怎样用笔墨给我们描绘春天的景色的。
D. 她爱这里的一草一木,她爱这里的一切。

10. 下列句子中加点的词语使用正确的一句是(　　)
A. 咱们分别时你送我的礼物,我一直惠存着。
B. 你的文稿,我已看了,对其中不妥当的几处,我斗胆加以斧正。
C. 大作已拜读,唯几处有疑,特致函垂询。
D. 拙作奉上,自己总觉得惶恐不安,望哂笑之余,不吝赐教。

二、填空题

1. 《致橡树》的作者是中国_____诗派的代表诗人_____;《我愿意是急流》的作者是19世纪_____(国家)诗人_____献给未婚妻尤丽娅的一首情诗,它以优美的语言表达了深刻的主题。

2. 《致橡树》的主旨句是_____。

三、课内阅读

我如果爱你——

绝不像攀援的凌霄花

借你的高枝来炫耀自己;

我如果爱你——

绝不学痴情的鸟儿

为绿荫重复单调的歌曲;

也不止像泉源，
长年送来清凉的慰藉；
也不止像险峰，
增加你的高度，衬托你的威仪。
甚至日光。
甚至春雨。
不，这些都还不够！
我必须是你近旁的一株木棉，
作为树的形象和你站在一起。
根，紧握在地下；
叶，相触在云里。
每一阵风过，
我们都互相致意，
但没有人，
听懂我们的言语。
你有你的铜枝铁干，
像刀，像剑，
也像戟；
我有我红硕的花朵，
像沉重的叹息，
又像英勇的火炬，
我们分担寒潮、风雷、霹雳；
我们共享雾霭、流岚、虹霓，
仿佛永远分离，
却又终身相依。
这才是伟大的爱情，
坚贞就在这里：
爱——
不仅爱你伟岸的身躯，
也爱你坚持的位置，足下的土地。

1. 阅读全诗，概括诗歌的主题。

2. 诗中的"橡树""凌霄花"和"痴情的鸟儿"各暗指什么？

3. 诗中在写到"凌霄花""痴情的鸟儿"时，用的是"绝不"，而写到"泉源""险峰""日光""春雨"时则用的是"不止"。试分析作者的感情变化。

4. 下面对诗歌赏析有误的两项是（　　）
A. 橡树、木棉等植物在诗中就是自然界中的树木，没有别的意义。
B. 《致橡树》不是一般意义上的"写给橡树"，而是写给自己心目中的恋人的。
C. 诗歌中的木棉树很美，但也只是高大的橡树的一个陪衬。
D. 诗歌中所歌颂的爱应该是互相尊重、心心相印，而又各自保持着独立的个性。
E. 《致橡树》热情而坦诚地歌唱了诗人的人格理想，比肩而立，各自以独立的姿态深情相对的橡树和木棉，可以说是我国爱情诗中一组品格崭新的象征形象。

四、拓展阅读

欢　乐

何其芳

告诉我，欢乐是什么颜色？
像白鸽的羽翅？鹦鹉的红嘴？
欢乐是什么声音？像一声芦笛？
还是从簌簌的松声到潺潺的流水？
是不是可握住的，如温情的手？
可看见的，如亮着爱怜的眼光？
会不会使心灵微微地颤抖，
或者静静地流泪，如同悲伤？
欢乐是怎样来的？从什么地方？
萤火虫一样飞在朦胧的树阴？
香气一样散自蔷薇的花瓣上？
它来时脚步上响不响着铃声？
对于欢乐我的心是盲人的目，
但它是不是可爱的，如同我的忧郁？

二　爱情诗二首

1. 在这首诗里，诗人从＿＿＿＿、＿＿＿＿、＿＿＿＿、＿＿＿＿等不同角度描写了"欢乐"。

2. 诗歌用各种具体形象来比喻"欢乐"，让读者把握住"欢乐"这种情绪性的东西。请结合诗句对其比喻及其效果作一点具体说明。

3. 诗人认为欢乐是"静静地流泪，如同悲伤"。你怎样理解？

4. 对这首诗理解与分析不恰当的一项是（　　　）

A. 这是一首柔美的小诗，其最大特色是：诗人用通感的手法，借助各种感官知觉，以具体的比喻意象，呈现了自己对欢乐这一高度抽象情感的层层体验。

B. 第一节，诗人借助听觉和色彩视觉，将欢乐的深层美及其深层体验呈现在读者面前。欢乐是赏心悦目、心旷神怡、轻松明丽的一种心象景观。

C. 第二节，诗人则调用触觉和视觉，敏锐地抓住欢乐沁人心脾、暖人身心的表层审美特质及其体验。欢乐是一份能够使心灵"微微颤抖"的慰藉、关怀和呵护。

D. 第三节，诗人将动态的视觉、嗅觉和听觉，交替使用，勾勒出欢乐如水中花、雾中月的飘忽不定，把自己从欢乐的沉思冥想中突然拉回铁一般冷酷的现实，暗示了现实中没有乐土以及诗人内心的忧郁、孤独和彷徨。

三　歌词二首

【学习目标】

1. 整体感知歌词内容，体会歌词所表达的思想感情。
2. 反复诵读，欣赏歌词的艺术特色。
3. 初步学习写作简单的自由诗。

【文学常识】

瞿琮，湖南长沙人。1944年7月5日出生于四川广安。字泽林，笔名，素娥、楠杉、曲中次仁。中国人民解放军文职将军。中国音乐文学学会副主席。中国音乐文化促进会副主席。中国当代诗人、作家、记者、音乐文学理论家。出版《瞿琮文集》12卷及音像作品卷《我心如歌》《真水无香》。

屈塬，男，1959年10月生，陕西省乾县人，词作家，诗人，国家一级编剧，解放军第二炮兵政治部文工团团长，大校军衔。主要作品有《传说》《天路》《大地》《呼唤》《一梦千年》及西部三部曲（《西部放歌》《西部情歌》《西部赞歌》）等。

【课文解析】

《我爱你，中国》饱含着对祖国的赞颂和爱恋之情，歌词画面动人，旋律优美，情感真挚。

《天路》表达了人们对幸福生活、民族团结的向往，歌词贴近生活，深情婉转，具有强烈的艺术感染力。

【知识积累】

1. 给加点字注音。

淙淙（　　）　　瞿琮（　　）　　青稞（　　）　　酥油茶（　　）

2. 解释下列词语。

翻山越岭：

巍峨：

淙淙：

【知识检测】

一、选择题

1. 下面词语书写完全正确的一组是（   ）

A. 决望 逆境 生生不息 滋润

B. 蓬勃 硕果 巍峨 拥有

C. 徘徊 隐形 吉祥 脉博

D. 嘹亮 艰强 凝望 翱翔

2. 下列各组词语中，没有错别字的一组是（   ）

A. 缉私 摇曳 迫不急待 优柔寡断

B. 屏障 浪费 针砭时敝 面面俱到

C. 涣散 拼凑 浑身是胆 刚愎自用

D. 和霭 布置 陈词滥调 破釜沉舟

3. 下列句子中成语的运用，最恰当的一项是（   ）

A. 他们是好朋友，一直相敬如宾。

B. 小张很讲究学习方法，常常取得事倍功半的效果。

C. 运动会上体育委员急功近利，终于取得了优异的成绩。

D. 我与他只是萍水相逢。没想到危难之际他能舍身相救。

4. 下列句子中，语意明确，没有语病的一句是（   ）

A. 我们应该注意培养学生观察问题，解决问题和分析问题的能力。

B. 上星期，校长参观学习了省级示范性学校开展课外活动的先进经验。

C. 这位语言大师笔下的人物个个栩栩如生。

D. 如何防止青少年，尤其是中小学生在学校周边免遭抢劫是一件大事。

5. 依次填入下列各句横线处的词语，恰当的一组是（   ）

① 物理课上，李文君对牛顿第一定律_____，可刘老师却说无数事实证明了这是一个不容_____的问题。

②在这次研究性学习过程中,李强事先没有对他的课题进行充分的调查研究,_____做出了错误的结论。

　　A. 质疑　置疑　以致　　　B. 质疑　置疑　以至

　　C. 置疑　质疑　以至　　　D. 质疑　置疑　以致

6. 下列选项中的诗句填入《夏日西斋书事》一诗画横线处,恰当的一项是(　　)

榴花映叶未全开,槐影沉沉雨势来。_____,满庭鸟迹印苍苔。

　　A. 只道林间无人至　　　B. 小院地偏人不到

　　C. 门巷深深过客稀　　　D. 寒气偏归我一家

7. 下列句子中,标点符号使用正确的一句是(　　)

A. 小河对岸三、四里外是浅山,好似细浪微波,线条柔和,蜿蜒起伏,连接着高高的远山。

B. 证券交易所内那些穿红马甲的人便是经纪人,穿黄马甲的人则是管理和服务人员;这是全世界都统一的。

C. 他从报上看到某大学研究生院和《中国文化》编委会联合主办《中国文化与世界文化暑期讲习班》的招生启事,立刻写信去报名。

D. "唉!"作家叹道,"红尘之中,人海茫茫,要找出个不知姓名的陌生人来,这不是大海捞针吗?"

8. 下列各句中,所使用的修辞手法不同于其他三句的一项是(　　)

A. 林冲信步投东,雪地里踏着碎琼乱玉。

B. 黄发垂髫,并怡然自乐。

C. 沙鸥翔集,锦鳞游泳。

D. 上面坐着两位老爷:东边的一个是马褂,西边的一个是西装。

二、填空题

1.《我爱你,中国》的作者是_____。

2.《天路》的作者是_____。

三、课内阅读

清晨我站在青青的牧场

看到神鹰披着那霞光

像一片祥云飞过蓝天

为藏家儿女带来_____

三　歌词二首

黄昏我站在高高的山岗
盼望铁路修到我家乡
一条条巨龙翻山越岭
为雪域高原送来安康

那是一条_____的天路
把人间的温暖送到边疆
从此山不再高路不再漫长
各族儿女欢聚一堂

黄昏我站在高高的山岗
看那铁路修到我家乡
一条条巨龙翻山越岭
为雪域高原送来安康

那是一条神奇的天路
带我们走进人间天堂
青稞酒酥油茶会更加香甜
幸福的歌声传遍四方

1. 给文中空白处填入恰当的词。

2. 歌词中的"天路"指的是什么？

3. 理解"一条条巨龙，翻山越岭　为雪域高原送来安康"一句。

4. 根据歌词的内容和曲谱的旋律，如何演唱这首歌，下面有四种说法，请指出有误的一项（　　）

A. 《天路》是一首抒情性的歌曲，旋律特征鲜明，西藏风格典型突出，音乐素材简约凝炼。

· 19 ·

B. 在歌词"摆字"上也做了精心设计，十分巧妙地利用相同的节拍速度，形成不同的节奏语感的变化。

C. "从此山不再高路不再漫长，各族儿女欢聚一堂"，耐人寻味，前半句拉开与藏谣的距离，后半句又不露痕迹落叶归根。

D. 作曲家照搬套用藏族民歌旋律，而是将骨干音调的高低长短重新排列组合，使人听上去新颖别致。

四、拓展阅读

长城

鲍昌

因为深秋的季节已至，下山的时候已晚，我看见落日熔金，照得你如火嫣红。在猎猎西风扑刺下，砖缝间的野草开始黄枯，基石下的酸枣变了颜色。这时，听不见秋虫之低吟，却在仰天一瞥时，看到了黄云间的归鸿。

那是沿循昭君出塞的老路吗？那是飞向苏武牧羊的北海吗？在伫立的凝思中，我想象那飞鸿乃是悠悠岁月的见证。曾几何时，黑云掩没了月色，雨雪纷纷地袭来，胡马长嘶，觱篥哀鸣，狼烟在山头升起，矢刃在石间摧折；当将军战死、燕姬自刎、旌旗横倒、死尸相撑，战场上的一切声音沉寂之后，只有红了眼睛的野犬在吞噬谁家的"春闺梦里人"了。

所以我说，你是一卷凄婉的历史，长城！

于是，在人们的一种执拗的幻想里，你被建造出来。那是自我保护、自我心理平衡的幻想。墙高六七米，墙厚四五米，随山就坡，险峻万状，自渤海之滨，复绝荒漠，蜿蜒竟达六千七百公里。戍楼高耸，斥堠连绵。你用一座座雄关，卡住咽喉古道，构成北门锁钥。这使得互市的商旅，为之蹙眉；却又使历代的皇帝心中安泰，他们自以为统治下的"中央之国"固若金汤，无求于人，万寿无疆。

所以我说，你又是民族封闭的象征，长城！

但幻想毕竟是幻想，封闭终不能封闭。几多和番公主的幽魂，带着环佩的响声在月夜中归来了。几多寒霜冻硬的弓弦，射出了断喉的利箭。蓟门被踏平，燕台被摧垮，呼啸着风声的宝剑，掀翻了太液秋波。由是人们发现：边墙不再是屏障，紫塞（注：指长城）不再是嶔奇。它变得可笑，仿佛受尽了时间与空间的嘲弄。在风沙剥蚀下，它过早地衰老了。

所以我说，你是一个文化愚钝的标志，长城！

正因为如此吧，现在你敞开胸襟了。你毫不羞怯地迎来了四面八方的亿万游人。他们之中有总统，有商人，有教师，有学生，有开心的演员与体育明星。照相机咔嚓咔嚓响着，但响声又被哗哗的笑声淹没。我不知道他们各自的目的，但是他们来了，来了。他们的来，使你显得十分开放，而又充满自信。我看到一位风姿潇洒的外宾，踏上烽火台的顶端，向什么人频频飞吻，接着高举双臂，做成一个V字，仿佛向着美好的未来，发出爽朗的笑声。

哦，长城！我不知你对此做何感想。你那虽然古老但仍坚固的躯体，愿意接待异域殊方的杂色人流吗？你能承受住历史的再冲荡和新世纪的胎动吗？

你不语。你扎根的纠墨（注：绳索。这里形容俯瞰群山像粗大的绳索）群山不语，并晴洁气爽的长天也不语。

但人们告诉我：外层空间能看到的地球上唯一的人工痕迹，就是你呵，长城！

1. 这篇散文中，（1）作者对历史上的长城的评价是什么？（2）又是如何看待长城的现实的？

（1）

（2）

2. 这篇散文中，（1）作者主要用第二人称写长城，这样写的好处是什么？（2）第六段的结尾改用了第三人称"它"，原因是什么？

（1）

（2）

3. 最后一段写道："但人们告诉我：外层空间能看到的地球上唯一的人工痕迹，就是你呵，长城！"（1）这段文字与倒数第三段的关系是什么？（2）联系全文看，这段文字表达的意思是什么？

（1）

（2）

4. 下列对这篇散文的赏析，正确的两项是（　　　）

A. 作者从"黄云间的归鸿"联想到"昭君出塞的老路"和"苏武牧羊的北海"，借飞鸿作为悠悠岁月的见证，从描写眼前的实景转向对历史的回顾。

B. 作者借"谁家的'春闺梦里人'"代指阵亡的将士，更加重了回顾历史时的凄婉的色彩。

C. "却又使历代的皇帝心中安泰……万寿无疆"，这里作者用的是反语，是对闭关锁国政策辛辣的讽刺。

D. "几多和番公主的幽魂……归来了"，这句话形象地写出了作者对历代封建王朝和亲政策每每遭受失败的痛惜和反思。

E. 文中描写一位风姿潇洒的外宾登上烽火台后喜不自禁的细节，主要是为了表达作者自己内心的喜悦。

四 再别康桥

【学习目标】

1. 了解徐志摩的生平和写作背景。
2. 把握这首诗歌的意象,感知这首诗歌的音乐美、绘画美、建筑美。
3. 培养学生热爱大自然,珍惜生活中的人性美,培养学生发现美、感知美的能力。

【文学常识】

徐志摩(1896——1931),笔名云中鹤、南湖,浙江海宁人,现代诗人,"新月派"代表诗人,他的诗、散文以及艺术观,受英国浪漫主义影响较深,注重意境创造与音律和谐。他一生留下4部诗集:《志摩的诗》《翡冷翠的一夜》《猛虎集》《云游》,代表诗作《再别康桥》《偶然》《云游》等。

新月派是中国现代文学史上的新诗团体,1923年成立,代表人物为徐志摩、闻一多,成员有胡适、梁实秋、陈西滢等。他们不满足于新诗的过于自由,努力追求新的格律,其中卓有成就的是闻一多。他主张新格律诗要保持整齐的外形,讲究音节和押韵,讲究诗的词藻,创立了"音乐美、绘画美、建筑美"的"三美"新格律理论,对中国新诗产生了极大的影响。

【课文解析】

《再别康桥》这首诗,较为典型地表现了徐志摩诗歌的风格。诗歌记下了诗人1928年秋重到英国、再别康桥的情感体验,表现了一种含着淡淡忧愁的离情别绪。康桥,即剑桥,英国著名剑桥大学所在地。康桥的一切,早就给他留下了美好的印象,如今又要和它告别了,千缕柔情、万种感触涌上心头。康河的水,开启了诗人的性灵,唤醒了久蛰在他心中的激情,于是便吟成了这首传世之作。

四 再别康桥

【知识积累】

1. 给下列加点字注音。

河畔（　　）　　青荇（　　）　　长篙（　　）　　漫溯（　　）

满载（　　）　　浮藻（　　）　　斑斓（　　）　　似的（　　）

笙箫（　　）

2. 解释下列词语。

畔：

篙：

漫溯：

斑斓：

荡漾：

【知识检测】

一、选择题

1. 下列加点字的注音有误的一项是（　　）

A. 漫溯（sù）　　相形见绌（chù）　　锲而不舍（qiè）

B. 绮丽（qǐ）　　浮藻（fú）　　长篙（gāo）

C. 荡漾（yàng）　　笙箫（shēng）　　发酵（jiào）

D. 河畔（pàn）　　涟漪（qí）　　青荇（xìng）

2. 下列词语中，有两个错别字的一组是（　　）

A. 窥豹一般　　书声琅琅　　龙盘虎踞　　亭亭玉立

B. 功成名遂　　恪尽职守　　斥之以鼻　　戮力同心

C. 姑息养奸　　阴谋鬼计　　招徕顾客　　钟灵毓秀

D. 舐犊情深　　一愁莫展　　贻笑大方　　不落窠白

3. 依次填入下面空白处的词语，最恰当的一组：（　　）

①"2006CCTV 形象中国·非常自我造型·形象代言人选拔大赛"将在湖南拉开帷幕。欲知详情，欢迎_____央视网站。

②艺术的价值_____实现在人与人的对话过程中——虽然这种对话，未必总需要用有声语言或文字来进行。

第一单元

③一篇600字左右的文章，行文以简洁为好，_____，反而会分散笔墨，冲淡了主题。

④"锲而不舍，金石可镂"，这句话告诉我们，_____坚持不懈的努力，_____能实现自己的理想，获得事业的成功。

A. 登陆　必需　画蛇添足　只要/就　　B. 登录　必须　节外生枝　只有/才

C. 登录　必需　节外生枝　只要/就　　D. 登陆　必须　画蛇添足　只有/才

4. 下列各句中，加点的成语使用恰当的一句是（　　）。

A. 近来，无名之辈胡戈的《一个馒头引发的血案》，让大导演陈凯歌远在国外也忍不住怒发冲冠，准备依法维权了。

B. 面对各种天灾人祸，我们不应该漠然视之，细大不捐，一定要保持深切的关注与同情，伸出双手，奉献爱心。

C. 这篇报道令人叹为观止的是黄金寺村为迎接上级扶贫检查，竟然把几个村的羊群集中到一起，以其规模效益骗取资金。

D. 主持人对著名歌手周杰伦说："今晚看到这么多的歌迷崇拜你，我也很激动，我真的体会到了什么叫作炙手可热了！"

5. 下列各句标点使用有误的一项是：（　　）

A. 昨日，重庆市政府常务会审议通过的《关于加强政府自身改革和建设的意见》（以下简称《意见》）提出，今年内我市将逐步健全行政问责制。

B. 湖北省江陵县一同志来信反映，人情风正在污染人们的心灵。金钱的多少，表示着人情的轻重；礼品的贵贱，显示出关系的亲疏。

C. 鲁迅先生《记念刘和珍君》一文中"亲戚或余悲，他人亦已歌。死去何所道，托体同山阿。"四句诗，引自陶渊明所作的《挽歌》。

D. 《人民日报》今天发表署名"李长虹"的文章质疑，当《无极》中呈现高山杜鹃花海的画面时，现实中美丽百年的花海盛景却难以再现，这是一个大片《无极》能够替代的吗？

6. 下列句子句意明确，没有语病的一项是（　　）

A. 我们完善了管理制度，加强了对医护人员的教育，以避免医疗事故不再发生。

B. 只有当劳动与兴趣、爱好乃至理想有机结合在一起的时候，潜藏在每个人身上的想象力和创造力，才能够最大限度地发挥出来。

C. 根据意大利法律规定，贝卢斯科尼在总理任期内不能担任俱乐部主席，否则他就有可能做有违公众利益的行为。

D. 诚信教育已成为我国公民道德建设的重要内容，因为不仅诚信关系到国家的整体形象，而且体现了公民的基本道德素质。

7. 为下面语段画线处选填一个连贯、恰当的语句：（　　）

_____。书能教你为人宽厚，心地善良，使你生出纯真、热情的气质。

书能教你谦虚谨慎，持重内向，使你生出成熟、稳健的气质。书能教你自强不息，不畏艰难，使你生出刚毅、坚强的气质。书能使你勤于思考，勇于创新，使你生出深沉、进取的气质。

A. 读书是一种"美容"，可以使人由粗俗、鄙陋变得文雅、睿智。

B. 书能影响人的心灵，而人的心灵和人的气质又是相通的。

C. 读书能美化人的心灵，弥补外貌的不足，培养人的内秀。

D. 书能改变人的气质，优雅的气质会使人"因为可爱而美丽"。

8. 依次分析下列各句所运用的修辞手法，正确的一组是（　　）

①叶子出水很高，像亭亭的舞女的裙。

②这种"文明的惩罚"，有时候会叫你继续到两个小时以上。

③我欲因之梦吴越，一夜飞渡镜湖月。

④老栓看看灯笼，已经熄灭了，按一按衣袋，硬硬的还在。

A. 比喻　引用　对偶　借喻　　　　B. 比喻　反语　夸张　借代

C. 拟人　反语　夸张　借代　　　　D. 拟人　引用　夸张　借喻

9. 下面各句中加点的词语，运用正确的一项是（　　）

A. 客人众多，招待不周，还望海涵。

B. 这次办理房屋过户手续，多亏了你帮忙。明天我将登门致谢，请你在家恭候。

C. 由于语文功底差，文章中一定存在很多毛病，请你斧凿。

D. 就要毕业了，王凯特意买来一套《朗读者》送杨迪，并在扉页上工工整整地写上"惠赠好友杨迪。"

10. 依次填入下文横线处的关联词语，恰当的一组是（　　）

现在你正在准备为期中考试而深感读书之苦，我像其他父母一样，_____ 极端同情你 _____ 不能不鼓励你，_____ 鞭策你尽力去争取这一残酷竞争的胜利。

A. 既然　但　甚至　　　　B. 虽然　却　甚至

C. 既然　却　乃至　　　　D. 虽然　但　乃至

二、填空题

1. 《再别康桥》作者是_____，_____代表诗人。他一生留下4部诗集：《志摩的诗》《翡冷翠的一夜》《_____》《_____》。

2. 那河畔的金柳，是夕阳中的新娘；_____，_____。

3. _____，_____；满载一船星辉，在星辉斑斓里放歌。

4. _____，_____；在康河的柔波里，我甘心做一条水草。

5. 但我不能放歌，_____；_____，沉默是今晚的康桥！

三、课内阅读

轻轻的我走了，
正如我轻轻的来；
我轻轻的招手，
作别西天的云彩。

那河畔的金柳，
是夕阳中的新娘；
波光里的艳影，
在我的心头荡漾。

软泥上的青荇，
油油的在水底招摇；
在康河的柔波里，
我甘心做一条水草！

那榆荫下的一潭，
不是清泉，是天上虹；
揉碎在浮藻间，
沉淀着彩虹似的梦。

寻梦？撑一支长篙，
向青草更青处漫溯；
满载一船星辉，
在星辉斑斓里放歌。

但我不能放歌，
悄悄是别离的笙箫；
夏虫也为我沉默，
沉默是今晚的康桥！

悄悄的我走了，
正如我悄悄的来；
我挥一挥衣袖，
不带走一片云彩。

1. 选出下列解说错误的一项（　　）。
A. "夕阳下的新娘"，是说夕阳照射下的柳枝，镀上了一层妩媚的金色，那金色的枝条随风轻轻摇摆，影子倒映在水中，像一位美艳的新娘。
B. "波光里的艳影，在我的心头荡漾"，倒映在水中的金柳，随波光一起荡漾，显得更加美艳，作者对如此美景，永远记在心上。
C. "软泥上的青荇，油油的在水底招摇"，是说绿油油的水草在柔波中招摇，仿佛是在向诗人招手示意。
D. "揉碎在浮藻间，沉淀着彩虹似的梦"，是说天上被揉碎了的彩虹和漂浮在潭水上的水草相杂在一起，沉淀在潭水的深处，就如同彩虹似的梦一般。

2. 下面是对有关词语的分析，选出错误的一项（　　）
A. 作者用"新娘"来比喻"金柳"，显得艳丽妩媚，表现了作者无限欢喜和眷恋的感情。
B. "招摇"二字，生动地写出了康桥对诗人热忱欢迎的态度。
C. 诗人为承受康河清波的爱抚，情愿做一条水草，这里的"甘心"二字，写出了诗人对康桥的永久恋情。
D. 用"彩虹"来修饰"梦"，表明梦境的美好，也表明梦境的短暂虚幻。

3. 对这首诗的解说，不恰当的一项是（　　）
A. 开头一节点明"再别"，连用三个"轻轻的"形成轻柔而优美的旋律，把读者带入一种欣喜乃至礼赞的意境中。
B. 第二至四节，诗人用"金柳""艳影""青荇""榆荫下的一潭""彩虹似的梦"等一系列色彩鲜明的意象描绘康河的美景，抒发眷恋之情。
C. 第五、六两节，诗人的情绪由舒缓转向激昂，想"在星辉斑斓里放歌"；但接着跌落回离别的现实，两个"沉默"表达了诗人无尽的惆怅。
D. 最末一节，以两个"悄悄"紧承上一节的"悄悄"和"沉默"，而且与首节遥相呼应，但诗人的情绪已由淡淡的忧郁变得更加惆怅与伤感了。

4. 对这首诗的赏析，不恰当的一项是（　　）
A. 这首诗像一支优美的乐曲，缠绵深婉的诗句随着轻柔起伏的旋律流淌出来，回环往复，一唱三叹，余音袅袅。
B. 这首诗像一幅生动的画卷，一系列近乎完美的色彩变幻与意象组合形成流动的气韵，艳丽而又幽雅，飘逸中见静穆。

C. 这首诗具有完美的形式结构,每节诗四句,每个诗句基本上由三顿构成,匀称、和谐,于清新活泼中求整饬。

D. 这首诗极好地体现了新格律诗派独特的美学追求,但唯美主义也在一定程度上妨害了作品的思想内容的表达。

四、拓展阅读

五月的鲜花

杨轻抒

女儿的班主任赵老师打来电话,说学校要搞活动,班上也准备出个节目。我心想班上出节目跟我这家长有什么关系?赵老师说完节目的事后便使劲夸女儿明明如何有音乐天赋表演才能,上了台如何从容不迫游刃有余;接着又夸我这做家长的如何教育有方龙生龙凤生凤什么的。我说赵老师有什么事你直接说吧。赵老师说,也没什么大事,就是明明坚持要唱一首叫《五月的鲜花》的歌……你是知道的,我们这乡村学校,别说没唱过,连听都没听过这首歌……

我说没听过并不妨碍明明唱这首歌吧?

赵老师说我不是这意思,我是说如果我没听过,学校其他老师、校长肯定也没听过,没听过评分肯定就会低,评分低了我这班主任的奖金……你是知道的,我们的奖金是很微薄的……

我说知道了知道了,等明明回来我问问她。

明明回来的时候我问明明,为什么偏要唱《五月的鲜花》呢?唱其他不行吗?比如唱《让我们荡起双桨》什么的。

明明说大家都唱那些歌我干嘛要跟人家一样?年年唱他们也都唱烦了,可是他们想得奖就还得唱,我不想得奖我想唱《五月的鲜花》。五月,有好多的花呵,还有血和拳头和仇恨,仇恨和血像鲜花一样。

嗨!我说,跟你说不清楚!

明明不理我,放起音乐练唱《五月的鲜花》:"五月的鲜花,开遍了原野;鲜花掩盖着志士的鲜血……"

我躺在沙发上半梦半醒地听明明唱歌,明明唱得一丝不苟,声音虽然稚嫩了些,但渐渐地我眼前仿佛有大片大片的鲜花迎风怒放,怒放的花朵中一道道火焰般的目光燃向天边。这是什么时候的感觉?五岁?十岁?对了,是当初跟我的父亲,也就是明明的爷爷学唱这首歌的感觉;尽管那时我不懂"九一八",不懂那个烽火连天的岁月里如血一样的愤怒,但是,从父亲的眼神里我看见了火焰和泪光。

后来父亲告诉我,他的父亲教他唱这首歌时他就是这种感觉。

女儿明明唱得如痴如醉,一双清澈的眼睛润润的。看着女儿的眼睛,我突然有种深深的感动。

半夜的时候，女儿的班主任赵老师又打来电话，再一次阐明了怕评分低的意思。我不知该说什么好，便什么都没说。

女儿到底没唱成《五月的鲜花》，尽管班上得了奖，明明仍满脸沮丧。后来我们自己便在家里放起音乐，一起唱《五月的鲜花》："敌人的铁蹄已越过了长城，中原大地依然歌舞升平……"明明的爷爷从床上爬起来，满头白发如雪，双唇颤抖，瘦弱的身躯迎风而立。

我的眼前有一大片怒放的五月的鲜花。

选自《小小说选刊》

1. 故事虽短，却发人深省，你从中读出了哪些问题？

2. 结合文章内容，说说是什么让明明的父亲"有种深深的感动"？

3. 你对赵老师的做法怎样评价？

4. 下列对文章分析有错的一项是（　　　）

　A. 小说以"五月的鲜花"为线索，前后勾连，脉络清晰。

　B. 小说对主要人物女儿明明的刻画是通过父亲的渲染来完成的。

　C. 小说没有一个主要的情节，侧重通过人物的内心活动的细腻描写来刻画人物。

　D. 小说的结尾含义深刻，意味深长。

第一单元检测题

一、选择题

1. 下列词语中加点字注音全都正确的一组是（　　）

   A. 慰藉（jiè）　　绮（qí）丽　　游说（shuì）　　贻（yí）笑大方

   B. 竦（sǒng）身　　铁砧（zhēn）　　冠冕（miǎn）　　腾挪跌宕（dàng）

   C. 执拗（niù）　　甲胄（zhòu）　　笑靥（yè）　　挈（xié）妇将雏

   D. 湍（tuān）急　　喋（dié）血　　隽（juàn）秀　　殒（yǔn）身不恤

2. 下列词语中没有错别字的一组是（　　）

   A. 戳穿　　力挽狂澜　　暧昧　　食不果腹

   B. 震撼　　融汇贯通　　喧嚣　　响彻云霄

   C. 深奥　　死不瞑目　　气概　　雍容华贵

   D. 凋蔽　　哗众取宠　　辍学　　愤世嫉俗

3. 依次填入下列各句横线处的词语，恰当的一组是（　　）

   ①他不愿把时间浪费在酒杯的碰撞中，常常_____身体不好而拒绝别人的宴请。

   ②法轮功永远也_____不了随意剥夺他人生命的罪行。

   ③进入股市以后，至今他已_____十二万。

   ④由于适销对路，经营方式又灵活，武汉广场去年_____突破亿元大关。

   A. 推脱　推托　营利　盈利　　　　B. 推托　推脱　营利　盈利

   C. 推脱　推托　盈利　营利　　　　D. 推托　推脱　盈利　营利

4. 下列句子修辞手法判断有误的一项是（　　）

   A. 人们都爱秋天，爱她的天高气爽，爱她的云淡日丽，爱她的香飘四野。（排比）

   B. 如果哥白尼只是"临渊羡鱼"，而不去苦心观测，创立新说，他又怎么会写出《天体运行》这部巨著？（反问）

   C. 敌人夹着尾巴跑了。（拟人）

   D. 老师是指引我们走向未来的明灯。（比喻）

5. 下列标点符号使用错误的一项是（　　）

   A. 那时候刚好下着雨，柏油马路湿冷冷的，还闪烁着青、黄、红颜色的灯火。

   B. "谁叫我们只带来一把小伞呢"。她微笑着说，一面撑起伞，准备过马路去帮我寄信。

C. 为什么呢？只带一把雨伞！

D. "妈：我打算下个月和樱子结婚。"

6. 下列加点成语运用错误的是（　　）

A. 散场时，苏维看见小雪正独自坐在台上津津有味地吃着糖葫芦。

B. 顿时，回忆如潮水涌出，苏维百感交集：小雪，我终于来了！

C. 原谅我的不辞而别，相信我对你的爱，等我回来。

D. 小雪笑得很甜，一举一动荡气回肠，苏维立刻喜欢上这个小女孩。

7. 下列句子中，没有语病的一项是（　　）

A. 瓢泼大雨淅淅沥沥下个不停。

B. 后来我才知道，不管是谁买奖券，他总会努力地把奖券装进红套子里。

C. 如何防止展览会的贵重展品免遭盗窃，这是西方国家深感头疼的事。

D. 这种弄虚作假的新闻报道势必将危害党的事业，我们要坚决反对。

8. 下列句子中加点的词语，使用得体的一项是（　　）

A. 我们家教协会设有专职的工作人员，欢迎各位家长垂询。

B. 老师，我就此留步，不远送了，请你慢走。

C. 我今天的报告非常重要，希望大家洗耳恭听。

D. 你的邀请我心领了，明天我一定出席。

9. 填入文中横线处的句子，与文段衔接最恰当的一项是）（　　）

娇生惯养是低能儿的摇篮，高山寒土使苍松翠柏更加挺拔。司马迁身受宫刑，文章字字珠玑。李后主被囚禁，词境为之一变。清兵入关，八旗子弟养尊处优，终成一群废物。刘青山进城后生活腐化，蜕变为人民的死敌。_____。

A. 逆境出人才　　　　　　B. 失败是成功之母

C. 成果和失败就是这么简单　　D. "生于忧患，死于安乐"真是至理名言

10. 下列关于文学常识说法有误的一项是（　　）

A. 舒婷，中国当代著名女诗人，朦胧派的代表作家，代表作有《致橡树》《祖国啊，我亲爱的祖国》《双桅船》《会唱歌的鸢尾花》等。

B. 徐志摩（1896——1931），笔名云中鹤、南湖，近代诗人，他的诗，散文以及艺术观，受英国浪漫主义影响较深，注重意境创造与音律和谐。代表诗作《再别康桥》《偶然》等。

C.《沁园春·长沙》的作者是毛泽东，这首词抒发了作者以天下为己任的壮志豪情。

D.《我爱你，中国》的词作者是瞿琮，《天路》的词作者是国家一级演员屈原。

二、诗文阅读

蝶恋花
苏 轼

花褪残红青杏小，燕子飞时，绿水人家绕。枝上柳绵吹又少。天涯何处无芳草！墙里秋千墙外道。墙外行人，墙里佳人笑。笑渐不闻声渐悄。多情却被无情恼。

1. 对这首词中语句的解说，不恰当的一项是（　　）

   A. "花褪残红"是说红色的花朵凋谢之后别的花又开放了。

   B. "天涯何处无芳草"是说一直到天边处处长满了青草。

   C. "秋千"是指做打秋千的游戏；"道"是"道路"。

   D. "多情"说的是行人，"无情"说的是佳人。

2. 对这首词的赏析，不恰当的一项是（　　）

   A. 上阕通过几种富有特征的景物，描绘出晚春的自然风光，又赋予了浓重感情色彩。

   B. 下阕通过墙里墙外的对照描写，表现"佳人"表面欢乐而内心烦恼。

   C. "花褪残红青杏小"与句"红杏枝头春意闹"同是写杏，但前者点出春深的时令，后者则呈现出浓郁的春意。

   D. "墙外"与"墙里"，"多情"与"无情"，"恼"与"笑"形成对照，写得极富情趣。

三、科技文阅读

在我国960万平方千米土地上，山地占2/3，大致可分为三级台阶。第一级台阶是世界第一大高原——青藏高原；第二级台阶从黑龙江最北端开始，一直到云贵高原南部，平均海拔近2 000米，包括内蒙古高原、黄土高原、秦岭、大巴山和云贵高原。自第二级台阶以东至东南沿海为华东平原，即第三级台阶。上一级台阶都是下一级台阶的支撑或庇护伞，青藏高原是我国整个生态的屏障，它把寒冷空气挡在这座大墙之外，使它的东面和南面即第二级台阶形成了优良的生态条件，温暖湿润，物种丰富。而第三级台阶属平原生态系统，现代城市生活基本上都集中在这里，第二级台阶丰富的物种资源为下一级台阶的平原生态系统提供了生存的物资。三级台阶囊括了地球大多数生态类型，将地球自赤道至极地之间的多数陆地动植物承载其中，为人类的生存繁衍提供了物种资源。

三级台阶中最关键的是青藏高原，它也是亚洲生态系统的支柱，高原上的山脉就像一条条大水坝，坝顶部几乎都是冰川，既围出大面积湿地、河流与湖泊，又有冰雪融水源源不断地补给湿地，形成一个涵养水源的生态系统。水是生命之源，正是这个"大水塔"维持了中国乃至东南亚的整个生物世界的新陈代谢。但目前的情况却不容乐观，由于全球气候变暖，连年干旱，青藏高原上的许多湖泊湿地渐渐干涸。青海湖是中国第一大咸水湖，现在每年退水13厘米，干涸的过程中，矿物质析出，若干年之后，过高的矿化度会杀死湖内所有生物。近些年来过度放牧也导致了草场退化，进一步破坏了涵养水源的生态条件。

　　一旦青藏高原上的高寒草甸消失殆尽，整个高寒草甸将会被荒漠和沙漠所取代。青藏高原是地质灾害多发地，它就像一堆5千米~8千米厚的碎石镶在旋转的地球表面，顶端的线速度比平地快很多，所以它的板块碰撞和地质灾害表现得更加突出。地震、塌方、雪崩、泥石流等比平原剧烈得多，常有半面山坡倾倒而下，山坡上的树木成片成片地随之被连根拔起。20世纪80年代西藏通麦一次大塌方造成87辆汽车和5辆装载机被埋，我们经过塌方区时也很紧张。由于气候变迁和人类无序开发，青藏高原植被覆盖率大大降低，风沙危害逐年增大。在109国道，沙子被吹到道路当中，堆积起来，经常能看到推土机在这里清沙。将来青藏铁路很可能也遇到这种情况，维护起来相当困难。全球变暖，雪线退缩，使许多5 000多米的雪山岩石裸露。冰融水量减少，许多湿地与河流干涸，缺水的居民只能搬家。云南省号称"植物王国"，但看到的绿色与之并不相符。云南省只有西南部的森林长势良好，而中东部大部分植被很稀疏，干热河谷和干荒地区生态更加脆弱，水土流失相当严重，在喀斯特地貌区的土层很薄，很容易被侵蚀。著名的云南石林，看上去虽然壮观，但从生态的角度去看，不过是一片石漠。在云贵高原许多地点，正在形成大量新石漠区。红色土壤流失后，裸露出灰色的石灰岩，就像动物被剥去了皮肉，剩下肉架一样，比沙漠更难治理。在云南宏德地区的热带雨林，人们砍掉它改种农作物，这样做是捡了芝麻，丢了西瓜。热带雨林是地球最重要而且无法替代的生态系统，农作物能够带来的经济效益与之比不可同日而语。这里的湿地、湖泊也在退缩或消失，以前碧波荡漾的纳帕海现在已消失不见。经询问才知道，是无序开发把地下水系破坏了，就像在我们的盆底钻一个孔，高原湖盆的水全部漏掉了。

1. 根据文意，下列认为"三级台阶中最关键的是青藏高原"的理由，错误的一项是（　　）

A. 青藏高原是内蒙古高原至云贵高原和华东平原的支撑或庇护伞。

B. 青藏高原是我国整个生态的屏障，能为形成温暖湿润、物种丰富的生态环境提供条件。

C. 青藏高原的生态类型丰富，为人类的生存繁衍提供了绝大多数的物种资源。

D. 青藏高原上的山脉形成的生态系统维持了第二、三级台阶生物世界的新陈代谢。

2. 根据文意，不属于"目前情况不容乐观"的一项是（　　）

A. 青藏高原上的许多湖泊湿地渐渐干涸，整个高寒草甸被荒漠和沙漠所取代。

B. 气候变迁和无序开发使青藏高原植被覆盖率大大降低，风沙危害逐年增大。

C. 云贵地区许多地点，生态脆弱，水土流失相当严重，正在形成大量新石漠区。

D. 无序开发使热带雨林减少，地下水系被破坏，湿地、湖泊也在退缩或消失。

3. 下列理解不符合原文意思的一项是（　　）

A. 中国整个生态格局可分为三级台阶，三级台阶之间相互依存。

B. 过度放牧、无序开发等人为因素破坏了生态条件，进一步引发了生态危机。

C. 对生态系统的破坏，使得青藏高原板块碰撞和地质灾害表现得更加突出。

D. 形成大量新石漠区和热带雨林遭到破坏，都反映出我国生态现状十分严峻。

4. 根据本文提供的信息，以下推断错误的一项是（　　）

A. 维护和优化青藏高原涵养水源的生态系统，对我国整个生态系统极为重要。

B. 如果雪线继续退缩，将导致湖泊、湿地干涸，有可能使水中生物遭受灭顶之灾。

C. 推行节约用水的有效措施，可维护地下水系，支撑青藏、云贵高原的生态系统。

D. 保护热带雨林，适度开发生态旅游，既有经济效益，又很好地维护了生态系统。

四、填空题

1.《致橡树》作者是当代女诗人_____，她属于_____诗派。本诗运用了象征手法，其中橡树的"铜枝铁干"象征_____，木棉"红硕的花朵"象征_____。

2.《再别康桥》作者是_____，代表诗人_____。他一生留下4部诗集：《志摩的诗》《翡冷翠的一夜》《_____》《_____》。

3. 老吾老以及人之老，_____。

4. _____，_____；在康河的柔波里，我甘心做一条水草。

五、应用文写作

李主任外出开会，办公室的张明接到了人事处张处长的来电，请李主任明天下午2点接待洪发设备厂的技术人员。请你代张明给李主任写一张电话留言条。

六、现代文阅读

小心落叶

唐元峰

（1）落叶是微不足道的。谁能去关注一片落叶呢？只有当它从高高的枝头跌落，那飘荡的曲线，也许会划亮一下你暗淡的目光。

（2）是的，匆忙劳碌，苦苦奔波，早使我们疲惫不堪。我们甚至不知道每个季节怎样来临，从不留意黄叶如花，装点你消逝的年华；甚至惊诧为什么这样快就下雪了呢。

（3）有一位俄国诗人在他的一首诗中提到，每到秋天，莫斯科街心花园里，都挂出一块小木牌，这块小小的木牌上写着四个字：小心落叶。

（4）这四个字久久挤在我的脑子里，我知道这是一个十分友善的提醒。落叶在脚下飘动，那是一种悲壮，一种无言的辉煌。看见那些苍绿蓬勃的枝叶，转眼间枯萎，不禁令人深思。

（5）许多无知和错误都过去了。我生命的绿树曾苍绿如水，我徜徉的脚步曾充满稚气，也漫不经心。在潮润的幼林中我挥霍着，因为我不相信春光能消逝，不相信几阵秋风就能像梳子一样，把树叶捋光。

（6）那是多么让人难以忘怀的时光，而今终于看到它一去不复返了！我还清楚地记得，那时的欢笑是怎样惊散树上的群鸟，是怎样在绿草上滚向无涯的远方。我也记得那透明的欢笑，在清澈的河面上欢跳，在悠悠的白云上飘摇……

（7）但从什么时候起，这一切竟被一团浓重的浊气所取代？无法回想，我们生命里所有鲜活的枝杈，是怎样颓败的。如今只剩下光秃秃的躯干，孤零零地呈现着令人伤感的灰暗！

（8）我在丛林中漫步，树林也由此充满灵性，充满了爱与悲哀，美丽与死亡。在许多方面，应该承认我们人类对自身的感悟远不及树木来得灵透。瑞士小说家赫曼·黑塞把居所前后的每棵树都用自己亲人的名字命名，崇敬并爱戴它们，与它们交流，向它们倾诉。他把它们当作朋友、父兄。可见在他深邃的心灵里，有着比常人更悠远的世界，他由此在自然中获得了灵感和艺术生命。

（9）落叶无声，在萧瑟的秋风里，它仍怀有最后一次奋舞的悍勇。当它伏在柔嫩的枝条上，刚刚绽开鹅黄色的初梦时，它看到的是什么呢？是浩渺的长天，还是嘈杂的市井？融融春光中，那金黄的季节怎样孕育？又是怎样，一步一步，准确而缓慢地向它移来？在它离开母体的一瞬间，是平静快乐，还是惆怅郁怀？当它完成生命中仅有的一次飞翔。坠入大地无边的怀抱，是否会溅起一次悠远的回声？它在泥土和寒雪的覆盖下，会不会再一次扣响春天的大门，进入那永无穷绝的枯荣？

（10）小心落叶。

（11）这充满着善意与博爱的提醒，也许就是对人自身的一种珍视，一种期望。

（12）对于这片小小的随风飘舞的落叶，假如你投以生命的关注，一股震颤会油然而生。你会感到这片不值一提的落叶实在是你自身的写照。而它却来得比你超脱，比你奔放，比你从容。面对落叶，你的思绪会被扯向生命的极限，跨越千年，包容万里。

（13）可否？让我在岁月的深秋里，在你生命的花园里挂出一片木牌：

（14）小心落叶。

（本文选入时略有改动）

第一单元

1. ①在第（5）段中，"无知和错误"指的是什么？

②第（8）段中作者提到赫曼·黑塞用亲人的名字给树木命名的作用是什么？

2. ①文中三次提到"小心落叶"，"小心"的含义是什么？

②三次提到"小心落叶"，各自的作用是什么？请分别说明。

3. 作者从"落叶"中感悟到了什么？

4. 下列对本文的理解与分析，正确的一项是（　　）
A. 第（9）段，作者用诗化的语言回顾了树叶的生命历程，对树叶即将离开母体，飘零枯萎，表示了深切的同情和惋惜。
B. 结尾部分作者运用第二人称和拟人手法，直抒胸臆，具体细致地表明了对落叶的喜爱、对生命的追求以及对读者的期望。
C. 面对落叶，作者反思了自己的生命历程，并对人生进行了深刻的思考。全文感情基调昂扬向上，赋予哲理气息和思辨色彩。
D. 树叶飘落，其生命即将走到尽头，这与人生暮年相似。作者运用人人熟悉的落叶做类比，把抽象的人生思考表现得形象易懂。

七、写作训练

梦想是人类对于美好事物的一种憧憬和渴望，有时梦想是不切实际的，但毫无疑问，梦想是人类最天真、最无邪、最美丽、最可爱的愿望，它可以给我们前进的动力和方向。

以"我的梦想"为题目写一篇记叙文。要求：不少于800字。字迹工整，思想积极，表述清楚。

第二单元

五　故都的秋

【学习目标】

1. 理解本文是怎样紧扣"清""静""悲凉"来写故都的秋的，又是怎样通过联想来把故都的秋与南国的秋进行对比的。
2. 理清本文的脉络结构，领略故都的秋声、秋色、秋味。
3. 通过阅读体会散文中作者的情感，领会并学习课文以情驭景、以景显情的表现手法，陶冶学生性情，提高学生的审美能力。

【文学常识】

郁达夫（1896—1945），原名郁文，现代著名的小说家、散文家。1921年与郭沫若、成仿吾等发起成立创造社。同年7月第一部小说集《沉沦》问世，产生巨大影响。1923年发表《春风沉醉的晚上》。1930年3月参与发起成立"左联"，1932年12月发表《迟桂花》，1933年移居杭州后写了不少山水游记和诗词，1935年发表《出奔》。抗战爆发后，积极投入抗日救亡运动，后流亡苏门答腊，坚持抗战。1945年9月被日本宪兵秘密杀害。

郁达夫的作品风格清新，抒情浓烈，有感伤情调，有时流露出颓废色彩。

【课文解析】

《故都的秋》是一篇写景抒情散文，"故都"两字指明描写的地点，含有深切的眷念之意，"秋"字确定了描写的内容，题目明确而又深沉。全文紧扣故都秋的"清、静、悲凉"的特点，描绘了"小院秋晨""秋槐落蕊""秋蝉残声""闲话秋凉""秋果胜景"等几幅画面，通过以情驭景、以景显情的方法，将故都的秋色与作家的个人心情自然完美地融合在一起，秋中有情的眷恋，情中有秋的落寞。

《故都的秋》是郁达夫一篇颇具特色的散文，体现了他的艺术个性和审美追求。

【知识积累】

1. 给下列加点字注音。

凋敝（　　） 混沌（　　） 潭柘寺（　　） 喇叭（　　）

疏落（　　） 一椽破屋（　　） 落蕊（　　） 细腻（　　）

夹袄（　　） 平仄（　　） 歧韵（　　） 橄榄（　　）

颓废（　　） 普陀（　　） 鲈鱼（　　） 驯鸽（　　）

房檩（　　） 槐树（　　） 散文钞（　　） 萧索（　　）

2. 解释下列词语

混混沌沌：

赏玩：

疏疏落落：

萧索：

【知识检测】

一、选择题

1. 下列加点字的注音有误的一项是（　　　）

A. 平仄（zè）　　驯鸽（xùn）　　廿四桥（niàn）　　细腻（nì）

B. 房檩（lǐn）　　颓废（tuí）　　夹袄（jiá）　　潜意识（qián）

C. 椽子（chuán）　落蕊（xīn）　　啼唱（tí）　　潭柘寺（tuò）

D. 姻缘（yuán）　混沌（dùn）　　凋敝（diāo）　　瓜熟蒂落（dì）

2. 下列各组词语中正确的一项是（　　　）

A. 幽深　混钝　落寞　平仄　　　B. 苦涩　屋檐　萧索　落蕊

C. 训鸽　细腻　凋谢　意境　　　D. 点缀　颓废　赏玩　蟋摔

3. 下列句中的横线处依次填入的词语最恰当的一项是（　　　）

①最好，还要在牵牛花底，叫长着几根_____的尖细且长的秋草，使作陪衬。

②足见有感觉的动物，有情趣的人类，对于秋，总是一样的能特别引起深沉、幽远、_____、萧索的_____来的。

A. 稀稀落落　严厉　感慨　　　B. 疏疏落落　严厉　感触

C. 疏疏朗朗　严厉　感触　　　　D. 疏疏落落　严肃　感叹

4. 下列各句中，加点的成语使用恰当的一句是（　　）

A. 荆山的大禹雕像头戴栉风沐雨的斗笠，手握开山挖河的神锤，脚踏兴风作浪的蛟龙，再现了他与洪水搏斗的雄姿。

B. 在迷人的天山牧场游目骋怀，我看到落日的余晖与碧绿的草原相辉映，仿佛一幅灿烂的油画。

C. 当前，总有些中学生夙兴夜寐，沉迷于电脑游戏而不能自拔，结果毁了身体，荒了学业。

D. 改革开发三十年来，人心不古，人们冲破了条条框框的思想束缚，敢想敢做，求实创新，祖国面貌焕然一新。

5. 下列各句的标点，使用不正确的一项是（　　）

A. 我生活中的第一件艺术品——就是小屋。

B. 树的美在于姿势的清健或挺拔、苗条或婀娜，在于活力、在于精神。

C. 一片蓝，那是墙；一片白，那是窗。

D. 我出外，小屋是我快乐的起点；我归来，小屋是我幸福的终点。

6. 下列各句中没有语病的一句是（　　）

A. 面对资源约束趋紧、环境污染严重、生态系统退化的严峻形势，必须树立尊重自然、顺应自然、保护自然的生态文明，努力建设美丽中国。

B. 切实开展批评和自我批评，勇于纠正和揭露工作中的缺点、错误，坚决同消极腐败现象做斗争。

C. 如果给让座者以起码的尊重，让他们感觉到让座行为的价值所在，才有可能真正形成良好的社会风气。

D. 科学家计算过，鲣鸟从发现猎物收缩双翅，到俯冲扎入水中把猎物叼住，仅仅只需要820毫秒的时间。

7. 把下列句子组成语意连贯的一段文字，排序最恰当的一项是（　　）

在广袤的原野上，一株株、一簇簇的树木迎风挺立，_____。

①抬头看天，天空在茫茫草原的映衬下，显得更加明净深邃

②洁白而富有质感的云朵，在天地间悠然浮动

③为草原增添不少生动和妩媚

④又像上苍之手对大地轻轻抚慰

⑤或秀丽俏拔，或风姿傲然

⑥云影掠过草原，像锦缎在碧波中起伏

A. ⑤③①②⑥④　　B. ⑤①③⑥②④

C. ①②⑥④⑤③　　D. ①②⑤③⑥④

8. 下列各句中运用比喻修辞的一项是（　　）

A. 像花而又不是花的那一种落蕊，早晨起来，会铺得满地。

B. 北方人念阵字，总老像是层字，平平仄仄起来，这念错的歧韵，倒来得正好。

C. 或在破壁腰中，静对着像喇叭似的牵牛花的蓝朵，自然而然地也能感觉到十分的秋意。

D. 这秋蝉的嘶叫，在北平可和蟋蟀耗子一样，简直像是家家户户都养在家里的家虫。

9. 下列有关郁达夫的文学常识，不正确的一项是（　　）

A. 郁达夫，原名郁文，浙江省富阳县人，现代著名小说家、散文家。

B. 1922年，他从日本回国，参与组织"创造社"。1930年参加中国左翼作家联盟。

C. 他的主要作品有短篇小说《沉沦》《春风沉醉的晚上》《薄奠》《出奔》《她是一个弱女子》等。

D. 散文《故都的秋》《茫茫夜》等，情景交融，文笔优美，自成一家。

10. 下列句子中，加点的传统礼貌用语使用正确的一句是（　　）

A. 毕业时你送给我的照片和礼物，我一直惠存着。

B. 我们旅行社宾馆大厅设有服务台，欢迎各位旅客垂询。

C. 广大文学爱好者可将作品寄来，我会一一斧正。

D. 小王和小张是高中同学，毕业后一直没有见面，今日一见，小王高兴地说："久仰久仰！"

二、填空题

1.《故都的秋》的作者是＿＿＿＿＿＿，体裁是＿＿＿＿＿＿。

2. 故都秋的的特点是＿＿＿＿、＿＿＿＿、＿＿＿＿。

三、课内阅读

不逢北国之秋，已将近十余年了。在南方每年到了秋天，总要想起陶然亭的芦花、钓鱼台的柳影、西山的虫唱、玉泉的夜月、潭柘寺的钟声。在北平即使不出门去吧，就是在皇城人海之中，租人家一椽破屋来住着，早晨起来，泡一碗浓茶，向院子一坐，你也能看得到很高很高的碧绿的天色，听得到青天下驯鸽的飞声。从槐树叶底，朝东细数着一丝一丝漏下来的日光，或在破壁腰中，静对着像喇叭似的牵牛花（朝荣）的蓝朵，自然而然地也能够感觉到十分的秋意。说到了牵牛花，我以为以蓝色或白色者为佳，紫黑色次之，淡红色最下。最好，还要在牵牛花底，叫长着几根疏疏落落的尖细且长的秋草，使作陪衬。

北国的槐树，也是一种能使人联想起秋来的点缀。像花而又不是花的那一种落蕊，早晨起来，会铺得满地。脚踏上去，声音也没有，气味也没有，只能感出一点点极微极柔软的触觉。扫街的在树影下一阵扫后，灰土上留下来的一条条扫帚的丝纹，看起来既觉得细腻，又觉得清闲，潜意识下并且还觉得有点儿落寞，古人所说的梧桐一叶而天下知秋的遥想，大约也就在这些深沉的地方。

秋蝉的衰弱的残声，更是北国的特产；因为北平处处全长着树，屋子又低，所以无论在什么地方，都听得见它们的啼唱。在南方是非要上郊外或山上去才听得到的。这秋蝉的嘶叫，在北方可和蟋蟀耗子一样，简直像是家家户户都养在家里的家虫。

1. "说到了牵牛花，我以为以蓝色或白色者为佳，紫黑色次之，淡红者最下。"对这一句分析不妥的一项是（　　）

A. 蓝色、白色是冷色，能表现故都之秋的"清、静、悲凉"的景物特点。

B. 蓝色或白色的牵牛花切合作者当时那种落寞的情怀。

C. 这是一种以情驭景、以景显情的写法。

D. 色调的选择表现了作者独特的审美观。

2. 作者为什么要"租人家一椽破屋来住着"赏秋？

3. 第二段画线句子描写了怎样的景色？突出了故都之秋怎样的特点？

4. 第三段主要采用什么手法来写？写秋蝉就"像是家家户户都养在家里的家虫"的意图是什么？

四、拓展阅读

想起陶

宋长征

（1）想起陶，就想起了乡村，想起那些朴拙的面孔，温厚、柔软、粗糙，却有着细密的纹理，在心间轻轻流淌。

（2）是怎样走来的，或者，哪一个祖先为了给易逝的光阴，找到一个盛放的器皿；

或者，为了把食物的温暖，及时送给在田埂上劳作的亲人。在远古的暮色下，苦思冥想，把脚边的泥土抟了又抟，然后狠狠地摔在地上架炉，生火，祈祷火神，终于在一个烟青色的黄昏，含泪将陶捧出。

（3）陶，承载了多少岁月沧桑，见证过几许悲喜哀乐。在生命的版图上，你找不到一个没有陶的村庄。暗红，或深褐色的质地，一点也不精美，一点也不华丽，甚至看上去和一个庄稼人那般笨拙，却能安放下整个乡村。简单的乡村，质朴的炊烟，没有了陶怎么会有那么多的烟火日月？我是从陶里走来的。那陶片上简单的图案，一尾三文鱼或一株三叶草，曾经是我鲜活生动的祖先。陶从漫长的时光星河走来，温暖着简单的乡村，战火与硝烟，困苦与劫难。易碎，却依旧从容。

（4）少年时，常听得一声声锔锅补碗的吆喝声，踏着乡村的暮色而来，肯定是老铜匠背着一张弓弦走进村里。锔，补，分崩离析的岁月也一样可以缝补。你看他小心翼翼地带上花镜，把脚放平，把腿放稳，把破碎的陶的器皿夹在腿间，哧啦，哧啦，拉着古朴的琴声。以至于到了后来，当我一不小心打碎了家什，就会自告奋勇地站在母亲面前：拿来，我去补。在乡下，母亲是宽容的，就像对待她的庄稼，就像对待她亲手侍弄的那些活物。陶，你发现没有圆圆的口儿，厚厚的底儿，中间一直圆圆鼓鼓。我想那是母亲才有的胸怀吧，把苦难和风雨咽在肚子里，把亲切与宽容慈祥地呈现，让每一个乡村的儿女都在土陶一样质朴的温暖里成长。

（5）金木水火土，陶是乡间的土著。

（6）在辉煌的宫殿里你看不见陶的影子，青铜的，镏金的，千年温玉的高贵与典雅在宫闱里穿梭。陶只属于民间，属于乡村，属于一个手捧陶罐匆匆赶往河边的女子，她脚步匆匆，是去浣洗衣衫，还是去盛一罐清粼粼的河水，然后洗涤那如黛的青丝。或者只是为了在河边看一看自己俏丽的容颜吧，怕明月送归的人发现些许的憔悴。女人的村庄，母亲的村庄，一生的辛劳怎么可以离开与陶相伴的光阴？

（7）陶的来路本就在乡间。河滩、沟渠，一抔远古的泥土，还残留着祖先的味道。手是生在乡间的手，也只有土生土长的手掌，才能把陶的岁月抟转得那样流畅。孤单、贫穷，或者太过简朴，都不说，把易散的光阴凝聚在一起，放进一座时间的熔炉，土就坚硬了，釉就润滑了，即使通体透着原始与单纯，也预示着将要包容下乡村的冷暖。我相信，每一个烧陶人都是虔诚的，只有把血液与灵魂在烈焰中烧灼，才能修得完整的身心，不贪图什么，只求平安、团圆和一些小小的幸福之果。

（8）装在陶里的日子也那样短暂，泥土经过了燃烧，土陶经过了日月的浸润，这乡下的日子还是一晃一天。日升了，月落了，村前小河里的水几涨几落，一个人的一生就躲进了陶里。被封存，被储藏，会不会也在某天，复而化为了泥土，再次融进一片乡土的灵魂。

（9）不是我又想起了陶，当陶突然于某夜走失，我看见眼中的落寞。陶走了，她的青春，被陶封存的青春会不会一样会消弭？或者，陶根本就不懂。从远古的岁月孤单上路，见惯了太多的风雨沧桑，世事轮转，等某天清晨被隆隆作响的机器从深埋着的地下挖掘出来，也可能只是些残片，然后在灼热的阳光下被人抚摸，审视这时候，会不会有人想起陶？

（选自《散文》2010年第4期）

1. 这篇散文的题目叫"想起陶"，实际上陶是作者联想的生发点。作者由陶联想到哪些人？他们各有什么样的主要特点？

2. 作者称陶是乡间的土著，阅读（5）至（7）段，指出作者这样说的理由。

3. 第一段作者说，想起陶，就有温厚细密的情感在心间轻轻流淌。通读全文，请从以下三个方面归纳陶带给作者的感悟。

生活层面：

生命层面：

价值层面：

4. 下列对本篇散文分析和概括，不恰当的两项是（　　）

A. 陶在作者的眼中简单，质朴，有包容性；原始、易碎、历史久远。

B. 本文以陶为线索，串联起乡村的历史、现实和未来，联想到与陶有关的人和事，表达含蓄蕴藉，意境深远，令人回味深长。

C. 第四自然段画线的句子，运用呼告和比喻的修辞手法，表达了作者对陶的肯定和赞美。

D. 本文是一篇写景散文，作者呼唤的是一种简单而丰富的生活方式，提倡的是一种和谐、健康的生活态度。

E. 文章告诉我们生命像陶一样脆弱而易碎，我们应该珍爱生命。无论面对多么困苦艰难的生活，都应该有一份从容和宽容。对生活不要过多的贪求，只求平安、团圆。

六　离太阳最近的树

学习目标

1. 整体感知文章，把握作者写红柳由顽强生存到挖净烧绝的纵向思路中饱含的浓烈情感。
2. 掌握速读的要领，能够运用"筛选"式阅读法、跳读法在快速阅读中迅速找出关键词、中心句。
3. 理解文章融平静的叙事、描写于一体，寄寓丰富而深刻的思想的写作特色。
4. 体会作者在文中蕴含着的热爱自然、珍爱生命的感情和对保护生存环境的忧患意识。
5. 引导学生正确认识人与自然的关系，增强环保意识。

文学常识

毕淑敏，女，汉族，1952年10月生，山东省文登人。中国作家协会会员，国家一级作家，从事医学工作20年后，开始专业写作，作品很多都与医生这个职业有关，1989年加入中国作家协会，代表作品《红处方》。2007年，毕淑敏以365万元的版税收入，荣登"2007第二届中国作家富豪榜"第14位，引发广泛关注。

代表作有小说集《预约死亡》，散文随笔《素面朝天》，长篇小说《红处方》《血玲珑》，其中《预约死亡》被誉为"新体验小说"代表作。

课文解析

作者重现了30年前人们破坏红柳的行为，红柳生存和消亡的描写对照强烈。通过描写红柳在恶劣环境中顽强的生命力、强大的固沙能力，以及它被人们砍伐殆尽的悲剧，表达了作者珍爱生命、保护环境的强烈心声。

第二单元

知识积累

1. 给下列加点字注音。

皱褶（　　）　谷穗（　　）　铁锹（　　）　逶迤（　　）（　　）

枝桠（　　）　訇然（　　）　镂空（　　）　尸骸（　　）

遒劲（　　）（　　）

2. 解释下列词语。

不可思议：

盘根错节：

触目惊心：

知识检测

一、选择题

1. 下列词语中，加点字的注音全对的一项是（　　）

A. 皱褶（zhězhòu）　砂砾（lè）　附和（hè）　寥寥无几（liáo）

B. 逶迤（wēiyí）　混熟（shóu）　遒劲（jìng）　餐风露宿（lù）

C. 黏结（zhānjié）　蠕动（rú）　訇然（hōng）　烟消云散（sǎn）

D. 艾蒿（àihāo）　复杂（fù）　驯养（xùn）　本末倒置（dào）

2. 下列没有错别字的一项是（　　）

A. 逶迤　尸骇　不可思议　生死相依　B. 健硕　魂魄　浩浩荡荡　本末到置

C. 镐头　脉络　忘恩负义　扼腕痛心　D. 飘洒　缠附　傲然不屈　盘根错接

3. 依次填入下列空缺处的词语，最恰当的一项是（　　）

①在荒漠的皱褶里，有时会_____地生存着一片红柳丛。

②挖红柳的队伍，带着铁锹、镐头和斧头，_____地出发了。

③一座结实的沙丘顶上，_____立着一株红柳。

④去年被掘走红柳的沙丘，好像做了眼球摘除术的伤员，依旧大睁着空洞的眼睑，_____苍穹。

A. 出乎意料　浩浩荡荡　高兴　面向　　B. 不可思议　浩浩荡荡　昂然　怒向

C. 不可思议　兴高采烈　昂然　面向　　D. 出乎意料　兴高采烈　高兴　怒向

4. 下列各句成语使用错误的一项的是（　　）

A. 触目惊心的惨剧，人们不禁会问，该有多大的仇恨，才能下得了这样的狠手？

B. 中东、西亚地区的民族问题盘根错节，希图用"简单化"的手段解决问题是有害的。

C. 喜讯传来，首都北京城万人空巷，人们兴高采烈走上街头，在广场举行庆祝游行。

D. 面对凤凰古城美轮美奂的富人宅第、旧时城楼和风雨桥，游客们无不肃然起敬。

5. 下列句子标点符号运用正确的一项是（　　）

A. 我大惊，说红柳挖了，高原上仅有的树不就绝了吗！

B. 挖红柳的队伍，带着铁锹，镐头和斧头，浩浩荡荡地出发了。

C. 做饭可以用汽油，可以用焦炭，为什么要用高原上唯一的绿色！

D. 于是人们想出了高技术的法子：用炸药！

6. 下列没有语病的一句是（　　）

A. 三年前，电脑"上网"对人们可能是陌生的，但对今天的小学生都是很熟悉的了。

B. 驾车经过此地时，他发现一边放着一个写满红字的牌子，看上去字迹不很清楚。

C. 对科学问题上的是非之争，不应采取压服的方式，尤其不能搞文字狱一类的东西，历史上凡是这样做了的，没有一次有好结果。

D. "熟读唐诗三百首，不会写诗也会吟"这句话，写诗的适用，为文的也适用。

7. 将下列句子合成文段，最恰当的一项是（　　）

①说它具有历史意义。

②这是一个具有创造性的杰作。

③你们经过近五年的辛勤劳动，写出了一部具有历史意义和国际意义的法律。

④说它具有国际意义。

⑤我对你们的劳动表示感谢。

⑥不只对过去、现在，而且还包括将来。

⑦对文件的形成表示祝贺。

⑧不只对第三世界，而且对全人类都具有长远意义。

A. ⑤③①⑥④⑧②⑦　　　　　　B. ⑤③②①⑥④⑧⑦

C. ③②①⑥④⑧⑤⑦　　　　　　D. ③①⑥④⑧②⑤⑦

8. 下列修辞使用不正确的一项是（　　）

A. 它的根像巨大章鱼的无数脚爪，缠附至沙丘逶迤的边缘。（比喻）

B. 这高原的精灵，是离太阳最近的绿树，百年才能长成小小的一蓬。（比喻）

C. 司务长回答，你要吃饭，对不对？（反问）

D. 被掘走红柳的沙丘，如像做了眼球摘除术的伤员，依旧大睁着空洞的眼睑，怒向苍穹。（拟人）

9. 下列对本文的解说有误的一项是（　　）

A. 这篇文章的主人公是红柳树，本文主要是歌颂红柳树顽强的生命力。

B. 红柳能固住泥沙，给高原带来生命，最后却被挖掉了，这无疑是一出悲剧，而更可悲的是人们没有意识到自己的可悲，还理直气壮，振振有词。

C. 当代作家毕淑敏的《离太阳最近的树》，以平静而深沉的笔调为我们唱了一曲颂歌更是一曲悲歌。

D. 本文的一个写作特色就是寓丰富而深刻的思想于平静的叙述、细致的描写和大胆的比喻之中。

10. 下面各句的礼貌用语，运用正确的一项是（　　）

A. 请问您老人家今年多大岁数了？

B. 令郎这次在少年画展上获奖，多亏您悉心指导，我们全家都很感激您。

C. 令尊常常告诫我们，到社会上要老老实实做人，勤勤恳恳做事。

D. 本店明天开业，欢迎各位光临。

二、填空题

1. 《离太阳最近的树》作者是_____，体裁是_____。

2. 被誉为"新体验小说"代表作的毕淑敏的短篇小说是_____。

三、课内阅读

30年前，我在西藏阿里当兵。

这世界的第三极，平均海拔5 000米，冰峰林立，雪原寥寂。不知是神灵的佑护还是大自然的疏忽，在荒漠的皱褶里，有时会不可思议地生存着一片红柳丛。它们有着铁一样锈红的枝干，凤羽般纷披的碎叶，偶尔会开出穗样细密的花，对着高原的酷寒和缺氧微笑。这高原的精灵，是离太阳最近的绿树，百年才能长成小小的一蓬。到藏区巡回医疗，我骑马穿行于略带苍蓝色调的红柳丛中，曾以为它必与雪域永在。

一天，司务长布置任务——全体打柴去！

我以为自己听错了，高原之上，哪里有柴？！

原来是驱车上百公里，把红柳挖出来，当柴火烧。

我大惊，说红柳挖了，高原上仅有的树不就绝了吗？

司务长回答，你要吃饭，对不对？饭要烧熟，对不对？烧熟要用柴火，对不对？柴火就是红柳，对不对？

我说，红柳不是柴火。它是活的，它有生命。做饭可以用汽油，可以用焦炭，为什么要用高原上唯一的绿色!

司务长说，拉一车汽油上山，路上就要耗掉两车汽油。焦炭运上来，一斤的价钱等于六斤白面。红柳是不要钱的，你算算这个账吧!

挖红柳的队伍，带着铁锨、镐头和斧，浩浩荡荡地出发了。

红柳通常都是长在沙丘上。一座结实的沙丘顶上，昂然立着一株红柳。它的根像一柄巨大章鱼的无数脚爪，缠附至沙丘逶迤的边缘。

我很奇怪，红柳为什么不找个背风的地方猫着呢?生存中也好少些艰辛。老兵说，你本末倒置了，不是红柳在沙丘上，是因为有了这棵红柳，固住了流沙。随着红柳的渐渐长大，流沙被固住的越来越多，最后便聚成了一座沙山。红柳的根有多广，那沙山就有多大。

啊，红柳如同冰山。露在沙上的部分只有十分之一，伟大的力量埋在地下。

红柳的枝叶算不得好柴薪。它们在灶膛里像闪电一样，转眼就释放完了。炊事员说它们一点后劲也没有。真正顽强的是红柳强大的根系。它们如盘卷的金属，坚挺而硬韧，与沙砾黏结得如同钢筋混凝土。一旦燃烧起来，持续而稳定地吐出熊熊的热量，好像把千万年来，从太阳那里索得的光芒，压缩后爆裂出来。金红的火焰中，每一块红柳根，都弥久地维持着盘根错节的形状，好像一颗傲然不屈的英魂。

把红柳根从沙丘中掘出，蕴涵着很可怕的工作量。红柳与土地生死相依，人们要先费几天的时间，将大半个沙山掏净。这样，红柳就枝丫遒劲地腾越在旷野之上，好似一副镂空的恐龙骨架。这时需请来最有气力的男子汉，用利斧，将这活着的巨型根雕与大地最后的联系——斩断。整个红柳丛就訇然倒下了。

连年砍伐，人们先找那些比较幼细的红柳下手，因为所费气力较少。但一年年过去，易挖的红柳绝迹，只剩那些最古老的树灵了。

掏挖沙山的工期越来越漫长，最健硕有力的小伙子，也折不断红柳苍老的手臂了。于是人们想出了高技术的法子——用炸药!

只需在红柳根部，挖一条深深的巷子，用架子把火药探进去，人伏得远远的，将长长的药捻点燃。深远的寂静之后，只听轰的一声，再幽深的树怪，也尸骸散地了。

我们餐风宿露。今年可以看到去年被掘走红柳的沙丘，好像做了眼球摘除术的伤员，依旧大睁着空洞的眼睑，怒向苍穹。但这触目惊心的景象不会持续太久，待到第三年，那沙丘已烟消云散，好像此地从来不曾生存过什么千年古木，不曾堆聚过亿万颗沙砾。

听最近到过阿里的人讲，红柳林早已掘净烧光，连根须都烟消灰灭了。

有时深夜，我会突然想起那些高原上的原住民，它们的魂魄，如今栖息在何处云端?会想到那些曾经被固住的黄沙，是否已飘洒到世界各处?从屋顶上扬起的尘沙，通常会飞得十分遥远。

1. 文章第二段中，作者说，我"曾以为它必与雪域永存"，这样说的原因是什么？其用意是什么？

2. 毁掉这离太阳最近的、唯一能固住流沙给人类带来绿色的树，这已是一曲悲剧；而司务长同"我"算账时，却义正词严。司务长振振有词、理直气壮的问话，这说明了什么？

3. 文章叙写了挖红柳根的情形：由用利斧斩到用炸药炸。它暗示了怎样的道理？这似乎平静的叙写中流露出作者怎样的感情？

4. 文章主要赞颂了红柳哪两个方面的特点？请分别围绕这两个特点从语言表达的角度，对下列两个句子做简要赏析。

①（红柳）对着高原的酷寒和缺氧微笑。

②一座结实的沙丘顶上，昂然立着一株红柳。

5. 文章是运用什么手法来描写红柳的？这样描写的作用是什么？请联系全文，简要分条概括。

6. 文章具体详尽地叙写人们挖红柳的过程，从用铁锹、镐头和斧到用炸药，作者这样写的意图是什么？请用自己的话简要分条概括。

7. 下列对文章的分析，正确的两项是（　　　　）
A. 本文的主旨是表现红柳的外形美和内在美，抒发作者对红柳顽强生命力的礼赞。
B. 在"冰峰林立"的高原，红柳"百年才能长成小小的一蓬"，揭示出人类生存环境的艰难。

C. 文章叙写司务长对挖红柳当柴火的理由辩说，表现了司务长的精明和很强的工作能力。
D. 文末称红柳是"高原上的原住民"，表达了作者对它被掘净烧光的惋惜和痛心。
E. 文章通篇运用夹叙夹议的手法，深刻地抒发了作者对人类生存意识和生命意识的忧患。

四、拓展阅读

坦然看生活

余秋雨

活着真叫累，有人这么感喟。

活着真叫烦，更有人这么嘘叹。

活着真的美丽，而我却喜欢这么对生活缩结。

寻找了千百种理由之后，才得以发现：生活在我的视野下呈现出与人的不同，不是生活赐予我有什么不同，却仅仅是因为，在我的胸襟之中，盈盈地盛满这么两个字：坦然。

我坦然，于是我心美丽。

我心美丽，于是我的人生跟着美丽。

曾经看到那些假日垂钓者，一大早出门，夕阳之下拎着空空的鱼篓回家的时候，仍是一路欢歌，不禁讶然：付出了一天的等待却一无所获，怎么还可以这般快乐满怀？给我的回答却是：鱼不咬我的钩那是它的事，我却钓上来一天的快乐！对钓鱼的人来说，原来最好的那条鱼便是快乐。

坦然是一种失意后的乐观。

曾经看到那些下零点班的纺织女工，写满倦意的脸上却交织着与朝霞一样灿烂的笑靥，我便想：怎么说女孩子从事这种职业也不是最让人满意的呀！给我的回答却是：公主永远只有一个。但如果没人为她织出那么多彩锦，一个公主也没有哇！对织布的人来说，原来最美的那匹布却是穿在了自己的身上！

坦然是沮丧时的一种调适。

曾经看到一个扫了三十几年大街的老伯，每天把一条长长的大街扫得一尘不染，让上早班的人灿然走过。我便想：这么几十年这样平平淡淡地走过，这老伯可说是这小城里生活得最不顺心的一个了。给我的回答却是：这条街只有我扫得最干净。对扫街的人来说，原来扫得最清洁的恰恰是自己的心。

坦然是平淡中的自信。

忽然想起泰戈尔的最有名的一句诗："天空不留下鸟的痕迹，但我已飞过。"这不便是对"坦然"做了最好的诠释？

是的，许多的事得失成败我们不可预料，也承担不起，我们只需尽力去做，求得一份付出之后的坦然和快乐；许多的人我们捉摸不透防不胜防，往往是我们想走近，人家却早已设起屏障，我们不必计较，我们唯一能做的是：在我们必须面对他们的时候，奉上我们的真心和宽容；许多的选择如果能让我们抓住，有可能抵达我们的成功，但我们一次次失却机会，没有关系，那只是命运剥夺了你活得高贵的权利，却没有剥夺你活得坦然的权利！

记住：没有蓝天的深邃可以有白云的飘逸；没有大海的壮阔可以有小溪的优雅；没有原野的芬芳但可以有小草的翠绿！生活中没有旁观者的席位，我们总能找到自己的位置，自己的光源，自己的声音！

我们有美的胸襟，我们才活得坦然；我们活得坦然，生活才给我们快乐的体验。

1. 文章开头的三个自然段在写法上有什么特点，这样写有什么好处？

2. 文章出现了泰戈尔的诗句，它的含义与作用是什么？

3. 联系全文，说说作者对生活的理解。

4. 下列对这篇文章的赏析，错误的一项是（　　　）
A. 文中用垂钓者、纺织女和扫街老伯的事例说明一个道理：只有劳动才能获得快乐。
B. 这篇散文具体生动地表现了作者对生活的态度是坦然的、积极向上、乐观进取的。
C. 本文运用了反复、排比等修辞手法，使文章气势磅礴，句式整齐而富于变化、文化贯通流畅。
D. 本文带有浓郁的抒情色彩，感情真挚，语言优美，给人美的享受。

七 像山那样思考

学习目标

1. 整体感知文章,理清文章脉络,理解重点语句的含义。
2. 了解生态平衡知识,领会本文所阐述的道理对保护生存环境的意义,培养学生建立起和谐的人与自然关系的意识。
3. 体味文中作者对人与自然关系的生态伦理的思考。

文学常识

奥尔多·利奥波德,美国作家,生态学家,土地伦理学家,被誉为"近代环保之父"。代表作《沙乡年鉴》,被誉为"绿色圣经"。

课文解析

本文是一篇耐人寻味的哲理散文。文章由"狼—鹿(牛)—草"这条生物链引发对自然法则的理性张扬:人们应该像"山那样思考",这是对人与自然关系处理方式的良好建议,是这种建议的诗意表达。人不是自然的主人,从保护自然生态的角度看,我们并不比一座山高明;从人与自然的关系看,我们和一座山同万物的关系一样。

知识积累

1. 给下列加点字注音。

嗥叫(   )   迸发(   )   饿殍遍野(   )
驯服(   )   蔑视(   )   毛骨悚然(   )
蒿艾(   )   蠕动(   )   无动于衷(   )

2. 解释下列词语。

毛骨悚然：

无动于衷：

知识检测

一、选择题

1. 下列加点字的注音全正确的一项是（   ）

A. 嘶鸣（sī）　　蜿蜒（yǎn）　　艾蒿（hāo）　　饿殍（piǎo）

B. 残羹（gēng）　悚然（sǒng）　嗥叫（háo）　　迸发（bèng）

C. 蠕动（nuó）　峭壁（qiào）　聆听（líng）　　允诺（nuò）

D. 蔑视（miè）　嬉戏（xì）　　枪膛（dáng）　　瞄准（miáo）

2. 下列词语没有错别字的一项是（   ）

A. 山崖　湍急　碰撞　残羹冷灸　　B. 腐烂　恐惧　闪烁　毛骨悚然

C. 警告　张扬　踪绩　无动于衷　　D. 疲惫　内涵　舒适　兴高彩烈

3. 依次填入下列句子中的词语，最恰当的一项是（   ）

①峭壁下面，一条湍急的河＿＿＿流过。

②它们＿＿＿地摇着尾巴，嬉戏着搅在一起。

③它使那些在夜里听到狼叫，白天去察看狼的足迹的人＿＿＿。

④或许这就是狼的嗥叫所隐藏的内涵，山早就＿＿＿了这个含义。

A. 蜿蜒　喜气洋洋　毛骨悚然　领悟　　B. 缓缓　高高兴兴　毛骨悚然　知道

C. 蜿蜒　高高兴兴　胆战心惊　领悟　　D. 蜿蜒　喜气洋洋　胆战心惊　知道

4. 加点的成语运用正确的一项是（   ）

A. 在书籍的浩瀚海洋里，我们学会使用书目，常常能达到事倍功半的效果。

B. 为了救活这家濒临倒闭的工厂，新上任的厂领导积极开展市场调查，狠抓产品质量和开发，真可谓处心积虑。

C. 翘首西望，但见苍山如屏，洱海如镜，真是巧夺天工。

D. 这是一起令人毛骨悚然的惨剧。

5. 下列各句中标点符号使用不正确的一项是（   ）

A. 这是一种不驯服的、对抗性的悲鸣，是对世界上一切苦难的蔑视情感的迸发。

B. 我们到送那只老狼的附近时，正好看见在它眼中闪烁着的，令人难受的，垂死时的绿光。

C. 我们看见一只雌鹿——当时我们是这样认为——正在涉过这条急流，它的胸部淹没在白色的水花中。

D. 在一秒钟之内，我们就把枪弹上了膛，过度的兴奋竟使我们无法瞄准。

6. 下列各句中，有语病的一句是（　　）

A. 只有山长久地存在着，从而能够客观地听取一只狼的嗥叫。

B. 但是，在看到这垂死时的绿光时，我感到，无论是狼，或是山，都不会同意这种观点。

C. 它们确确实实是一群就在我们的峭壁之下的空地上蠕动和互相碰撞着的狼。

D. 正因为如此，我们才有了沙尘暴，河水把未来冲刷到大海去了。

7. 依次填入下面一段文字横线处的语句，衔接最恰当的一组是（　　）

如果把老天比喻为一个画师的话，那么它在春夏时节为大自然涂抹的是如梦似幻的温柔之色；＿＿＿＿，＿＿＿＿。＿＿＿＿，＿＿＿＿。＿＿＿＿，＿＿＿＿，于苍茫中呈现着端庄、宁静的圣洁之美。

①那灿烂的金黄色成为这个季节的主色调，让人想起凡·高的画

②随着冷空气频频的入侵，落叶飘零，山色骤然变得黯淡陈旧了

③但这种绚丽持续不了多久

④到了秋天，它的画风发生了巨变，它借着秋霜的手，把山峦点染得一派绚丽

⑤伴随着雪花那轻歌曼舞的脚步，山峦披上一件银白的棉袍

⑥但这种黯淡也不会让你的心灰暗很久

A. ④①③②⑥⑤   B. ④③①②⑥⑤

C. ②⑥⑤①③④   D. ①③④②⑤⑥

8. 下列各句修辞使用不同于其他三句的一项是（　　）

A. 一声深沉的、骄傲的嗥叫。

B. 一只小狼拖着一条腿，进入到那无动于衷的静静的岩石中。

C. 牧牛人不知道像山那样去思考。

D. 这样一座山看起来就好像什么人给了上帝一把大剪刀，叫他成天只修剪树木，不做其他事情。

9. 下列对课文理解赏析有误的一项是（　　）

A. 《像山那样思考》是美国生态伦理学家奥尔多·利奥波德的代表作《沙乡年鉴》中的一则随笔，文章语言简洁传神，挟裹着作者深深的忧患意识。

B. 开篇对一声"深沉的、骄傲的"狼嗥的特写，这也是此篇文章的文眼，作者把诗意的叙写和深刻的生态忧虑杂糅在这声狼嗥中，给人以震撼和思考。

C. 利奥波德在文中写到狼群遭到猎杀，主要是表达对动物的同情。

D. 本文的作者思考的是，在物质文明日益进步的今天，人类该如何与自然相处，如何处理好人与自然之间的关系。

10. 下列句子中，加点的传统礼貌用语使用正确的一句是（　　　）

A. 新开的超市大门上写着八个大字："物美价廉，欢迎惠顾。"

B. 8月12日是贵校七十年校庆，作为市长我一定光临指导。

C. 我前几日登门拜访，正巧您不在，您的家父已经把您调离的事告诉我了。

D. 听说你新买了房子，今天我有事走不开，改天我一定赏光拜访。

二、填空题

1.《像山那样思考》一文的作者是_____，_____（国别）人。

2. 本文是一篇_____（体裁）。

3. _____被誉为"绿色圣经"。

三、课内阅读

（1）一声深沉的、骄傲的嗥叫，从一个山崖荡漾到另一个山崖，回响在山谷中，渐渐地消失在漆黑的夜色里。这是一种不驯服的、对抗性的悲鸣，是对世界上一切苦难的蔑视情感的迸发。

（2）每一种活着的东西（大概还有很多死了的东西），都会留意这声呼唤。对鹿来说，它是死亡的警告；对松林来说，它是半夜里在雪地上混战和流血的预言；对郊狼来说，是即将分得一份残羹剩饭的允诺；对牧牛人来说，是银行账户透支的威胁；对猎人来说，是狼牙抵制弹丸的挑战。然而，在这些明显而迫切的希望和恐惧之后，还隐藏着更加深刻的含义，这个含义只有这座山自己才知道。只有山长久地存在着，从而能够客观地聆听狼的嗥叫。

（3）不过，那些不能辨别其隐藏的含义的人也都知道这声呼唤的存在，因为在所有有狼的地区都能感觉到它，而且，正是它使得这儿有别于其他地区。它使那些在夜里听到狼叫，白天去察看狼的足迹的人毛骨悚然。即使看不到狼的踪迹，也听不到它的声音，它也暗含在许多小小的事件中：深夜里一匹驮马的嘶鸣、滚动的岩石的嘎啦声、逃跑的鹿的砰砰声、道路上云杉的阴影，只有不堪造就的新手才感觉不到狼是否存在，认识不到山对狼怀有一种秘密。

1. 第（2）段里"这些明显的而迫切的希望和恐惧"一句中的"这些"指代的内容有哪些？（用原句回答）

2. 画线句子在语言上的最大特点是什么？这样写有什么作用？

3. 作者说："在这些明显而迫切的希望和恐惧之后，还隐藏着更加深刻的含义，这个含义只有这座山自己才知道。"这段话怎样理解？结合全文解答。

四、拓展阅读

羞涩是灵魂的镜子

李 琬

（1）入夏的夜晚，空气闷热起来，天空同样沉郁。爱散步的人本来想寻一点闲谈的兴致，可街市的灯火已把天空映得发红，不见星辰。我胸中气闷，只想：就像城市夜晚的星星一样，如今真正的羞涩已不多见。

（2）学校要搞话剧剧表演。那天我们几个在讨论剧本的事。有个情节是少女说出自己爱人的名字，我原本想要让少女羞涩些，结果是这一设想获得了一致的揶揄与批驳。只是一件小事，他们大概是混淆了羞涩与做作。

（3）但这小事，不能不提醒我认识到一个巨大的现实：在这个被利益和欲望裹挟着、在大量信息高速运行的现代社会里，羞涩没有地位，甚至不再有容身之地。现代社会是反浪漫的，而羞涩正是罗曼司的一个侧脸。人们用冷眼瞥着这张曾经令人感动的面庞。人们不再关心内心曾有的不安与生涩，只是直露着一切。这一切快乐、痛苦、渴求、怨恨，它们的根系都是欲望，并最终汇入欲望的洪流里。

（4）俗世夹杂着几吨烟尘让我看不分明，至少我看不见真正的羞涩。我一次次问道，难道那素白衬衣、扎麻花辫的女子，深埋着头拉着旧手风琴默默做梦的羞涩，一去不返了吗？

（5）羞涩是可贵的。我之所以热爱少数民族的原生态音乐，是因为这些音乐包含了最纯粹的羞涩。听苗歌，歌声轻快飞过山头又在情人的吊脚楼外敛足，盘桓着低回着，诉说内心迟迟未发出的感叹；听维吾尔民歌，那声音的源头是来自大漠的荒凉，唱歌的人用鼓声与歌喉的苍茫、词句与情感的炽烈来抵御荒凉，这是对生命与自然的羞涩；听蒙古歌谣，唱着刚出生的小羊，把不肯喂奶的母羊唱得内心柔软了，唱出了晶莹的泪珠；最让我倾心的还是彝族的海菜腔，飘忽不定，尽是善良灵秀的男女内心的吟咏与欢歌，蒙上了沉静素美的纱，没有丢失羞涩的民族，让我心生敬意与倾慕。

（6）羞涩是质朴的，而质朴的品质在我们生活里稀缺；虽然我未曾事农桑，却常常渴望一个温厚纯良庄稼人那样的质朴和羞涩。对于羞涩的人，外部世界里种种功利的繁芜丛杂、根根攀攀令他不安，他只想着：哦，看这庄稼多高多壮实，都是我的双手耕作的；哦，此刻炊烟正在唤我回去，我应当回家。羞涩让人回归生命的本质，静好，朴实，真切自然。

（7）羞涩是灵魂的镜子。面对着心爱的人，羞涩的女子低垂下头，此刻内心奔涌如大海而嘴唇缄默；此时她的羞涩让她清楚地看见自己的热恋、矜持与纯真，她读到自己内心的诗句。是的，羞涩就在你的体内，只对着你的灵魂，照见你灵魂的真相。有了这镜子，人才得以自知，才明了这人间的真情意，才坚定对艰辛生活的信念，恪守那易碎的脆弱的纯洁理想。没有羞涩或故作羞涩的人就没有这面镜子，他看见的只能是自己生命虚无空洞的幻影。

（8）作为灵魂的一面镜子，真正的羞涩绝非扭捏的做作、矫情的粉饰。如同一个远古的女子艰难跋涉途中，在清晨醒来坐在山头，望见前方葱郁的水草，脸颊被圆满火红的太阳映热，有了微醉般的羞涩。羞涩是我们生命里的大气象，我祈望着它不再衰败也不会死灭，执拗地、坚韧地活在这越来越拥挤的世界上。

1. 文中第（1）段对夏夜的描写有什么作用？

2. 阅读文章，回答下面的问题。
①理解第（3）段画线句子"现代社会是反浪漫的，而羞涩正是罗曼司的一个侧脸"的含义。

②文章第（5）段为什么说少数民族的原生态音乐才包含了"最纯粹的羞涩"？

3. 本文认为羞涩丧失的原因是现代社会利益与欲望的驱使，除此以外，你认为还有其他什么原因？请任选一点阐述你的看法。

4. 下列对文章的理解，不正确的两项是（　　　）
A. 文章从话剧表演的小事洞察到现代社会羞涩缺失的重大社会现象。
B. 文章首尾均提到"羞涩""做作"，表明文章主旨是批评那些混淆了羞涩与做作的人。
C. 本文的羞涩既指女子的表情，还包含人间真情以及人们对生命本质的回归。
D. 第（6）段写作者向往庄稼和炊烟，表明羞涩的质朴、真切与自然。
E. 第（8）段描述远古女子的羞涩，旨在表现火红太阳映照下女子跋涉的艰难。

八 窗前的树

学习目标

1. 了解托物言志借物抒情的写作手法。
2. 学习槐树朴实、坚强、沉稳的人生态度。
3. 梳理文章思路，了解四季中槐树的特征。
4. 作者托物抒情，表达了一种积极向上的人生态度。

文学常识

张抗抗（1950—　），原名张抗美，中国当代女作家，出生于杭州，祖籍广东。她于1975年便完成了反映知青题材的长篇小说《分界线》，1979年以短篇小说《爱的权利》而知名。代表作有长篇小说《隐形伴侣》和反映20世纪30年代革命知识分子命运的《赤彤丹朱》。

课文解析

本文是一篇优美的状物散文，文章开篇点明了主角——窗前的洋槐；接着依次写了洋槐春、夏、秋、冬四时的姿态，采用了总分式的结构为我们展示了洋槐的形态美。

知识积累

1. 给下列加点字注音。

撩人心脾（　　）　　战栗（　　）　　馥郁（　　）　　徘徊（　　）
秋风乍起（　　）　　肖然（　　）　　气氛（　　）

2. 解释下列词语。

郁郁葱葱：

金碧辉煌：

休养生息：

陈词滥调：

知识检测

一、选择题

1. 下列注音全对的一项是（　　）

   A. 恬静（tián）　战栗（lì）　默契（qì）　斑驳（bó）

   B. 融化（róng）　馥郁（fù）　窥见（kuī）　心脾（pí）

   C. 萦绕（yíng）　羽翼（yì）　徘徊（huí）　璀璨（cuǐcàn）

   D. 俨（yǎn）然　肥硕（shuò）　岿然（kuī）　气氛（fèn）

2. 下列各组词语中字形无误的一项是（　　）

   A. 浓荫　喧哗　花瓣　赏心悦目　　B. 缀满　安详　战栗　撩人心脾

   C. 融化　摇撼　凋零　陈词烂调　　D. 默契　倾泻　萦绕　利利索索

3. 依次填入下面文字中横线上的词语，最恰当的一组是（　　）

   央视汉字听写大会_____。正是这样一个"素面朝天"的节目_____了荧屏的生态结构，_____了社会对汉字的关注，激发了关于汉字的深层思考。总之，它传递了文化的_____。

   A. 可圈可点　更换　吸引　生命力　　B. 差强人意　改变　增加　正能量

   C. 可圈可点　改变　吸引　正能量　　D. 差强人意　更换　增加　生命力

4. 下列各句成语使用有误的一项是（　　）

   A. 赏读这篇美文，犹如聆听舒缓、悠扬的小夜曲，令人心旷神怡。

   B. 初夏的榕城是蓝紫色的。十余米高的蓝花楹，戴着蓝紫色的花冠，看去，很是赏心悦目。

   C. 如不抓住时机，及时见报，这则消息将成为陈词滥调。

   D. 夏日的洋槐，巍巍然郁郁葱葱，一派的生机勃发。

5. 下列各句标点使用错误的一项是（　　）

   A. 冬去春来，老槐衰而复荣、败而复兴。

   B. 所以凝望这棵斑驳而残缺的树，我并不怎么觉得感伤和悲凉——我知道它们明年还会再回来。

   C. 它们离开了槐树就好比清除了衰老抛去了陈旧，是一个必然，一种整合，一次更新。

D. 顿时整个世界都因此灿烂而壮丽：满满的一树雪白，袅袅低垂，如瀑布倾泻四溅。

6. 下列各句没有语病的一句是（　　）

A. 这位政协委员对环保问题的见解不无道理。

B. 当朱总理做了1.5万字的《政府工作报告》，使全场共响起18次掌声。

C. 海湾战争初期，伊拉克通过设置大量假目标，迷惑了多国部队的飞机和侦察卫星的侦察效果，最终使部分飞机保留了下来。

D. 植树节这天，几个学校的领导都来到了植树现场。

7. 依次填入下面一段文字横线处的语句，衔接最恰当的一组是（　　）

龙在我国古代始终代表一种神性，又是九五之尊的象征，＿＿＿，＿＿＿，＿＿＿，＿＿＿，＿＿＿，＿＿＿，以增加人民对于龙的敬畏之情。

①虽然龙舟竞渡的风俗习惯长江之南凡有河流处即通行

②服装艺术上随便用龙是受禁止的

③且逢年过节舞龙灯的习俗具有全国性

④每逢天旱，封建统治者就去庙中祈雨，把应负责任推到龙王身上

⑤是广大人民娱乐节目之一

⑥但另一方面，南方各地任何县城必有龙王庙

A. ①③⑥④②⑤　　　　　　　　　　B. ②①⑤③⑥④

C. ③⑤①⑥④②　　　　　　　　　　D. ⑥④①③⑤②

8. 下列修辞手法判断错误的一项是（　　）

A. 满满的一树雪白，袅袅低垂，如瀑布倾泻四溅。（借喻）

B. 它活得孤独，却活得自信，活得潇洒。（拟人）

C. 轻轻地咽下，心也香了。（夸张）

D. 真不知是雪如槐花还是槐花如雪。（顶针）

9. 关于本文的理解不正确的一项是（　　）

A. 洋槐可贵的品质是沉稳、朴实和坚强。

B. 暴风雨中的洋槐更能显示出坚强不屈的性格，表达了作者对洋槐的赞美之情。

C. "雪后的槐树一身素裹银光璀璨，在阳光还未及融化它时，真不知是雪如槐花还是槐花如雪。"

此句细腻地描写了雪后洋槐银装素裹的美丽姿态，给读者展示了一幅美妙的画卷，使人有如临其境之感。

D. 从洋槐的身上，获得的生活启示：做人应像洋槐那样朴实、坚强，为实现自己的人生理想而不懈奋斗。

10. 下列各句中，表达得体的一句是（　　）

A. 本届湖湘文化研讨会在岳麓书院召开，推举您忝列"湖湘文化研究会"理事。

B. 你的文稿，我已看了，对其中不妥当的几处，我斗胆加以斧正。

C. 大作已拜读，唯几处有疑，特致函垂询。

D. 您的意见提得很好，我们一定想办法改进。

二、填空题

1.《窗前的树》的作者是_____，浙江省杭州人，当代作家。

2.《窗前的树》是一篇_____散文。

三、课内阅读

我的窗前有一棵树。

那是一棵高大的洋槐……

洋槐在春天，似乎比其他的树都沉稳些。杨与柳都已翠叶青青，它才爆发出米粒般大的嫩芽：只星星点点的一层隐绿，悄悄然绝不喧哗。又过了些日子，忽然就挂满了一串串葡萄似的花苞，又如一只只浅绿色的蜻蜓缀满树枝——当它张开翅膀跃跃欲飞时，薄薄的羽翼在春日温和的云朵下染织成一片耀眼的银色。那个清晨你会被一阵来自梦中的花香唤醒，那香味甘甜淡雅、撩人心脾却又若有若无。你循着这馥郁走上阳台，你的精神为之一振，你的眼前为之一亮，顿时整个世界都因此灿烂而壮丽：满满的一树雪白，袅袅低垂，如瀑布倾泻四溅。银珠般的花瓣在清风中微微飘荡，花气熏人，人也陶醉。

便设法用手勾一串鲜嫩的槐花，一小朵一小朵地放进嘴里，如一个圣洁的吻，甜津津、凉丝丝的。轻轻地咽下，心也香了。

槐花开过，才知春是真的来了。铺在桌上的稿纸，便也文思灵动起来。那时的文字，就有了些许轻松。

夏日的洋槐，巍巍然郁郁葱葱，一派的生机勃发。骄阳下如华盖蔽日，烈焰下送来阵阵清风，夏日常有雨，暴雨如注时，偏爱久久站在窗前看我的槐树——它任凭狂风将树冠刮得东歪西倒，满树的绿叶呼号犹如一头发怒的雄狮，它翻滚，它旋转，它战栗，它呻吟。曾有好几次我以为它会被风暴折断，闪电与雷鸣照亮黑暗的瞬间，却窥见它的树干始终岿然。大雨过后，它轻轻抖落身上的水珠，那一片片细碎光滑的叶子被雨水洗得发亮，饱含着水分，安详而平静。

那个时刻我便为它幽幽地滋生出一种感动。自己的心似乎变得干净而澄明。雨后清新的湿气萦绕书桌徘徊不去，我想这书桌会不会是用洋槐树木做的呢？否则为何它负载着沉重的思维却依然结实有力。

洋槐给我一春一夏的绿色，到秋天，艳阳在树顶涂出一抹金黄，不几日，窗前已被装点得金碧辉煌。秋风乍起，金色的槐树叶如雨纷纷飘落，我的思路便常常被树叶的沙沙声打断。我明白那是一种告别的方式。它们从不缠缠绵绵凄凄切切，它们只是痛痛快快利利索索地向我挥挥手连头也不回。它们离开了槐树就好比清除了衰老抛去了陈旧，是一个必然、一种整合、一次更新。它们一日日稀疏凋零，安然地沉入泥土，把自己还原给自己。它们需要休养生息，一如我需要忘却所有的陈词滥调而寻找新的开始。所以凝望这棵斑驳而残缺的树，我并不怎么觉得感伤和悲凉——我知道它们明年还会再回来。

冬天的洋槐便静静地沉默。它赤裸着全身一无遮挡，向我展示它的挺拔与骄傲。或许没人理会过它的存在，它活得孤独，却也活得自信，活得潇洒。寒流摇撼它时，它黑色的枝条俨然如乐队指挥庄严的手臂，指挥着风的合奏。树叶落尽以后，树杈间露出一只褐色的鸟窝，肥硕的喜鹊啄着树枝喳喳欢叫，几只麻雀飞来飞去到我的阳台上寻食，偶尔还有乌鸦的黑影匆匆掠过，时喜时悲地营造出一派生命的气氛，使我常常猜测着鸟们的语言，也许是在提醒着我什么。雪后的槐树一身素裹银光璀璨，在阳光还未及融化它时，真不知是雪如槐花还是槐花如雪。

……

年复一年，我已同我的洋槐度过了六个春秋。在我的一生中，我与槐树无言相对的时间将超过所有的人，这段漫长又真实的日子，槐树与我无声的对话，便构成一种神秘的默契。

1. 请用简洁的语言概括洋槐在一年四季的不同特征。

2. 从文中提供的信息看，你觉得洋槐最可贵的品质是什么？

3. 作者写夏日的洋槐，为什么要着力写暴风雨中的洋槐？

4. 自选角度赏析下面的语句。

满满的一树雪白，袅袅低垂，如瀑布倾泻四溅。银珠般的花瓣在清风中微微飘荡，花气熏人，人也陶醉。

5. 从洋槐的身上，你获得了怎样的生活启示？树的家族较大，说说你最敬佩的树以及理由。

四、拓展阅读

古典之殇（节选）
王开岭

（1）每个词语本身，无不包藏着巨大的文化、民俗、生态、历史、生物学信息。那"蒹葭""涟漪""鹿鸣""雎鸠""鹤唳""猿声""虎啸""莺啼""青山""白水"……不仅代表一种草本或动物，更指向一种生态文化、一种自然的繁蕤和物种的丰盛，包含丰富的美学含量和社会学信息。她让今人在欣赏一部美好的自然经典的同时，更对我们今天的生态有一种对比、检验和校正的作用，在某种意义上，古典文学给我们矗起了一座纪念碑。她是丰碑，但更是殇碑！一座刻有灭绝物象的冰冷的青苔之碑！

（2）我不知道老师们在沉醉于"飞流直下三千尺，疑是银河落九天""青山横北郭，白水绕东城"的当儿，有没有升起过一丝隐隐伤感和悲情？有没有把一份疼痛悄悄传递给台下的孩子？如果有，如果能把这粒"痛"种进孩子们的心里，那我要替我们的教育和家长感到庆幸，要为这位老师鼓掌——感谢他为孩子接种了一支珍贵的精神"疫苗"！因为在未来，这粒小小的"痛"或许会生出郁郁葱葱的"良知"来……如果老师尚做不到这一点，如果那"忧郁"和"哀怨"率先闪现在孩子的眼神里，那老师也应立即醒悟，并亲切地鼓励这"忧郁"（千万不要施加"消极""脆弱"之类的粗暴评语）。要知道，这"忧郁"是多么的美！她包含一种多么美好的生命看法和价值判断。

（3）我相信，携带这支"疫苗"的孩子，多少年后，当面对一片将被砍伐的森林、一条将被推土机铲平的古街时，当人们被囚禁在钢筋混凝土牢房里不能凝视明亮的星辰时，当人们被莫名的工业尘埃所吞噬时，至少一丝心痛和迟疑总是有的吧！这就有救了，最终阻止无知与粗鲁的，或许正是那一丝迟疑和心痛——而它的源头，或许正是当年的那一节课、那一支无声的"疫苗"！

（4）其实，又何止语文课！地理、音乐、美术、哲学、生物、历史……哪个不包含着丰饶的自然信息和生命审美？哪个不蕴藏着比僵硬的字根、词条、年代、人名、事件、"中心思想"更辽阔的人文资源和精神含量？关键看你能否感受到那些信息，并有力地展示和传递那些信息。

（5）这些细节和感受，这样的联想与发言，为什么没有进入我们的课堂？为什么不能种进孩子们的心里？难道不比空洞的广告宣传更感人更有力？

（6）如果连最日常最初级的人文课堂都无法让孩子矗起"热爱自然""尊重生命""保护动物"的信仰，当他们进入成人序列后，那些所谓的环保宣传和口号标语又有什么用呢？影响一个人终生价值观的，一定是童年的记忆和生命印象——那些最早深深感动过心灵的细节！

（7）遗憾的是，我们的教育大多停留在了概念说教和灌输上，而在最重要的"审美"和"感动"方面——做得远远不够。最好的教育，一定来源于"感动"——生命美学的"震颤"和"流泪"！

1. 第（1）段中，作者为什么说"她是丰碑，但更是殇碑"？

答：①说"她是丰碑"是因为_____
_____。

②说"更是殇碑"是因为_____
_____。

2. 第（2）段中，作者说："感谢他为孩子接种了一支珍贵的精神'疫苗'！"请通览全文作答，"精神疫苗"的具体含义是什么？

答：含义是_____
_____。

3. 第（3）段中谈到"最终阻止无知与粗鲁的，或许正是那一丝迟疑和心痛"。从全文看，作者谈到的现代社会的"无知与粗暴"有哪些？

答：①_____

②_____

③_____

4. 下列对这篇散文的赏析，正确的两项是（　　　）

A. 第（2）段中，作者认为率先在孩子们眼神里闪现的"忧郁"是一种美，因为它蕴含着一种美好的生命看法和价值判断。

B. 文中说教师们在沉醉于古典文学艺术美的同时，心中生起一丝隐隐的"伤感和悲情"，那是因为孩子们缺少对古典美的接受能力。

C. 作者对我们现在的教育深表遗憾，因为它只停留在概念的说教和灌输上，不能让学生感动和审美。

D. 作者认为，现在的孩子进入成人序列后，就生态环境的保护而言，环保宣传和口号将不再起作用。

E. 全文语言沉郁凝重，视角新颖独特，对古典文学和现实生存状态有着深沉的思考。

第二单元检测题

一、选择题

1. 下列加点字的读音完全相同的一项是（   ）

   A. 嚎叫   蚝油   狼嚎   号哭
   B. 蹁跹   翩然   偏爱   篇章
   C. 点缀   辍学   拾掇   赘述
   D. 缥缈   剽窃   漂白   饿殍

2. 下列词语中没有错别字的一项是（   ）

   A. 飘渺   破天荒   游目聘怀   若隐若现
   B. 绚烂   坐上宾   本末倒置   傲然不曲
   C. 别致   放冷箭   盘根错节   毛骨悚然
   D. 缠附   翘辫子   扼挽痛心   不可思议

3. 依次填入下列各句横线处的词语，最恰当的一项是（   ）

   ①美国微软集团败诉，国际金融机构迅速做出_____，比尔·盖茨一度陷入困境。
   ②沈从文先生的小说笔力传神，寥寥数语，就将众多人物的性格_____得淋漓尽致。
   ③"哀莫大于心死"，所谓心死就是对于人生世相失去_____和留恋，就是对于人诗无兴趣。

   A. 反应 刻划 解释   B. 反映 刻画 解释
   C. 反映 刻划 解悟   D. 反应 刻画 解悟

4. 下列各句中成语运用不正确的一项是（   ）

   A. 每个夜幕深垂的晚上，山下亮起灿烂的万家灯火，山上闪出疏落的灯光。
   B. 每一块红柳，都弥久地维持着盘根错节的形状，好像一颗傲然不屈的英魂。
   C. 在荒漠的褶皱里，有时会出乎意料地生存着一片红柳丛。
   D. 它使那些在夜里听到狼叫，白天去查看狼的足迹的人毛骨悚然。

5. 下列句子标点有误的一项是（   ）

   A. 这个无限大的"领空"，是我开放性的院子。
   B. 我以为自己听错了，高原之上，哪里有柴？！
   C. 一片蓝，那是墙，一片白，那是窗。
   D. 每一种活着的东西（大概还有很多死了的东西），都会留意这声呼唤。

6. 下面句子没有歧义的一句是（   ）

A. 他决定背着妈妈去医院检查身体。

B. 老师看到我们很高兴，就把我们拉到他的家里去坐坐。

C. 天很晚了，自行车还没有修好，修车的急坏了。

D. 爱护人民的政府，永远得到人民的拥护。

7. 依次填入下面横线处的句子，与上下文衔接最恰当的一组是（   ）

信仰是人类特有的精神活动，人类之所以不同于动物，就在于其理解追求的精神层面＿＿＿，＿＿＿，＿＿＿。＿＿＿，＿＿＿。一个民族如果没有一种科学、健康的信仰，也难以产生共同的目标和一致的认同感，进而丧失前进的动力。

①是人类的精神家园的价值归宿

②不能成为一个完整的人

③它为人类生活提供了价值追求的动力和目标

④一个人没有信仰，就会失去生活的意义和目标

⑤信仰表现为人类对崇高价值目标的敬仰和追求

A. ①③④⑤②　　B. ⑤③①④②　　C. ⑤②①④③　　D. ④②③①⑤

8. 下列各句所用修辞手法判断正确的一项是（   ）

①也许那是上帝玩赏的牡丹或芍药，我们叫它云或霞。

②红柳为什么不找个背风的地方猫着呢？

③小屋迷失于雾失楼台的情景中，它不再是清晰的小屋，而是烟雾之中、星点之下、月影之侧的空中楼阁。

④小屋点缀了山，什么来点缀小屋呢？那是树。

A. 比喻	比拟	双关	设问
B. 比拟	比喻	排比	反问
C. 比喻	比拟	双关	设问
D. 比拟	比喻	排比	反问

9. 下列说法错误的一项是（   ）

A. 《故都的秋》描绘了"小院秋晨""秋槐落蕊""秋蝉残声""闲话秋凉""秋果胜景"等几幅画面，通过以情驭景、以景显情的方法，将故都的秋色与作家的个人心情自然完美地融合在一起，秋中有情的眷恋，情中有秋的落寞。

B. 毕淑敏的长篇小说《预约死亡》被誉为"新体验小说"。

C. 《像山那样思考》是奥尔多·利奥波德《沙乡年鉴》中收录的一则随笔。

D. 张抗抗，当代女作家，入选课本的篇目是《窗前的树》。

10. 下面各句的礼貌用语，运用正确的一项是（   ）

A. 小王同志，听说你生病了，我代表单位向你表示问候，并请你及早康复。

B. 老师批评我们,她的嘴脸虽然严肃,但是她的用心还是好的。

C. 志愿军战士弹药即将耗尽,但敌人还在像猛虎一样冲上来。

D. "校园之声"广播台本次播音到此结束。老师们、同学们,谢谢收听,再会。

二、诗文阅读

行路难

李 白

金樽清酒斗十千,玉盘珍羞直万钱。
停杯投箸不能食,拔剑四顾心茫然。
欲渡黄河冰塞川,将登太行雪满山。
闲来垂钓碧溪上,忽复乘舟梦日边。
行路难,行路难!多歧路,今安在?
长风破浪会有时,直挂云帆济沧海。

1. 对这首诗的解说,不恰当的一句是(　　　)

A. 一、二句是美酒佳肴的铺陈,三、四句写停杯拔剑的苦闷,烘托出诗人内心的茫然。

B. 五、六句写诗人出游黄河、太行,却遭到冰天雪地之险,借山川阻障隐喻政治道路的坎坷。

C. 七、八句写诗人以姜尚和伊尹自比,表达出诗人的政治抱负:要像两位先贤那样,辅佐圣明之君,做一番匡世济世的事业。

D. 末尾两句写诗人对未来的坚定信念:总有一天会云帆高挂,乘风破浪,到达理想的彼岸。

2. 对这首诗的分析,不恰当的一项是(　　　)

A. "行路难,行路难!多歧路,今安在?"这几句节奏急促,音调高亢,反复咏叹,反映了在封建时代的仁人志士命运多舛、壮志难酬的共同心声。

B. 全诗有两条线索,一条是严酷的现实,一条是崇高的理想,两条线索交替、冲突。

C. 政治上的挫折与打击,并没有使诗人消沉于金樽清酒之中,因而这首慨叹个人际遇的诗篇充溢着乐观豪迈的激情。

D. 这首诗表达的思想感情与《梦游天姥吟留别》中"安能摧眉折腰事权贵,使我不得开心颜"的思想感情相同。

三、科技文阅读

手机病毒

手机病毒是一种以手机为攻击目标的电脑病毒。它以手机为感染对象,以手机网络和计算机网络为平台，通过病毒短信等形式，对手机进行攻击，从而造成手机异常。世界首例手机病毒"VBS. Timofonica"，2006年6月发现于西班牙。该病毒会通过运营商的移动系统向任意用户发送辱骂短信。

总的来说，手机病毒通过三种途径进行攻击造成危害。

一是攻击手机本身的系统，影响其正常服务。这是手机病毒目前的主要攻击方式，主要以"病毒短信"的方式发起攻击。用户在网站上注册了带有病毒程序的短信服务，会收到由乱码组成的病毒短信，并无法对短信进行操作。因为任何操作都会导致关机等异常情况。

二是通过信息传播感染其他手机，对主机造成破坏。"卡比尔"病毒就属于这种类型。"卡比尔"病毒能通过手机的蓝牙设备传播，使染毒的蓝牙手机通过无线方式搜索并传染其他蓝牙手机。病毒发作时，手机屏幕上会显示"Caribe-VZ/29a"字样，中毒手机的电池将很快被耗尽，蓝牙功能丧失。

三是攻击和控制"网关"，向手机发送垃圾信息，致使网络运行瘫痪。"网关"是网络间的联系纽带。如果手机病毒编写者能找到手机网络中的网关漏洞，编写病毒攻击网关，一旦攻击成功，将对手机网络造成影响，使手机的所有服务都不能正常工作。

由于缺乏系统统计，手机遭受病毒攻击的程度还难以做到比较准确的量化，但世界范围内不断出现零星报道。金山反病毒中心的数据显示，国内针对手机的破坏程序和病毒呈上升趋势。随着具备上网功能的智能手机增多，给黑客传播手机病毒提供了更为方便的渠道。美国加特纳公司分析家帕斯卡托里预测，未来手机病毒问题的严重程度有可能与今天传统电脑病毒问题相当。

研究人员曾在实验室中进行过模拟，以评估手机病毒可能造成的危害。实验显示，通过手机号码簿发信息，可以使病毒大批量复制。病毒有可能使未经授权的用户获取他人手机密码或访问存储在手机中的重要数据信息。黑客还有可能利用病毒实现对手机的操纵，任意拨打电话或发送信息。此外，病毒还有可能删除手机中的全部内容，或将每次通话都进行录音。有专家认为，由于手机涉及个人隐私，手机病毒在信息安全方面的危害将超过电脑病毒。

1. 下列对"手机病毒"解说不正确的一项是（　　）

A. 手机病毒是一种基于手机网络和计算机网络为平台的专门攻击手机的电脑病毒。
B. 手机病毒可以通过手机传播，主要通过短信的形式感染手机。
C. 手机病毒通过短信感染手机，形式是乱码的有病毒的短信，通常不可操作。
D. 手机病毒可以通过手机运营商的移动系统向同型号的手机发送辱骂短信。

2. 下列对手机病毒"卡比尔"的理解正确的一项是（　　）

A. "卡比尔"是世界上首例手机病毒，是由卡比尔发现的。
B. 用户在网站注册带"卡比尔"病毒的短信服务，"卡比尔"就会通过蓝牙手机传播病毒。

C. 手机感染"卡比尔"病毒后，手机短信显示"VBS. Timofonica"，蓝牙功能丧失。

D. "卡比尔"可以感染手机的蓝牙设备，并能通过无线方式搜索传染其他蓝牙手机。

3. 下列对文章理解正确的一项是（　　）

A. 手机病毒可以使手机异常，不能享受正常服务。

B. "网关"是手机网络与计算机网络联系的纽带，攻击"网关"可以造成网络瘫痪。

C. 具备上网功能的手机是手机病毒先攻击的对象，给黑客提供了方便的渠道。

D. 未经授权的用户运用手机病毒能够获取他人手机密码或者访问他人手机储存的信息，从而侵犯手机用户的利益。

4. 下列关于文章内容推断正确的一项是（　　）

A. 尽管手机的使用需要在通信网络上运行，但是与电脑病毒相比，手机病毒不容易传播。

B. 许多事例证明，和许多电脑病毒不一样的是，手机病毒是没有办法防治的，因为手机没有办法安装杀毒软件。

C. 目前，从数量上看，全球手机超过了电脑。不久的将来，手机病毒造成的危害也有可能与今天传统电脑病毒问题相当。

D. 手机用户防止手机病毒较好的办法是打开来历不明的短信，然后直接删除。

四、填空题

1. _____和_____是运用最为广泛的两种阅读方式，前者的目的在于求深求通，后者的目的在于求广求多。

2. 听话的原则是听完整、_____、听深入。说话的基本原则是简明、_____、得体。

3. 文章的思路一般有_____和_____两种。

4. 《故都的秋》是一篇抒情散文，作者是_____。

5. 奥尔多·利奥波德被誉为_____。

五、应用文写作

李明生病了，经医生检查确诊为扁桃体发炎，医生建议他休息三天，请你以李明的身份给班主任张老师写一张请假条，格式要规范。

六、现代文阅读

美意朦胧
陈鹏举

（1）我喜欢一个人在雾中散步。为此，过去的许多好时光在浏览唐诗中流去了。因为唐诗很美，而且美意朦胧，就像久久笼罩在朦胧中的一抹天光。

（2）唐诗的朦胧美，先是朦胧在它的形式美。唐代的律诗、绝句，每句字数相等，且求对仗、平仄音律，讲究字面的整齐性和音调的明亮感。唐代英才辈出的诗人们，几乎每一个都能在清纯的诗情和几近桎梏的格律的碰撞中，吟成几首流传后世的好诗。然而，既然格律已近乎桎梏，纵是最伟大的天才，也无法把所有的诗篇都写得那么完美。杜甫让世间如梦如幻地领略到唐诗的形式无与伦比的朦胧美感。杜甫写"绝"了唐诗，也写"完"了唐诗。他是非凡的。他之后的诗韵格律，最终都以他的诗篇为金科玉律。然而，历史自有静观的明眸。杜甫赖以名垂千古的最终是他的新乐府"三吏""三别"，他的《兵车行》《丽人行》《北征》。他的律诗千秋无匹。然而，戴着镣铐，怎么能跳好所有的舞蹈？一首被誉为"千古七律压轴之作"的《登高》，终因他追求四联对仗而不免"气竭意尽"。这是唐诗失之于完美的悲哀，但这并非是伟大诗人的悲哀。晚年入蜀后的杜甫写出的打破了韵律的如《春水生》《江畔独步寻花》那些诗篇，至少与他许多真气弥漫的杰出律诗相映成辉。

（3）形式精美的唐诗，迷失在朦胧中。数以万计的唐人诗篇，真正流传于口碑的，不过三百。后世家喻户晓的，更多是唐人瑰丽多姿的零落诗句。如"大漠孤烟直，长河落日圆"，"野旷天低树，江清月近人"，"朱门酒肉臭，路有冻死骨"，"旧时王谢堂前燕，飞入寻常百姓家"。因为谋篇之难能，往往是先成句，尔后凑合成篇，也因此唐诗佳句多于佳篇。一如雾中之星光，朦胧间，只见斑斑点点，隐隐绰绰。

（4）唐诗的形式美在朦胧中迷失，而唐诗秀色可餐、光可鉴人的字面美，则在朦胧中生成。中国传统文化最神秘的源头，恐怕是它独特的汉字。独特的汉字天生是灵犀一点，只可意会。由它直接产生的举世无双的书法艺术，真可说是上溯远古，下接千载。以至当代抽象为其精灵的现代艺术，似乎也是滥觞于它，而似乎最美的书法艺术又多是书录唐诗的作品。这不难让人想到，汉字甚至不须阅读，便有一种让人在视觉上获得愉悦的字面美。汉字经过富有灵性的选择、组合，能让人望而生情，可歌可泣。而唐诗的字面美，达到的是几乎空前绝后、出神入化的境界。"两个黄鹂鸣翠柳，一行白鹭上青天。窗含西岭千秋雪，门泊东吴万里船。""青山隐隐水迢迢，秋尽江南草未凋。二十四桥明月夜，玉人何处教吹箫？"信手拈来这两首唐诗，不须细读，不求甚解，单从字面所洋溢出来的朦胧美感，便是千盅酒，万朵花。

第二单元

（5）红尘无涯，万象朦胧，蒙蒙迷雾中偶现得一线天光，自然更见娇妍。而娇妍无比的唐诗，至今低回不去的正是红尘的朦胧美意。它是青青竹林间的一个浣纱女，它是胡天飞雪中的两行马蹄痕，它是碧水中嫣然而出的一枝芙蓉，它是月夜里凄然而泊的一叶独舟。万里悲秋，百年多病，是为咏史。半壁日出，千里江陵，是为纪游。而尤为管领千秋的，是唐诗中参尽的人间真禅。三春晖，明月光，白发悲，斑马鸣，生死、离合、荣辱、悲欢、凄美之至，伤感之至，潇洒之至，淋漓之至。道千秋人之未道，歌千秋人之未歌。这一娇妍的天光，让红尘更见其朦胧，至美至真。

（6）我喜欢一个人在雾中散步，在流去的许多的时光里，我想我的肩头和心中，已沐浴过无尽娇妍的万斛天光。

1. 应该怎样理解"杜甫写'绝'了唐诗，也写'完'了唐诗"这句话？
①"杜甫写'绝'了唐诗"的意思是 _____
②"也写'完'了唐诗"的意思是 _____

2. "形式精美的唐诗迷失在朦胧中"是什么意思？请结合二、三段分两点加以说明。
① _____
② _____

3. 除了形式美与字面美外，第五段中，作者还形象地赞美了唐诗的另外两个特点。它们是
① _____
② _____

4. 下列对这篇文章的赏析，正确的两项是（　　　）

A. 这篇文章从不同的方面介绍了作者浏览唐诗时获得的朦胧美。

B. 作者对于打破了韵律的诗篇加以肯定，而对格律给以否定。

C. 对唐诗的广泛传播与流传，我国的举世无双的书法艺术功不可没。

D. 本文构思精巧，语言清新，首尾照应，表达了作者对文学作品的朦胧美情有独钟。

E. 本文是一篇美学随笔，概括了唐诗具有"朦胧美"的共同特征。

七、写作训练

作为新时代的中学生，是否具有远大理想和坚定信念，不仅会对自身产生极大的影响，也将会对社会造成巨大影响。

你对"理想和信念"有什么感悟？自拟题目，文体不限。不少于800字。

第三单元

九 哦，香雪

学习目标

1. 理解小说折射出的时代信息。
2. 从语言描写和心理描写角度欣赏人物，理解景物描写对刻画人物的作用。
3. 学习文中主人公香雪的淳朴、自尊、执着与坚毅的品质。

文学常识

铁凝，女，汉族，1957年9月生，籍贯河北省赵县，著名作家。现为中国作家协会主席。主要著作有长篇小说《玫瑰门》《大浴女》《笨花》等4部，中、短篇小说《哦，香雪》《第十二夜》《没有纽扣的红衬衫》《对面》《永远有多远》《一千张糖纸》等100余篇，以及散文、随笔等共400余万字。曾获中国首届鲁迅文学奖、第二届鲁迅文学奖等奖项。

课文解析

《哦，香雪》写的是一列火车经过小山村台儿沟时，带给以香雪为代表的一群山村少女的种种冲击，以此折射出受现代文明冲击的农村蹒跚前进的身影。小说借台儿沟的一角，写出了改革开放后中国农村从历史的阴影下走出，摆脱封闭、愚昧和落后，走向开放、文明与进步的痛苦与喜悦，构思巧妙，表述独特，语言精美。在小说中，作家倾注了很多抒情的成分并且以女性特有的细腻、敏感突出了作品的抒情风格。根据小说改编的电影《哦，香雪》获第41届柏林国际电影节青春片最高奖。

知识积累

1. 给下列加点字注音。

皱褶（　　）　辗轧（　　）　虔诚（　　）　悸动（　　）　怜悯（　　）

凛冽（　　）　　吸吮（　　）　　粗糙（　　）　　怂恿（　　）　　蠕动（　　）

2. 解释下列词语。

心不在焉：

斟酌：

惆怅：

不知所措：

知识检测

一、选择题

1. 下列词语中加点字的注音完全正确的一组是（　　）

　　A. 贪婪（lán）　　　　埋怨（mái）　　　　踮脚（diān）

　　B. 温馨（xīn）　　　　窸窣（sū）　　　　　纤细（xiān）

　　C. 记载（zài）　　　　战栗（lì）　　　　　喘息（chuǎn）

　　D. 黯淡（àn）　　　　皎洁（jiǎo）　　　　给予（gěi）

2. 下列词语中，没有错别字的一组是（　　）

　　A. 漫山遍野 慷慨 宽恕 笼罩　　　　B. 撼天动地 端祥 疾弛 迟钝

　　C. 梳装打扮 闪烁 推搡 振颤　　　　D. 一惊一炸 分辩 磨蹭 报怨

3. 依次填入下列各句横线上的词语，恰当的一组是（　　）

①读书能_____个人，它可以使人变得情感情丰富、思想深刻、气质儒雅。

②张宇同学的解题思路既新颖又_____，他提出了一个新的思考角度，这种创新精神值得我们学习。

③这种产自雪山的植物，具有_____肠胃功能的作用，很有经济价值。

　　A. 造就　简洁　调理　　　　B. 造就　简捷　调节

　　C. 成就　简洁　调理　　　　D. 成就　简捷　调节

4. 下列各句中，加点的成语使用恰当的一句是（　　）

A. 做学问的人，要甘于寂寞，舍得力气，吃得辛苦方能登堂入室，取得成绩。

B. 虽然交通事故的发生率已经每况愈下，但我们仍不能有丝毫大意。

C. 在这次比赛中，中国队运用灵活的攻略转换战术收到了事倍功半的效果，早早奠定了胜局。

D. 在《红楼梦》林林总总的人物中，王熙凤被刻画得鲜明生动，很有个性。

5. 下列各句中，标点符号使用有误的一项是（　　）

A. 请同学们给下面的诗句划分节奏，朗读几遍，说说它们对本诗的风格起什么作用？

B. "房顶子上那个大刀片儿似的，那是干什么用的？"又一个姑娘问。她指的是车厢里的电扇。

C. 齐白石先生画的虾，正像他自己说的那样，"在似与不似之间"。

D. 哦，五彩缤纷的一分钟，你饱含着台儿沟的姑娘们多少喜怒哀乐！

6. 下列各句中，没有语病的一项是（　　）

A. 在过去的二三十年内，我国的粮食生产，长期不能自给。

B. 育珠的河蚌在养殖前，一定要在水层中垂钓十至十五天以上。

C. 对于议论文的语言要求有高度的概括性，这是议论文的一个显著特征。

D. 解放战争中，共产党领导的部队纪律严明，对百姓秋毫无犯，所到之处，深受欢迎。

7. 下列各句中所运用的修辞手法与其他三项不同的是一项是（　　）

A. 她有点儿害怕它那巨大的车头，车头那么雄壮地吐着白雾，仿佛一口气就能把台儿沟吸进肚里。

B. 你望着她那洁净的仿佛一分钟前才诞生的面孔，望着她那柔软的宛如红缎子似的嘴唇，心中会升起一种美好的感情。

C. 群山被月光笼罩着，像母亲庄严神圣的胸脯。

D. 它那撼天动地的轰鸣也叫她感到恐惧。在它跟前，她简直像一叶没根的小草。

8. 下列各句加点的词语使用得体的一项是（　　）

A. 刚收到老师的询问短信，小艾马上赐复。

B. 李老师学问精深，经常见教学生。

C. 高考成功，家长给考生惠赠苹果六手机。

D. 我们谨向各位家长表示热烈的欢迎。

二、填空题

《哦，香雪》的体裁是_____，作者_____，祖籍_____，当代女作家。

三、课内阅读

（1）列车很快就从西山口车站消失了，留给她的又是一片空旷。一阵寒风扑来，吸吮着她单薄的身体。她把滑到肩上的围巾紧裹在头上，缩起身子在铁轨上坐了下来。香雪感受过各种各样的害怕，小时候她怕头发，身上沾着一根头发择不下来，她会急得哭起来；长大了她怕晚上一个人到院子里去，怕毛毛虫，怕被人胳肢（凤娇最爱和她来这一手）。现在她害怕这陌生的西山口，害怕四周黑幽幽的大山，害怕叫人心惊肉跳的寂静，当风吹响近处的小树林时，她又害怕小树林发出的窸窸窣窣的声音。三十里，一路走回去，

九 哦，香雪

该路过多少大大小小地林子啊！

（2）一轮满月升起来了，照亮了寂静的山谷、灰白的小路；照亮了秋日的败草、粗糙的树干，还有一丛丛荆棘、怪石，还有满山遍野那树的队伍，还有香雪手中那只闪闪发光的小盒子。

（3）她这才想到把它举起来仔细端详。她想，为什么坐了一路火车，竟没有拿出来好好看看？现在，在皎洁的月光下，她才看清了它是淡绿色的，盒盖上有两朵洁白的马蹄莲。她小心地把它打开，又学着同桌的样子轻轻一拍盒盖，"哒"的一声，它便合得严严实实。她又打开盒盖，觉得应该立刻装点东西进去。她从兜里摸出一只盛擦脸油的小盒放进去，又合上了盖子。只有这时，她才觉得这铅笔盒真属于她了，真的。她又想到了明天，明天上学时，她多么盼望她们会再三盘问她啊！

（4）她站了起来，忽然感到心里很满意，风也柔和了许多。她发现月亮是这样明净。群山被月光笼罩着，像母亲庄严、神圣的胸脯。那秋风吹干的一树树核桃叶，卷起来像一树树金铃铛，她第一次听清它们在夜晚，在风的怂恿下"哗啷啷"地歌唱。她不再害怕了，在枕木上跨着大步，一直朝前走去。大山原来是这样的！月亮原来是这样的！核桃树原来是这样的！香雪走着，就像第一次认出（　　）她长大成人的山谷。台儿沟呢？不知怎的，她加快了脚步，她急着见到它，就像从来没有见过它那样觉得新奇。台儿沟一定会是"这样的"：那时台儿沟的姑娘不再（　　）别人，也用不着回答人家的再三（　　）。火车上的漂亮小伙子都会求上门来，火车也会停得久一些，也许三分、四分，也许十分、八分。它会向台儿沟打开所有的门窗，要是再碰上今晚这种情况，谁都能从从容容地下车。

1. 选文对香雪的心理活动刻画得很细腻，站在西山口时，她_____，看到手中的铅笔盒时，她_____。

2. 从第二段景物描写中，可以看出香雪怎样的心情？

3. 能表现香雪激动和兴奋心情的还有一处细节描写，请找出来。

4. "她多么盼望她们会再三盘问她啊！"香雪为什么希望同学们"盘问"她呢？这能体现她怎样的心情？

5. 填入文中括号内的词语正确的一组是（　　　）

A. 教育　要求　询问　　　　　　B. 养育　央求　盘问

C. 养育　要求　盘问　　　　　　D. 教育　央求　询问

6. "大山原来是这样的！月亮原来是这样的！核桃树原来是这样的！"这儿连用了三个感叹号，作用是什么？

四、拓展阅读

拉萨的黄昏

刘宏伟

（1）因为工作的原因，我曾到过很多的城市，欣赏过无数的美景，或欣喜若狂，或惊叹不已，或黯然感伤，无论哪一种，都带给了我无限的享受。但要提及钟爱，唯有拉萨的黄昏。

（2）我在拉萨的日子，一直住在拉萨晚报社的总编楼。它位于江苏路上，一栋独立的二层小楼，门前有一棵巨大的银杏树，据说已超过百年的树龄，旁边有一棵矮小的小桃树，每到夏天，桃树上便会密密麻麻地挂满又脆又甜的小桃子。

（3）我住的小楼，有一扇朝西的窗户，每天傍晚，都能看见血红的夕阳，从我的窗前慢慢滑落。三三两两晚归的人们，穿过金色的余晖，走过我窗前的银杏树。消失在小院旁的一栋高楼里……从我居住的小楼二楼的窗台望出去，夕阳就挂在不远处的檐角后，金色的光芒无力地从远方投射而来，先是将附近的山峦映照出几片暗影，到了跟前，就只剩下一片柔和的昏黄了，为眼前的那片低矮的房屋染上了一层朦胧的光亮。如果你睁大眼睛，仔细地瞧瞧，能清楚地看见夕阳的轮廓，和上面色彩纷呈的光斑。每当此时，我总爱斜身坐在二楼的窗台，任凭几缕穿过浓密的银杏树叶的阳光，温暖地打在我的脸上，静静地看着温顺的夕阳，缓缓地落到远处的屋檐后……

（4）欣赏拉萨城的黄昏，还有另一个无人知晓的绝妙去处。

（5）晚饭后，顺着江苏路走一小段。然后沿着解放东路一直前进，就到了拉萨河边。一座拱型的大桥，把桥另一头的荒岛（现在叫仙足岛）与城区连在了一起，桥上随处可见一对对深情相拥的情侣，沐浴着金色的夕阳余晖，对着桥下奔流的拉萨河水，尽情地述说着彼此心中的思念和爱意。

（6）除了一所中学和一个度假村外，偌大的岛上很难见到其他人为的建筑痕迹。偶尔会有晚归的藏胞同行，他们总是低着头默默地前行，全身都被霞光染红了，唯有手上的经轮发出金黄的光泽。沿着河边向东，步行十来分钟后，就进入了一片林荫覆盖的山坡，上行二三百米,有一片开阔的平地,在那棵最大的松树前停下来,回转身,就能将河对岸整个拉萨城的轮廓尽收眼底。

(7)夕阳血红地挂在西天,余晖笼罩下的拉萨城,弥漫着一片暗红和金色的光晕,与缭绕升腾的暮霭交织在一起,构成一片神秘的人间密境。远处的拉鲁湿地偶尔泛出一片白光,低矮的建筑从拉萨河边一直延伸到对面的山峦,稍微宽敞一点儿的街巷里,三三两两的人影在晃动。山峰上终年不化的一圈积雪,如同给山戴上了一顶雪白的帽子。除了河水的流淌,听不见任何声音。眼前的一切,是那样的真实,却又没来由地感到一阵虚无,甚至夹带着几丝恐慌,为内心某个涌动的欲望。

(8)这样的时候,最好什么也不要想,就这样安静地坐着,就地随意找个地方。置身这样的风景中,本身已成风景,没有远山与近景的区别。如果你一时还无法安静,也没有关系。看看远处褐色的山,那些寸草不生的砾石直指天堂,把你的思索连同空冥一起投进那些龟裂的缝隙,无论是顷刻的豁然,还是更加绝望,都属于生命最本原的领会。如果此刻,你依然感到有些烦躁,没有关系,回望近前的那些树吧,那些把翠绿和金黄染遍高原的树,在天地间直棱棱地矗着,只为给白云留出一丝飘忽的空间,而任凭风的挑逗和奚落。

(9)当你的目光穿透白亮亮的河水后还残留着几缕忧伤,那就伸手摸摸身旁的小草吧,望着那些在粗糙的砾石上匍匐的小叶片,还有零星夹杂在它们中的那些微微昂起头的藤蔓,你会不会觉得能哭、能笑、能自由地行走,已经很幸福?如果你觉得这一切依然与你无关,那就请你用心地听听远处传来的隐隐的钟声吧,还有那些随风飘散的诵经声,再用力地吸一口空气中的湿润,然后闭上眼睛,问一个自己最关心的问题吧,你就能听见来自灵魂最深处的回答。

(10)当夕阳散尽最后一抹金光,踏着残存的几丝暮色,和隐隐吐露的星光,舒一口长气,起身回家。四周一片沉寂,唯有拉萨河水,依然在纵情地吟唱着欢快的歌谣……

(选自《散文百家》)

1. 下列对文章的理解,最恰当的两项是(　　　)

A. 文章第(1)段采用对比的写法引出本文要写的风景——拉萨的黄昏,引人遐想,激发了读者的阅读兴趣。

B. 作者"总爱斜身坐在二楼的窗台"欣赏拉萨的黄昏,是渴望在这样的黄昏之下能够让生命得到片刻的休憩,不再为生活而疲惫。

C. 文章第(5)段写了桥上一对对深情相拥的情侣,意在营造一种温馨的氛围,为下文写仙足岛为另一个无人知晓的绝妙去处做铺垫。

D. 作者认为仙足岛是一个绝妙的去处,并非因为仙足岛有多美,而是由于仙足岛尚未开发,平时人少,能够让心灵在这里得到休憩,感受到心灵深处的真实声音。

E. 文章借写拉萨的黄昏来表达对生命的感悟,寓情于景,拉萨黄昏的静美,一如作者内心的平静，表现了作者对恬静、淡泊生活的追求。

2."欣赏拉萨城的黄昏，还有另一个无人知晓的绝妙去处。"请你谈谈对"还"字的理解并分析第（4）段在文章结构上的作用。

3.文章两处写欣赏拉萨城的黄昏，作者对两处黄昏的感悟有什么不同？

4.文章重点描写了荒岛上的黄昏景色，请探究（7）（8）（9）段写景的特点。

十　项链

学习目标

1. 理解细腻、深刻的心理描写对刻画人物的作用。
2. 体会小说精心的构思和巧妙的布局。
3. 研讨评价玛蒂尔德这一人物形象。

文学常识

莫泊桑（1851—1893）是19世纪后半期法国杰出的批判现实主义作家，曾拜法国著名作家福楼拜为师。一生创作了6部长篇小说和350多篇中短篇小说，游记三部。他的文学成就以短篇小说最为突出，与契诃夫和欧·亨利并列世界三大短篇小说巨匠，对后世产生极大影响，被誉为"短篇小说之王"。他的短篇小说侧重摹写人情世态，构思布局别具匠心，细节描写惟妙惟肖，人物语言精彩生动，故事结尾耐人寻味。

代表作有：短篇小说《我的叔叔于勒》《项链》，中篇小说《羊脂球》，长篇小说《漂亮朋友》和《一生》等。

课文解析

《项链》这篇小说写了一个耐人寻味的故事，一个小职员的妻子——美丽动人的玛蒂尔德，一心追求高雅奢华，为参加舞会借了项链，结果不慎丢失，跌进了穷苦的深渊。到头来才知道自己付出惨重代价的项链原来是假的。作品反映当时法国社会中小人物的梦想和痛苦、追求和遭遇。感慨社会的不平和人性的弱点，感慨命运对小人物的残酷。小说以项链为线索，以借项链、丢项链、赔项链为序发展情节，表现主题。

第三单元

知识积累

1. 给下列加点字注音。

难堪（　　）　　瘦削（　　）　　磕巴（　　）　　债券（　　）

账簿（　　）　　抹布（　　）　　佳肴（　　）

2. 解释下列词语。

寒伧：

誊写：

面面相觑：

自惭形秽：

知识检测

一、选择题

1. 下列加点字的注音全对的一项是（　　）

A. 差错（chà）　　奢华（shē）　　惊骇（hài）　　打盹儿（dǔn）

B. 请柬（jiǎn）　　寒伧（chen）　　玫瑰（guì）　　面面相觑（qù）

C. 倾倒（qǐng）　　誊写（téng）　　租赁（píng）　　自惭形秽（suì）

D. 喘气（chuǎn）　　亲昵（nì）　　镯子（zhuó）　　惊惶失措（huāng）

2. 下列没有错别字的一组是（　　）

A. 宽敞　粗陋　气慨　　　　　　B. 奥恼　琐碎　惊骇

C. 债卷　契约　帷幕　　　　　　D. 油腻　粉嫩　账簿

3. 填入横线处的词语，最恰当的一组是（　　）

①她梦想那些宽敞的客厅，那里张挂着古式的壁衣，陈设着_____的木器、珍奇的古玩。

②住宅的寒伧、墙壁的_____、家具的破旧、衣料的粗陋，都使她苦恼。

③她看着那个替她做琐碎家事的勃雷大涅省的小女仆，心里就引起悲哀的感慨和_____的梦想。

④梦想到盛在_____的盘碟里的佳肴；梦想一边吃着粉红色的鲈鱼或松鸡翅膀，一边带着迷人的微笑听客人密谈。

A. 精巧　黑暗　疯狂　贵重　　　　B. 精美　黑暗　狂乱　珍贵

C. 精巧　黯淡　狂乱　名贵　　　　　D. 精美　黯淡　疯狂　珍贵

4. 下列各句中，加点的成语使用恰当的一句是（　　　）

A. 2002年2月15日，上海申办世博会成功，人们弹冠相庆，一片欢腾。

B. 这次班长竞选，由于他近来的所作所为不负众望，结果落选了。

C. 张民一家三代，十多年来和睦相处，互敬互爱，真可谓举案齐眉。

D. 她比所有的女宾都漂亮、高雅、迷人，她满脸笑容，兴高采烈。

5. 下列句子中，没有语病的一项是（　　　）

A. 歌星、影星多是中学生崇拜的偶像，他们将青春的热情乃至痴情恣意挥洒，常常荒废学业。

B. 一方面学校把这次春游的有关情况和要求讲清楚，另一方面学生也要遵守纪律，不要到处乱跑。

C. 今年这个村的棉花生产，由于利用地膜育苗，又狠抓早管早收，所以普遍长势良好。

D. 《钢铁是怎样炼成的》这部苏联小说对我是再熟悉不过的了。

6. 下列各句中，标点符号使用正确的一句是（　　　）

A. "看呀，"他说，"这里有点东西给你。"

B. 这个家庭，书籍、衣服、杯、盘、碗、碟都放得井井有条。

C. 小李见他笑得有点异样，就问："怎么了？你。"他回答说："没什么，别多心。"

D. 读着这样用血泪写成的文字，我们回想起文天祥、史可法等……，他们真是民族的脊梁和灵魂。

7. 指出对下列各句的修辞判断正确的一组是（　　　）

① 希特勒、墨索里尼，不都在人民面前倒下去了吗？

② 这种车，巴黎只有夜间才看得见；白天，它们好像自惭形秽，不出来。

③ 胆怯而贪婪的人选择腐烂，勇敢而胸怀博大的人选择燃烧。

④ 蝉噪林逾静，鸟鸣山更幽。

A. 反问　拟人　对比　对仗　　　　　B. 设问　拟人　对比　比喻和对偶

C. 反问　比喻　对偶　比喻和对比　　D. 设问　比喻　对偶　对仗

8. 依次填入下面横线处的语句，与上下文衔接最恰当的一组是（　　　）

春夜，一轮晕月映着灿烂的垂樱，这就是闻名于世的园山夜樱花。我早就神往于这般美景了。这天，我赶到园山公园的时候，还见不到月亮，＿＿＿＿＿＿，＿＿＿＿＿＿，＿＿＿＿＿＿。花仰望着月，＿＿＿＿＿＿，月俯视着花，瞬间，一切都陡然静止下来，在这清丽的天地间只有月和花。

① 近景是一株身着淡红色盛装的垂樱树

② 远景是暮色苍茫的东山

③ 山顶上渐渐发亮，月亮悄悄地升上淡紫色的夜空

④地上竟然没有一瓣落花

A. ④①②③　　　　B. ①④③②　　　　C. ②①④③　　　　D. ①②③④

9. 下列文学常识的表述正确的一项是（　　）

A. 莫泊桑是19世纪英国最著名的小说家之一，被誉为世界短篇小说巨匠，著名的作品有《羊脂球》《一生》《漂亮朋友》。我们初中学过他的《我的叔叔于勒》。

B. 在中国古代文学的长河中现实主义的《诗经》和屈原浪漫主义的《离骚》交相辉映，并称"风骚"。

C. 李白、杜甫都是唐代著名的诗人，两人被后人合称为"小李杜"。

D. 初唐四杰指唐朝初年四位杰出诗人：王维、杨炯、卢照邻和骆宾王。

10. 下列各项人物语言表达得体的一项是（　　）

A. 喇叭里传出了电工收电费的通知："各位村民请注意了，明天交电费，晚六点以前要是交不清，就别怪我不客气了！"

B. "这算得了什么，以后要是再有困难，可以继续到府上来找我。"孙大款慷慨地说。

C. 王老师捧着一幅字画凑到马医生跟前："区区字画，不成敬意，请您笑纳。""如此盛情却之不恭，那就恭敬不如从命了。"马医生脸上堆满了笑容。

D. 小赵指着菜农大爷的蔬菜摊问："大爷，您那黄瓜多少人民币1千克？"

二、填空题

《项链》的作者是_____国的作家_____，他和_____、_____被誉为"世界短篇小说之王"。

三、课内阅读

她先看了几副镯子，又看了一挂珍珠项圈，随后又看了一个威尼斯式的镶着宝石的金十字架，做工非常精巧。她在镜子前边试这些首饰，_____，不知道该拿起哪件，放下哪件。她不断地问着：

"再没有别的了吗？"

"还有呢。你自己找吧，我不知道哪样合你的意。"

忽然她在一个青缎子盒子里发现一挂精美的钻石项链，她高兴得心也跳起来了。她双手拿着那项链发抖。她把项链绕着脖子挂在她那长长的高领上，站在镜前对着自己的影子出神好半天。

随后，她迟疑而焦急地问：

"你能借给我这件吗？我只借这一件。"

"当然可以。"

她①____起来，②____住朋友的脖子，狂热地③____她，接着就带着这件宝物④____了。

1. 第一段横线处应填入的词语是（   ）
   A.挑三拣四　　　　　　　　　　B. 犹豫不决
   C.慢慢悠悠　　　　　　　　　　D. 坚定不移
2. 在最后一段的横线处填空①____ ②____ ③____ ④____.
3. 这一段描写人物的方法是（   ）
   A.行动描写　心理描写　　　　　B.肖像描写　心理描写
   C.肖像描写　语言描写　　　　　D.行动描写　语言描写
4. 选出对"我只借这一种"的分析最恰当的一项（   ）
   A.一个"只"字，强调给对方听，表现玛蒂尔德怕对方不同意，自己会失去好机会。
   B.突出"只"和"一"，强调自己借得少，表现玛蒂尔德想马上借到又怕不能如愿的心情。
   C.强调"只"和"一"，表明自己决不多拿，表现玛蒂尔德坚决要把这挂项链借到手。
   D.突出"只"和"一"，说给对方听，表现玛蒂尔德急不可待又怕在朋友面前丢了面子。

四、拓展阅读

汽车等着的时候

夜幕初降,这位穿灰色衣服的女子又来到小公园里那个宁静的角落,坐在长椅上看书。她的衣服灰色朴素,她的脸蛋非常漂亮。前一天和再前一天,她都在同一时间来到这里,有一个年轻人知道这件事。

这个年轻人逡巡走近。就在这一刹那,她的书滑出了手指,落在地上。那年轻人顺势捡起来,还给那女子,说了几句关于天气的话,然后就站在那里等着。

那女子看看他整洁的衣服和殷勤的脸。

"如果你愿意的话,可以坐下,"她用女低音说,"光线太差了,不宜看书,我倒愿意谈谈。"

"你知不知道,"他语带轻佻地说,"你的眼睛可真迷人。"

"不管你是谁,"女子冷冰冰地说,"你必须记住我是一个有身份的女人。"

"请原谅,"这个年轻人说,"这是我的不是,你知道——在公园里有些女孩子——当然你不会知道,但是……"

"好啦,别说啦,我当然明白。现在谈谈这条路上的人吧。他们去向何方？他们为什么如此匆忙？"年轻人没有回答,他捉摸不透他应该扮演什么角色。

第三单元

"我跑来坐在这儿，是因为只有在这里我才可以接近普通群众。我跟你说话是因为我要跟一个未受金钱玷污的人说话。哦，你不知道我多么讨厌它——钱，钱，钱！还有那些包围我的男人。我讨厌享受，讨厌珠宝，讨厌旅行。"

"我一直认为，"年轻人吞吞吐吐地试探说，"金钱准是一样很好的东西。"

"当你拥有几百几千万的时候！兜风、宴会、戏院、舞会！我讨厌这一切。有时候，我的香槟酒杯里的冰块的叮当声几乎要使我发疯。"这位年轻姑娘说。

小伙子颇有兴趣地看着她。"我一直喜欢，"他说，"读到或是听到有关富人的生活情况。而且我一向认为，香槟酒是连瓶冰镇，而不是把冰搁在酒杯里的。"

"哦……是的，我们闲着无聊有时就靠标新立异来找消遣，目前流行的花样是把冰块搁在香槟酒里。"女孩子岔开话题，"有时候，我想，如果有一天爱上一个人，我要爱一个普通的人。——你的职业是什么？"

"很低微，但是我希望出人头地。你说你能够爱一个普通人，是当真吗？""当然。"她说。

"我在一家餐厅工作。"他说。女子缩了回来。

"不是当跑堂吧？"女子略微带着央求的口气说。

"我在那家餐厅里当出纳员，也就是那家你现在看得到的有着耀眼的电灯招牌的餐厅。"

女子看看表，站了起来，"你怎么不上班呢？"她问。

"我上夜班，"小伙子说，"我得一个钟头之后才开始工作，我还有希望再见到你吗？"

"我不知道，也许。我必须快走。哦，今晚还有一个宴会和一个音乐会呢。也许你来的时候注意到一辆停在公园拐角处的白色汽车吧？"

"红色轮子的那辆吗？"年轻人说。

"哦？……对，我总是坐那辆车来的。司机在那里等我，晚安。"

"现在天色挺暗了，"年轻人说，"公园里人杂。我能陪你走到汽车那边吗？"

"假如你尊重我的愿望，你得在我走后再在这条凳子上坐10分钟。"她去了。年轻人看着她那优雅的身姿，然后站起来，悄悄跟着她。当她走到公园门口时，她扭过头来看看那辆汽车，在它边上走过，穿过喧闹的大街，走进那有着耀眼的电灯招牌的餐厅。一位红发女郎离开出纳员的桌子，这位穿灰色衣服的女子接替了她。

年轻人把手插到口袋里，慢慢地沿大街走去。迟疑地逗留了片刻，然后，他跨进那辆等着的汽车，舒舒服服地往座垫上一靠，吩咐司机说："亨利，俱乐部。"

（节选自欧·亨利《汽车等着的时候》）

1. 下列对文章内容的理解，不正确的两项是（　　　）

A. 作者将故事安排在"夜幕初降"的小公园里一个宁静的角落，为人物形象的塑造创设了特定的背景。

B. 男青年乐于助人，关心女子的处境和安全，也不揭露女子的谎言，显得彬彬有礼，并且善解人意。

C. 小说对处于下层社会女子的描写，表达了对弱势群体生活贫困的关切，表现了作家的社会责任感。

D. 小说主要通过对话、动作及细节描写塑造两个青年的形象，借此揭露、批评了当时社会的不良风尚。

E. 小说结尾出人意料，既让人忍俊不禁，又令人回味无穷，凸显了欧·亨利式小说结尾的艺术魅力。

2. 小说结局出人意料，但前文有多处伏笔。请找出其中两处，并简要分析。

3. 小说中多次提到一辆汽车，"汽车"在小说中有什么作用？请简要分析。

4. "穿灰色衣服的女子"这一人物形象有哪些特点？请结合文中具体描写，分点说明。

十一　荷花淀

学习目标

1. 了解作家孙犁及"荷花淀"派的艺术风格,提高学生鉴赏多种风格文学作品的能力。
2. 着重理解环境描写在展现人物内心世界、表现主题上的作用。
3. 学习以简洁传神的对话和生动的细节刻画人物的手法。
4. 认识白洋淀地区人民的抗日斗争生活,激发学生的爱国热忱和革命乐观主义精神。

文学常识

孙犁（1913—2002），原名孙树勋,河北安平县人,当代小说家、散文家。主要作品有长篇小说《风云初记》,中篇小说《铁木前传》,短篇小说集《白洋淀》《荷花淀》,小说散文集《白洋淀纪事》等。孙犁小说语言清新自然、朴素洗练,被称为"诗体小说"。他的小说追求散文式的格调,追求诗歌般的意境,形成独特艺术风格,并对当代文学产生了极大的影响,形成一个作家群,被称为"荷花淀派"。

课文解析

《荷花淀》是战争题材的小说,却有"诗体小说"之美誉。小说反映的是残酷的战争年代,但作品描绘的背景不是残垣断壁、血流尸横,而是明月清风、银白的湖水、碧绿的稻秧、粉色的荷花……白洋淀美丽的波光水色。作者不是用渲染战争残酷来表现革命英雄主义,而是通过人物对家乡对生活的热爱、对鬼子破坏宁静美好生活的痛恨来歌颂爱国主义、革命英雄主义和乐观主义精神。

知识积累

1. 给下列加点字注音。

小褂（　　） 虾篓（　　） 晌午（　　） 撅嘴（　　）

凫水（　　） 膝盖（　　） 梭鱼（　　） 鲜嫩（　　）

2. 解释下列词语。

藕断丝连：

铜墙铁壁：

知识检测

一、选择题

1. 下列各组中加点字注音全对的一项是（　　）

A. 打点（diǎn）　倾吐（qīng）　菲薄（fěi）　酗酒（xù）

B. 艾蒿（hāo）　蛮横（hèng）　憧憬（chōng）　吮吸（shǔn）

C. 联袂（lèi）　解剖（pāo）　凫水（fú）　撅嘴（juē）

D. 归巢（cháo）　眨眼（zhǎ）　踝骨（luǒ）　围剿（jiǎo）

2. 下列各组中没有错别字的一项是（　　）

A. 藕断丝连　为国捐躯　铜墙铁壁　各行其是

B. 如火如荼　淀水涨满　欢渡春节　欢天喜地

C. 默守成规　不卑不亢　自鸣不凡　芦花飘飞

D. 不径而走　一枕黄粱　和蔼可亲　不计其数

3. 给下列句子横线上依次填上词语，正确的一项是（　　）

①女人的手指＿＿＿＿动了一下，想是叫苇眉子划破了手。

②她们看见不远的地方，那肥大的荷叶下面，有一个人的脸，下半＿＿＿＿身子长在水里。

③这年轻人不过二十五六岁，头＿＿＿＿一顶大草帽，上身穿一件洁白的小褂，黑单裤卷过了膝盖，光着脚。

A. 震　截　戴　　　　　　B. 振　接　带

C. 振　接　带　　　　　　D. 震　接　戴

4. 下列各句中加点的成语，使用有误的一项是（　　）

A. 生与死是人生再自然不过的事情，但在我们的文化中，死亡却是讳莫如深的话题，人们不愿说死，更不愿讨论有关死亡的问题。

B. 限制消费范围，并不能制止公共权力的滥用，因为它没有切断用公共资金为自己办事的渠道，所以只是扬汤止沸，不是釜底抽薪。

C. 现代化企业的高层管理人员，不学会技术，长期当外行，以其昏昏，使人昭昭，是不能担当好现代的领导重任的。

D. 该国增收纺织品进口关税，对我国众多纺织品公司是一次共同的危机，我们应该团结协作，不能只顾自己公司的利益，以邻为壑。

5. 下列各句中，没有语病的一项是（　　）

A. 安斯落考上了纽纳姆学院，在那里，他在现代汉语学习中首屈一指。

B. 南北朝时期，由于北方民族的大融合和工商业经济的发展，为隋统一中国创造了条件。

C. 三十年来，中日关系发展最大的经验和教训是，中日人民之间能否相互理解，才是中日两国最终能够实现世代友好的根本保证。

D. 营造健康文明的网络文化环境，清除不健康信息，已成为新时期精神文明建设的迫切需要。

6. 下列各句中，标点符号使用正确的一项是（　　）

A. 等他们闲下来没有事了，我就傻想，该低下头去吧。

B. 没有什么话了，我走了，你要不断进步、识字、生产。

C. "听他说，鬼子要在同口安据点……"水生的女人说。

D. 女人低着头说："你总是很积极的"。

7. 填入下列语段画横线处的句子，最恰当的一项是（　　）

云门山的主角是松树，与松树相伴的还有柏树和翠竹。＿＿＿＿＿＿，＿＿＿＿＿＿，＿＿＿＿＿＿，＿＿＿＿＿＿。松柏连理，松竹相依，好一幅水墨风景画。

①翠竹则在屋檐下，在小径旁　　②柏树或矗立山脚，或伸出岩缝

③森森然，与松呼应　　④幽幽的，做些铺垫

A. ①③②④　　B. ①④②③　　C. ②③①④　　D. ②④①③

8. 下列各句加点词语运用最得体的一句是（　　）

A. 这个问题我请教了许多人都得不到解决，于是不耻下问，向先生您请教。

B. 这样好的服务态度，下次我一定再惠顾。

C. 马老师端起酒杯说："黄老师，今天是您的寿诞之日，我祝您健康长寿！"

D. 张老师，我们全班同学都很赏识你的教学方法。

二、填空题

《荷花淀》的作者是现代作家_____，他原名_____。代表作有长篇小说《风云初记》，中篇小说_____。孙犁的小说语言清新自然、朴素洗练，其短篇小说有"_____"的美誉。

三、课内阅读

（一）

这女人编着席。不久，在她的身子下面就编成了一大片。她像坐在一片洁白的雪地上，也像坐在一片洁白的云彩上。她有时望望淀里，淀里也是一片银白世界。水面笼起一层薄薄透明的雾，风吹过来，带着新鲜的荷叶荷花香。

（二）

现在已经快到晌午了，万里无云，可是因为在水上，还有些凉风，这风从南面吹过来，从稻秧上、苇尖上吹过来。水面没有一只船。水像无边的跳荡的水银。

（三）

她们奔着那不知道有几亩大小的荷花淀去，那一望无边挤得密密层层的大荷叶迎着阳光舒展开，就像铜墙铁壁一样。粉色荷花箭高高地挺出来，是监视白洋淀的哨兵吧。

1. 作者把月光下银白雪亮的席子比作"洁白的雪地""洁白的云彩"，这样诗化的描写对刻画人物有什么作用？包含着怎样的思想感情？

2. "水面笼起一层薄薄透明的雾"给人怎样的美感？

3. 上文写雾诉诸_____觉，写风诉诸_____觉，写荷香诉诸_____觉，多角度写景，所以美感更加丰富。

4. 作者为什么把荷叶比作铜墙铁壁，把荷花箭比作哨兵？

四、拓展阅读

芦 苇

丁爱华

（1）那些草从黑色泥地里长出来，它们和地下的根一样，也是一节一节的，它们有着竹子一样修长的叶子，但是我的祖先却叫它们芦苇。我不知道这是为什么，父亲告诉我，芦苇到秋天的时候，就开一大团一大团的白花，冬天的时候死去，第二年春天再活过来；而竹子不开花，竹子一开花就永远地死去了，再活不过来。

（2）我的故乡遍布这种叫芦苇的植物，它们成片成片地生长在村庄的周围，跟着一条叫蒲苇河的河流曲折蜿蜒，长成一大片茂密的芦苇荡。

（3）这些植物的年纪比我祖父还大，我的祖先还没有来的时候它们就已经在这儿生长了，一年死一次，一年生一次。它们把根深深地扎进黑色的泥土里，向四周肆意扩展，你拿一把铁锹随便找个地方挖下去，都会切着它们纤细的根。父亲犁地的时候就常常翻出来一两棵脆脆的白生生的苇根，那可是一块种了多少年的熟地啊。它们藏在地下，一有机会就冒出尖尖的头来，并且趁你不留神的工夫就迅速地生长成一棵挺拔的芦苇。这些根在土里就像千万只鸟在空中一样任意飞翔，占领着空间和泥土，织成一张巨大的网。我们整个的蒲苇桥村庄就坐落在这张大网上。这里到处都长满了芦苇和蒲草，我们的村庄就是以它命名的。父亲说，我们实际上都是蒲苇桥一棵一棵活着的芦苇，我们像芦苇一样深深地扎在大地上，我们永远离不开这黑色的泥土。父亲说这些话的时候，我还只是一个懵懂的少年，但是我隐约地觉出父亲是一位乡村哲学家，除他之外，我还没听谁说过人是一棵芦苇。

（4）地面是一个界点，芦苇在两个空间里生活。根向底下使劲扩展，死死地抓住泥土；茎则直直向上，抢占着地上的位置。芦苇是一种特殊的植物，它一节一节地长着，就像我们每一次长途的旅行，总要走一走歇一歇一样。每歇一次，它就挑起一把叶子做绿伞。我觉得芦苇更像一个人，抑或是人在冥冥之中学了芦苇。但人和芦苇是不一样的。一位哲人说，"人是一棵会思想的芦苇"，会思想是说人比芦苇高明。但会思想也使许多人长得歪了，不能像芦苇一样正直地生长。人群中有歪心邪术之人，但谁见过一棵弯着生长的芦苇？

（5）芦苇一路直直地长下去，慢慢高过我们的头顶，我拨开苇丛走进去，后面的芦苇复又合拢，苇荡把我淹没了。这些细细的苇叶组织成了翠绿的空间。它们像一叶叶小舟，又像一队队纤柔的少女，这让我想起古老的歌谣："蒹葭苍苍，白露为霜。所谓伊人，在水一方。"这些长腿细腰的美人儿可就是我二十年中夜夜梦见的伊人？我顺手捋过一支细长的苇节，做成清脆的苇笛，这是芦苇的情歌，汩汩流淌，滋润着幸福的胸膛。

（6）我看见母亲的羊群走进了苇荡，苇荡里马上就绽开了洁白的花朵。苇荡里偶尔会有一小片芦苇稀疏的地方，这儿长满了丰茂的野草，有水稗子草，芨芨草，开白花的野荞麦和许许多多不知名的野草，母亲的羊群就在这儿吃草，神秘而又浪漫。

（7）这让我想起我的先人，他们一拨一拨地走进苇荡，最后睡在苇荡里滋养着芦苇，不知道我的身体能生出多少棵挺拔的芦苇？

（选自《散文选刊》）

1. 原文第（3）段中说："它们藏在地下，一有机会就冒出尖尖的头来，并且趁你不留神的工夫就迅速地生长成一棵挺拔的芦苇。"句子中加点的词语形象地写出了芦苇的什么特点？

2. "我觉得芦苇更像一个人，抑或是人在冥冥之中学了芦苇。但人和芦苇是不一样的"一句，前面说"芦苇更像一个人"，后面又说"人和芦苇是不一样的"，前后的说法是否矛盾？对此你是如何理解的？

3. 作者在写芦苇时写出了它哪些方面的特征？联系全文，分条表述。

4. 文章结尾一句说"不知道我的身体能生出多少棵挺拔的芦苇"，作者要表达的是什么意思？对表现主题有什么作用？

5. 下列对文章的分析和鉴赏，错误的两项是（　　）

A. 文章的首段运用对比手法，将竹子放在芦苇的对立面上，更突显了芦苇顽强的生命力，展现了其不屈的气节。

B. 诗经《蒹葭》中诗句的引用，既写了芦苇的鲜明柔之美，更体现出作者已把它看成诉说、钟情的对象。芦苇在作者的心目中已经有了情感有了灵性。

C. 文中多次写到了"父亲"，通过这个具有哲学思想的人物，我一方面可以体会到"我"

的幼稚，另一方面则可以感受到生活的博大精深。

D. 文章的最后一段内蕴丰厚。含蓄的语言，揭示了人类来自泥土，最终又将归结于泥土，这一事实。"不知道我的身体能生出多少棵挺拔的芦苇"一句，不仅体现了作者高远的思想境界，同时还升华了文章的主题。

E. 作者在文中托物寓意，写芦苇的同时实际上也是在写人，芦苇的品格也正是许许多多普通的劳动者的品格。由于象征手法的运用，文章的思想内涵显得丰富而深厚。

十二 棋王（节选）

【学习目标】

1. 了解作者及其处女作《棋王》在文学史上的地位。
2. 把握人物形象，学会从描写中归纳人物性格。
3. 赏析文章精彩的场面描写，掌握点面结合的写法及其效果。

【文学常识】

阿城，原名钟阿城，出生于1949年清明节，北京人，中国当代作家。是"文化寻根派"的代表作家。

阿城于1984年开始创作，写有杂论《文化制约着人类》。其作品集《棋王》，由作家出版社作为"文学新星丛书第一辑"出版，共包括三个中篇《棋王》、《树王》、《孩子王》和六个短篇《会餐》《树桩》《周转》《卧铺》《傻子》和《迷路》。

《棋王》写于1984年，是阿城的处女作，小说一发表，便震惊文坛，先后获1984年福建《中短篇小说选刊》优秀作品奖和第三届全国优秀中篇小说奖。

【课文解析】

《棋王》（节选）写了出身贫苦的"棋呆子"——知识青年王一生，未能报名参加地区的象棋比赛，又拒绝了直接晋级决赛的机会，却选择在赛后与冠亚军等九人同时下棋，大获全胜的故事，表现了"棋痴"王一生特别的处世之道，淡泊无争的性情和刻苦执着钻研棋艺的精神。

【知识积累】

1. 给加点字注音。

发噱（　　）　　差池（　　）　　摩挲（　　）　　冤家（　　）

2.解释下列词语。

发噱：

摩挲：

差池：

神机妙算：

后发制人：

【知识检测】

一、选择题

1.下面字形、注音全部正确的一项是（　　）

A. 拮据（jù）　　蕴藏（yùn）　　打烊（yàng）

B. 厄运（è）　　尴尬（gān gǎ）　　屏住（bǐng）

C. 传颂（sòng）　　板栗（lì）　　香喷喷（pèn pèn）

D. 发噱（xué）　　差池（chā）　　摩挲（suō）

2.依次填入下面横线上的词语，恰当的一组是（　　）

①任何事物的存在和发展，都_____有一定的条件。

②我们只有每个人都不断加强个人_____，才能从根本上提高全民族的素质。

③读到精彩处，他便_____大声叫起好来。

A. 必须　休养　不禁　　　　B. 必需　修养　不仅

C. 必需　休养　不仅　　　　D. 必须　修养　不禁

3.下列各句中，加点的成语使用正确的一项是（　　）

A. 外出旅游，异地的风物固然让人迷醉，可是在商场购物时导游的劝说却常常使人不厌其烦，兴味索然。

B. 为了写好这篇文章，他查找文献，寻章摘句，做了上千张卡片，费了很多时间和精力。

C. 听着先生的谈话，使人性情舒畅，真有如坐春风的感觉。

D. 本来大家都很开心，可是这个人一出现，在场的所有人都哑然失笑，气氛顿时沉闷下来。

4.下列各句中标点符号使用正确的一项是（　　）

A. 原子弹、氢弹的爆炸、人造卫星的发射和回收，标志着我国科技的发展与进步。

B. 城东住宅小区以合理的价位、卓越的品质（大户型、园林化、智能化）深受广大消费者青睐。

C. 她不知道这药在哪里买？要不要花很多钱？有没有治疗效果？

D. 参加大学生电影节展映的影片：《致青春》《悲伤逆流成河》等，将在北京多个高校放映。

5. 下列句子中，没有语病的一项是（　　）

A. 这次教学信息化短训班的成员，除了本校人员外，还有来自河北省等15所中职学校的教师、学生也参加了学习。

B. 博物馆展出了一千五百年前的新出土的陶器。

C. 我还差一年没有毕业。

D. 公司的三个职员高高兴兴地向这边走来。

6. 依次对下列句子所用的修辞手法判断完全正确的一组是（　　）

①湖是大地的眼睛，望着它的人可以测出自己天性的深浅。

②夜正长，路也正长，我不如忘却不说的好罢。

③山峦爽朗，湖水清净，日里披满霞光，夜里缀满星辰。

④从这时候起，山涧又从左侧转到右侧，水声淙淙，跟我们跟到南前门。

　　A. 比喻　双关　对偶　拟人　　　B. 拟人　夸张　排比　比喻

　　C. 拟人　双关　排比　夸张　　　D. 比喻　夸张　对偶　通感

7. 为画线处选句子，使上下文衔接恰当的一句是（　　）

泰山的南天门又叫三天门，创建于元代，至今已有六百余年。_____为"门辟九霄仰步三天胜迹，阶崇万级俯临千嶂奇观"。

A. 元代石刻"天门铭"在门外西侧。一副石刻对联在门的两旁

B. 门外西侧有元代石刻"天门铭"。门两旁有石刻对联一副

C. 元代石刻"天门铭"在门外西侧。门两旁有石刻对联一副

D. 门外西侧有元代石刻"天门铭"。一副石刻对联在门的两旁

8. 下列句子语言正确得体的一项是（　　）

A. 昨天，学校特别邀请了几位卓有成效的院士校友做报告，听了各位先贤的高论同学们士气高涨、信心倍增。

B. 看他如此真心诚意，我实在不忍拒绝，只好把那根钢笔笑纳了。

C. 足下不顾旅途劳顿，刚下飞机就来看望我，真让我感到荣幸之至。

D. 通过无数次对祖父生前好友的走访和垂问，我搜集到许多宝贵的资料，并最终写就了这本回忆录。

二、填空题

1.《棋王》的作者是_____，原名_____，是_____的代表作家。

2. _____，池鱼思故渊。
3. 明月松间照，_____。

三、课内阅读

　　人是越来越多。后来的人拼命往前挤，挤不进去，就抓住人打听，以为是杀人的告示。妇女们也抱着孩子们，远远围成一片。又有许多人支了自行车站在后架上伸脖子看，人群一挤，连着倒，喊成一团。半大的孩子们钻来钻去，被大人用腿拱出去。数千人闹闹嚷嚷，街上像半空响着闷雷。

　　王一生坐在场当中一个靠背椅上，把手放在两条腿上，眼睛虚望着，一头一脸都是土，像是被传讯的罪人。我不禁笑起来，过去给他拍一拍土。他按住我的手，我觉出他有些抖。王一生低低地说："事情闹大了。你们几个朋友看好，一有动静，一起跑。"我说："不会。只要你赢了，什么都好办。争口气。怎么样？有把握吗？九个人哪！头三名都在这里！"王一生沉吟了一下，说："怕江湖的不怕朝廷的，参加过比赛的人的棋路我都看了，就不知道其他六个人会不会冒出冤家。书包你拿着，不管怎么样，书包不能丢。书包里有……"王一生看了看我，"我妈的无字棋。"他的瘦脸上又干又脏，鼻沟儿也黑了，头发立着，喉咙一动一动的，两眼黑得吓人。我知道他拼了，心里有些酸，只说："保重！"就离了他。他一个人空空地在场中央，谁也不看，静静地像一块铁。

　　棋开始了。上千人不再出声儿。只有自愿服务的人一会儿紧一会儿慢地传出棋步，外边儿自愿服务的人就变动着棋子儿。风吹得八张大纸哗哗地响，棋子儿荡来荡去。太阳斜斜地照在一切上，烧得耀眼。前几十排的人都坐下了，仰起头看，后面的人也挤得紧紧的，一个个土眉土眼，头发长长短短吹得飘，再没人动一下，似乎都把命放在棋里搏。

　　我心里忽然有一种很古的东西涌上来，喉咙紧紧地往上走。读过的书，有的近了，有的远了，模糊了。平时十分佩服的项羽、刘邦都在目瞪口呆，倒是尸横遍野的那些黑脸士兵，从地上爬起来，哑了喉咙，慢慢移动。一个樵夫，提了斧在野唱。忽然又仿佛见了棋呆子的母亲，用一双弱手一页一页地折书页。

　　我不由伸手到王一生的书包里去掏摸，捏到一个小布包儿，拽出来一看，是个旧蓝斜纹布的小口袋，上面用线绣了一只蝙蝠，布的四边儿都用线做了圈口，针脚很是细密。取出一个棋子，确实很小，在太阳底下竟是半透明的，像是一只眼睛，正柔和地瞧着。我把它攥在手里。

　　太阳终于落下去，立刻爽快了。人们仍在看着，但议论起来。里边儿传出一句王一生的棋步，外边儿的人就嚷动一下。专有几个人骑车为在家的冠军传送着棋步，大家就不太客气，笑话起来。

我又进去，看见脚卵很高兴的样子，心里就松开一些，问："怎么样？我不懂棋。"脚卵抹一抹头发，说："蛮好，蛮好。这种阵式，我从来也没有见过，你想想看，九个人与他一个人，九局连环！车轮大战！我要写信给我的父亲，把这次的棋谱都寄给他。"这时有两个人从各自的棋盘前站起来，朝着王一生一鞠躬，说："甘拜下风。"就捏着手出去了。王一生点点头儿，看了他们的位置一眼。

　　王一生的姿势没有变，仍旧双手扶膝，<u>眼平视着，像是望着极远极远的远处，又像是盯着极近极尽的近处</u>。瘦瘦的肩挑着宽大的衣服，土没拍干净，东一块西一块儿。喉结许久才动一下。

　　……

　　我找了点儿凉水来，悄悄走近他，在他跟前一挡，他抖了一下，眼睛刀子似的看了我一下，一会儿才认出是我，干干地笑了一下。我指指水碗，他接过去，正要喝，一个局号报了棋步。他把碗高高地平端着，水纹丝儿不动。他看着碗边儿，回报了棋步，就把碗缓缓凑到嘴边儿。这时下一个局号又报了棋步，他把嘴定在碗边，半响，回报了棋步，才咽一口水下去，"咕"的一声儿，声音大得可怕，眼里有了泪花。他把碗递过来，眼睛望望我，有一种说不出的东西在里面游动，苦甜苦甜的。嘴角儿缓缓流下一滴水，把下巴和脖子上的土冲开一道沟儿。我又把碗递过去，他竖起手掌止住我，回到他的世界里去了。

　　……

　　王一生孤身一人坐在大屋子中央，瞪眼看着我们，双手支在膝上，铁铸一个细树桩。似无所见，似无所闻。高高的一盏电灯，暗暗地照在他脸上，眼睛深陷进去，黑黑的，似俯视大千世界，茫茫宇宙。那生命像聚在一头乱发中，久久不散，又慢慢弥漫开来，灼得人脸热。

　　……

　　人渐渐散了，王一生还有些木。我忽然觉出左手还攥着那个棋子，就张了手给王一生看。王一生呆呆地盯着，似乎不认得，可喉咙里就有了响声，猛然"哇"地一声吐出一些黏液，眼泪就流了下来，呜呜地哭着说："妈，儿今天明白事儿了。人还要有点儿东西，才叫活着。妈——"大家都有些酸，扫了地下，打来水，劝了。王一生哭过，滞气调理过来，有了精神，就一起吃饭。画家竟喝得大醉，也不管大家，一个人倒在木床上睡去。电工领了我们，脚卵也跟着，一齐到礼堂台上去睡。

1. 结合全文，分析小说开头场面描写的作用。

2. 小说中多次描写了王一生的眼睛，请结合小说品味文中画线句子的内涵。

①眼睛虚望着。

②眼平视着，像是望着极远极远的远处，又像是盯着极近的近处。

3. 结合全文，分析文中画波浪线部分肖像描写的特色。

4. 小说中多次写到了"妈妈的无字棋"，请结合全文理解这样写的深刻意蕴。

四、拓展阅读

我想你们

董玉洁

下了晚自习，我独自躺在寝室里读小说。是这本小说催发了今晚的一切。

当初离家出门时爹妈交代：到城里读书，也学点惦记。你这孩子，打小就不晓得惦记人。三叔把我送进这所中学时也提醒：抽空回去看看你的爹妈一眼，二老不容易呢。今天课堂上班主任又讲：人，应该懂得以某种方式表达对亲人的感情。我手头这本小说也正在讲述着这样一个故事：一名俄罗斯少年只身骑着枣红马冒雨夜行三十公里回家，仅仅为了对父母说一句"我爱你们"，父母幸福得快晕过去了。

我的心像上足了劲的发条，激动得微微发颤：我何不也把爹妈狠狠地幸福上一番呢？我可不是那种只想不做的人，我从床上跳起来推上自行车就往四十多里外的家里奔去。

风呼啦啦的拨打着树叶。天上乌云怒走，月亮藏藏露露明明灭灭。最好来场倾盆大雨吧，这样更显出我的心情，老师说这叫反衬。

半小时后，一场不小的雨应召而来。水顺着脸淌到下巴尖儿上汇成一挂小水链儿往地上牵。极亮的闪不时像城里的电焊，照亮了一簇簇披发劲舞的树，这真好。回到家里啥也不说，就一句："我想你们，惦记你们！"可不能说"我爱你们"，那不符合国情，太难出口了，爹妈也不习惯。当他们明白我是如此惦记他们时，会激动得一副什么样的神情呢？他们会用什么样的眼神来打量他们这长大了、学会了惦记人的儿子呢？他们会幸福得手足无措的，妈只会拿手在围裙上的那块灰补丁上蹭来蹭去。

在雨中跋涉了三个多小时,我终于站在了村头。

小村里没有一星灯火,人们早已沉入梦乡。借着一个闪,明晃晃地望见几个低矮的屋子默默地卧在雨中山坡上,像是被谁随手遗忘在那儿似的。

站在家门口,雨水掺合着汗水,我早已浑身透湿。

敲门时,我的手有些抖。

爹妈警惕地问:"谁?"

"我!"

"出事啦?"爹妈嗓子眼儿发颤,磕磕碰碰地摸火柴点灯,"出啥事啦?"从门缝里我清楚地瞅见两位老人连外套都顾不上披便起身,妈举着铁盒做成的油灯,爹手忙脚乱地拔门闩。

"出事啦?出啥事啦?"爹妈连声急问,满脸满眼的惊恐。

"没、没啥事,我——想——看看你们。"想好的话临出口又变了。

"没啥事?看我们?没啥事这么大雨深更半夜你大老远赶回来?我们有啥好看的?到底出啥事啦?"爹蹙着眉头,使劲地瞅我的眼睛,想瞅出个名堂来。

"真的,真的没啥事。"

爹接过妈手里的干毛巾递给我:"深更半夜的,一个人骑自行车,好几十公里山路,那么大的雨……"爹不会骑车,总担心两个轮子站不住。

妈忙着给我找干衣服,接着又给我煎了几个荷包蛋。

我咽着荷包蛋,妈悄悄凑过来:"是不是在学校里惹祸啦?有啥事跟妈说,妈不跟你爹说,妈知道你爹脾气不好,妈不跟他说。"

"妈,真的啥事也没有。"我咬着鸡蛋,嘴里胀满了暖暖的蛋黄。

收拾完了,我在床上躺下。迷迷糊糊刚要入睡,爹突然推开门:"栓子,到底出啥事啦?你照直说,爹不骂你!"

"爹,没事,真的啥事也没有,就想回来看看你们。"

爹退出去,掩上门,两老又嘀咕了好一阵。

躺在床上,我开始觉得心里有些酸溜溜的。

第二天清晨,雨仍下得很大,我打定主意,起床第一句话就对他们说:"我在城里想你们!"

可起了床,没见着爹。问妈,妈说:"你爹夜里就走了,去你们学校看到底出啥事了。你这孩子,有事也不说!"

此时,我已无话可说。

(选自《当代散文精品》)

1. 文章第一段中"今晚的一切"的具体含义是什么？请用自己的话简要概括回答。（不超过50字）

2.. 第2段在文中起什么作用？

3. "我"冒雨回家省亲，爹妈为何一致认定"我"是在学校出事了呢？请申述理由。

4. 故事中"我"的感情经历了哪几个变化阶段？请根据文意简要回答。

5. 下列对文章的分析与鉴赏，不正确的两项是（　　）

A. 文章中的"我"，在小说的启发下，真正理解了"惦记人"的深刻含义，所以急不可待地深夜冒雨回家。

B. "我"的壮举之所以得不到爹妈的认同，是因为"我"纯属一厢情愿的一时感情冲动。

C. 文章表面上是写"我"惦记着爹妈，而实际上表现的却是像大海一样深的父母之爱。

D. "我已无话可说"，是因为我要说的已全部说完；再者，爹妈素质太低，不懂得享受儿子的"惦记"。

E. 黑夜、大雨、长途、泥泞，这些背景成就了"我"的惦记，却赶跑了爹妈的幸福感，这是"我"始料未及的。

第三单元检测题

一、选择题

1. 下列加点词语读音正确的一组是（　　）

A. 脊背（jǐ）　　誊写（téng）　　供给（gěi）　　债券（quàn）

B. 抹布（mō）　　租赁（lìn）　　塑像（suò）　　虔诚（qián）

C. 摇曳（yè）　　瘦削（xiāo）　　皱褶（zhě）　　埋怨（mái）

D. 账簿（bù）　　围剿（jiǎo）　　惊羡（xiàn）　　粗糙（cāo）

2. 下列词语中没有错别字的一组是（　　）

A. 歉意　　窗框　　走头无路　　兴高彩烈

B. 教诲　　宽恕　　疾风劲草　　劳苦功高

C. 迟钝　　羁绊　　粗制烂造　　名列前矛

D. 驰骋　　掩饰　　山盟海势　　完璧归赵

3. 依次填入画线句子中的词语最恰当的一组是（　　）

①我把如此深厚的感情_____在我的歌声里，希望引起听众的共鸣。

②要合法经营，不能靠邪门歪道来_____。

③为了使这个展览办得更加充实，博物馆领导派出多人到老区_____革命文物。

A. 贯注　　盈利　　搜集　　　　B. 灌注　　营利　　收集

C. 贯注　　盈利　　收集　　　　D. 灌注　　营利　　搜集

4. 下列句子中，加点的成语使用恰当的一项是（　　）

A. 拖拉机司机急于赶路，不走公路，另辟蹊径，沿着江边小道行驶，不料驾驶失控，出了车祸。

B. 她们心不在焉地胡乱吃几口，扔下碗就开始梳妆打扮。

C. 我国许多城市都建立了食品质量报告制度，定期向社会公布有关部门的检验结果，从而使那些劣质食品在劫难逃。

D. 李老师当班主任20多年，勤勤恳恳，日理万机，积劳成疾仍坚持工作。

5. 下列各句中，标点符号使用没有错误的一项是（　　）

A. "怎么我看不见？"香雪微微眯着眼睛。

B. 叶剑英元帅在一首诗中写道："攻城不怕坚，攻书莫为难。科学有险阻，苦战能过关"。

C. 学校领导讨论要不要采取措施保护学生的视力？

D. 中国有句俗话，叫"人往高处走，水往低处流。"说的是人们一般都想不断有所进步。

6. 下列句子中没有语病的一项是（   ）

A. 春节后，家电产品的价格战愈演愈烈，有的品牌的价格甚至下降了1到2倍。

B. 据初步统计，目前社会上已有近20%左右的人逐渐将储蓄视为未来的养老保险金。

C. 由于这次成功，使他受到很大鼓舞，重新振作起来。

D. 难道动画片《宝莲灯》不是一部优秀的作品吗？

7. 下列各句运用的修辞手法不同于其他三项的一项是（   ）

A. 小船活像离开了水波的一条打跳的梭鱼。

B. 小溪的歌唱高昂起来了，它欢腾着向前奔跑，撞击着水中的石块。

C. 月光如流水一般，静静地泻在这一片叶子和花上。

D. 虽不养鸟，每天早晨有鸟语花香，无须挂画，门外有幅巨画——名叫自然。

8. 填入下面横线处的句子，与上下文衔接最恰当的一项是（   ）

在都灵冬奥会的花样滑冰双人滑比赛中，张丹、张昊在冲击世界上最高难度的后内接环四周抛跳时失误，张丹重重地摔在冰面上，膝盖严重受伤。_____，_____，_____。他们勇敢的精神和精湛的技术征服了全场观众，也征服了现场裁判，最终赢得了一枚银牌。

①所有人都以为这对组合将退出比赛

②就在所有的人都以为这对组合将退出比赛的时候

③简单包扎后的张丹又与张昊重新回到冰上继续比赛

④冰上却出现了张昊和简单包扎后的张丹

⑤两人顺利地完成了其他高难度动作

⑥其他高难度动作完成得很顺利

A. ①③⑤　　　　B. ①④⑥　　　　C. ②③⑤　　　　D. ②④⑥

9. 下列关于文学常识的解说，正确的一项是（   ）

A. 《论语》由孔子及其弟子编成，共二十篇，是儒家的经典著作。它以语录体和对话文体为主，记录了孔子及其弟子言行。

B. 诗仙指李白，诗圣指杜甫。诗歌史上"李杜"和"小李杜"分别是指李白、杜甫和李贺、杜牧。

C. 我国第一部国别体史书是《战国策》，第一部叙事详细完整的历史著作是《左传》，第一部纪传体通史是《史记》，第一部断代史是《汉书》。

D. 鲁迅，原名周树人，文学家、思想家和革命家。著有小说集、散文诗集、散文集和杂文集多部著作。我们学的《拿来主义》选自《且介亭杂文》。

10. 下列各句语言运用得体的一项是（   ）

A. 请问李大爷家的儿子今年贵庚呀？

B. 现将先生的大作付梓，以就正于读者。

C. 本店明天开业，欢迎各界人士莅临指导。

D. 如此真心实意，这礼物我只好笑纳了。

二、诗文阅读

过故人庄

孟浩然

故人具鸡黍，邀我至田家。

绿树村边合，青山郭外斜。

开轩面场圃，把酒话桑麻。

待到重阳日，还来就菊花。

1. 对这首诗的解说，不恰当的一项是（   ）

A. 这是一首"五律"，是一首典型的山水诗。

B. 题目中的"过"是过访、访问的意思。题目告诉我们这是一首描写到朋友村庄里做客的诗。

C. 诗中绿树、青山、村舍、场圃这些典型意象，构成了一幅优美宁静的田园风景画。

D. "开轩面场圃，把酒话桑麻"写宾主开窗举杯，目见的是打谷场和菜园子，谈论的是农家日常生活。

2. 对这首诗的分析，不恰当的一项是（   ）

A. 诗的前两句写友人盛情相邀，显现出朴实的农家气氛；三、四句写周围景物，展现出一片绿树环绕、青山相伴的乡村风光。

B. 诗的五、六句把酒闲谈，人物的心情与环境契合；七、八句相约重阳再聚，流露出对这个村庄和故人的依恋之情。

C. 全诗表现了田园生活的恬适情趣，隐士的清高节操，以及仕途失意的微妙情绪。

D. "故人"热情约"我"重阳节来赏菊花，表现出他对诗人的理解与尊重。

三、科技文阅读

高科技污染

（1）凡是因为技术进步产生的影响人类正常活动的现象都叫作高科技污染。高科技污染可分为无形和有形两类。无形污染指信息、声、光等非实体对人的正常工作和生活的干扰。有形污染指高科技工业产生的新的垃圾（包括固、液、气三种形态）造成的污染，这种垃圾我们也叫作高科技垃圾。由于高科技大大拓展了人对自然的影响范围和程度，所以高科技垃圾的种类日益增多，分布领域也日趋广泛。从太空到海底，凡是人的高科技影响能到的领域，都存在高科技垃圾。

（2）由于社会的进步和经济水平的大幅提高，产品的折旧速度越来越快，大量的耐用产品很快被消费者淘汰，造成垃圾量激增。在发达国家，过时的汽车、家用电器甚至电脑部件等都成了无人要、无人处理的垃圾。这种垃圾填埋成本高，焚烧困难，堆置对环境有破坏。

（3）还有一些固体废弃物离人们的日常生活很远，危害却很大，如太空垃圾和核垃圾等。太空垃圾是指在近地轨道上运行的遗弃了的航天飞行器及部件。现在，地球周围的太空垃圾已有3 000吨左右。在近地轨道上高速环绕飞行的太空垃圾，对单位价值数十亿美元的各种卫星构成了严重的威胁，且直接事故概率越来越大。而由于核电的开发产生的大量核垃圾，一旦没有妥善处理，将大范围危害居民的健康乃至生命安全。这样的垃圾，依靠新技术处理难度较大，目前只能依靠全世界政府组织的力量，订立国际公约，才有可能首先避免数量上的进一步增长。

（4）高科技带来的气态污染物也直接对人类的生存构成巨大的威胁。如制冷行业、塑料工业的重要原料——氟氯烃（tīng），对臭氧层已造成严重破坏。近十年来，地球上的臭氧空洞已增至5个之多，总面积近4 000万平方公里，接近地球表面积的10分之一。所幸目前这些空洞均在南极、北极、西伯利亚等无人区，否则阳光中的紫外线会使人类和动物遭受灭顶之灾。

1. 下列最适合做文章标题的一项是（　　）
A. 高科技污染　　　　　　　　B. 高科技垃圾
C. 高科技有形污染　　　　　　D. 高科技无形污染

2. 选文说明对象的特点不包括（　　）
A. 防治难度大　　　　　　　　B. 影响科技进步
C. 对人类危害大　　　　　　　D. 种类多，分布范围广

3. 第（3）段中画线句"这样的垃圾"是指（　　）
A. 太空垃圾　　　　　　　　　B. 核垃圾
C. 高科技工业生产的新垃圾　　D. 太空垃圾和核垃圾

4. 下列说法与原文意思一致的一项是（　　）
A. 高科技污染指高科技无形垃圾造成的污染。
B. 高科技垃圾全部分布于太空的各个角落。
C. 太空垃圾和核垃圾等虽然远离人们的日常生活，但危害很大。
D. 高科技垃圾填埋成本高，焚烧难度大，堆置影响环境，因此，人类对它束手无策。

四、填空题

1. 小说的三要素是：人物形象、_____和环境。
2. 世界三大短篇小说之王有法国的莫泊桑、美国的_____和俄国的_____。
3. 《哦，香雪》的体裁是_____，作者是_____。
4. 《荷花淀》的作者是_____，他的主要作品有长篇小说《风云初记》，中篇小说《铁木前传》，短篇小说集《白洋淀》《荷花淀》，小说散文集《_____》等。
5. 借条一般包括标题、正文、_____、日期四部分。

五、应用文写作

王海向张明购买了20 000元的化肥，王海先期支付了15 000元货款，还剩5 000元货款。王海于是向张明写了一张5 000元货款的欠条。请你根据上述介绍规范地写出王海的这张欠条。

六、现代文阅读

读书关乎心灵

胡晓红

近日见三五好友在网上发表读书照片，并附几句评价。对此我最初只匆匆一扫，觉得朋友很勤奋，工作之余仍能把一些时间腾给读书，心中颇为赞赏。但是再关注他们读的书，发现其中成功学著作、名人自传、励志书籍居多，赞赏之意便少了几分。

成功学著作风靡，已不是一两年的事了，自从它们诞生后，便成为图书市场的宠儿。

但就如我们所看到的，读过励志书的人，并未在阅读之后精神焕发，然后志存高远、悬梁刺股、夜以继日。因为这些书讲述的，只是一个个他人成功的模式化故事，能起的作用大抵是暂时刺激一下阅读者的神经。我从心底认为，读书是关乎心灵的事，好书给人的馈赠往往也是思想和心灵上的。真正能够起到励志作用的书并非成功学著作，也不以励志为直接目的，而是通过帮助读者一步步建设心灵，使读者自觉地实现自我价值。

首先，好书让人心生敬畏，并激励人不断地学习。中华文化博大精深，好书不胜枚举。

真正的书中良品，能让读书人了解知识的精深、胸怀与精神的清朗，因此我们看到很多博览群书的人，也仍自惭于自身的少知与浅薄。好书使得读书人不敢妄自尊大，不断激发他们的求知欲，使他们主动把精力放在学习求索上。读书人真正盼望的，是通过经年的努力与积累，让精神避免躁动和浅薄而接近澄澈。

同时，好书能培养人的心性，砥砺人的品格。好书是写作者废寝忘食的真诚创作，凝结了作者尽心体察的智慧以及经年的积累。那些平实精到的表述，严谨克制的低回，深沉宁静的思想更能打动人、影响人，润物于无声。"最是那一低头的温柔，像一朵水莲花不胜凉风的娇羞"，适用于形容它们对阅读者产生的自然却深邃的影响。好书往往是娓娓道来，并非套用统一的模式讲述类似的故事，因此每一次阅读都会成为一次心灵之旅。

人最可悲的是没有主心骨，寻不到自己。书籍在浸润心灵和感染精神后，最为重要的功劳是教人成为自己。好书助读书人自省自知，也使他们的心境变得更为开阔，学会更加尊重他人和环境，更加尊重自己。

所谓成功的路径，并非励志书里说得那么单一，成功的真正定义，理应是在自身最喜欢的领域做出成绩，成为自己想成为的人。

读书关乎心灵，读书渐少又渴望成功的当代人，更需要好书的感染和浸润。心灵丰盈了，意念坚定了，励志的路才会真正好走。

（略有改动）

1. 作者为何对好友读成功学著作少有赞赏之意？

2. 作者认为好书具有怎样的特点？

3. 作者认为成功的含义和条件各是什么？

4. 下列对本文内容理解错误的一项是（　　）
A. 好书就是成功学著作、名人自传、励志书籍，让人心生敬畏，并激励人不断地学习。
B. 好书能培养人的心性，砥砺人的品格。
C. 好书促人自省自知，教人成为自己。

D. 好书可使人心境开阔，学会尊重他人、环境和自己。

七、写作训练

阅读下面的材料，根据要求写作。

2000 年	农历庚辰龙年，人类迈进新千年，中国千万"世纪宝宝"出生。
2008 年	汶川大地震，北京奥运会。
2013 年	"天宫一号"首次太空授课。
	公路"村村通"接近完成；"精准扶贫"开始推动。
2017 年	网民规模达 7.72 亿，互联网普及率超全球平均水平。
2018 年	"世纪宝宝"一代长大成人。
……	
2020 年	全面建成小康社会。
2035 年	基本实现社会主义现代化。

一代人有一代人的际遇和机缘、使命和挑战。你们与新世纪的中国一路同行、成长，和中国的新时代一起追梦、圆梦。以上材料触发了你怎样的联想和思考？

请据此写一篇文章，想象它装进"时光瓶"留待 2035 年开启，给那时 18 岁的一代人阅读。

要求：选好角度，确定立意，明确文体，自拟标题，不要套作，不得抄袭，不得泄露个人信息；不少于 800 字。

第四单元

十三　改造我们的学习

学习目标

1. 掌握本文"三段式"论证结构的特有形式。
2. 学习本文对比论证及其它多种论证方法的运用。
3. 体会并学习本文准确、鲜明、生动的语言。
4. 认识理论联系实际的重要性，树立正确的学风。

文学常识

毛泽东，字润之，笔名子任。1893年12月26日生于湖南湘潭韶山冲一个农民家庭。1976年9月9日在北京逝世。中国人民的领袖，马克思主义者，伟大的无产阶级革命家、战略家和理论家，中国共产党、中国人民解放军和中华人民共和国的主要缔造者和领导人，诗人，书法家。

课文解析

《改造我们的学习》是1941年毛泽东创作的议论文。该论文指出应对中国共产党的学习方法和学习制度进行改造。

《改造我们的学习》主要是针对党内在学风中存在的问题，在文中毛泽东同志号召全党坚持理论联系实际，反对主观主义。阐述精辟透彻，论证充实有力，不但在当时整风中发挥了重大作用，就是针对今天的理论学习仍有指导意义。文章开头的一句话是全文的引论部分，也是提出问题的部分。表明中心论点，即"我主张将我们全党的学习方法和制度改造一下"。其余的几个部分中，前三部分是本论部分，用来分析问题，具体阐述中心论点，说明为什么要改造学习。第四部分是结论部分，提出具体的做法，即改造学习的途径。

全文的论证结构是：提出主张——阐述理由——提议。本文的论证方法有例证法、引证法、对比论证法。

本文语言准确、鲜明、生动。作者还善于使用口语、成语和文言词语，善于运用修辞手法，使语言生动活泼。

知识积累

1. 给加点字注音。

芦苇（　　）　　竹笋（　　）　　逻辑（　　）　　生吞活剥（　　）

肤浅（　　）　　前仆后继（　　）　　可歌可泣（　　）　　有的（　　）放矢

校勘（　　）　　生吞活剥（　　）　　谬种流传（　　）　　钦差大臣（　　）

2. 解释下列词语。

为之一新：

哗众取宠：

夸夸其谈：

滥调文章：

有的放矢：

华而不实：

臆造：

知识检测

一、选择题

1. 下列词语中加点字的注音全都正确的一项是（　　）

A．暴露（hòu）　　邀请（yāo）　　笨拙（zhuó）　　刊载（zǎi）

B．统筹（chóu）　　警惕（tì）　　模型（mó）　　请帖（tiē）

C．灯芯（xīn）　　油盏（zhǎn）　　中间（jiān）　　哄抬（hōng）

D．宽裕（yù）　　打垮（kuǎ）　　高涨（zhàng）　　尽快（jìn）

2. 下列词语书写全对的一项是（　　）

A. 提拨　输赢　　B. 暴燥　安逸　　C. 轰炸　陷井　　D. 借鉴　函授

3. 下列加点词语意义相同的一项是（　　）

A. 懈怠　坚持不懈　　B. 拙见　勤能补拙

C. 已而　赞叹不已　　D. 精明　精益求精

4. 对下列各句使用的修辞手法判断正确的一项是（　　）

①他发现是我，头摇得像拨浪鼓似的。

②如果你找高手下棋，每一次都输给他，输这么半年下来，你的棋艺能够没有进步吗？

③在一个孩子的眼里，他的老师是多么慈爱，多么公平，多么伟大的人啊！

④老爷子小心，别顾着说话——看掉下来把屁股摔成两半！

A. ①比喻　②反问　③排比　④比喻　　B. ①夸张　②设问　③排比　④比喻

C. ①比喻　②反问　③排比　④夸张　　D. ①比喻　②反问　③夸张　④夸张

5. 依次填入下列各句横线处的词语，最恰当的一组是（　　）

①家庭的_____使他从小对美就有敏锐的感悟，乡村丰富的色彩和生动的线条使他陶醉不已。

②安防市场_____出售门禁卡复制器，30秒可克隆门禁。

③像孩童第一次睁开眼睛看见阳光，作者目光是那样惊喜，_____着饱满的生气。

A. 熏陶　公开　充斥　　　　　　B. 熏染　公然　充斥

C. 熏陶　公然　充溢　　　　　　D. 熏染　公开　充溢

6. 下列标点符号的使用，没有错误的一项是（　　）

A. "这究竟是怎么回事呢？同志们。"厂长严肃地说。

B. 我要给爷爷理发，爷爷笑了："你笤帚疙瘩戴帽子——充人哩。"

C. 基础知识究竟扎实不扎实？对今后的继续深造有重要影响。

D. 今天去呢？还是明天去呢？我实在拿不定主意。

7. 依次填入下面一段文字横线处的语句，衔接最恰当的一组是（　　）

在学校的日子里，我没有什么特别的感觉，_____，_____，_____，_____，_____，_____。我默默地注视着学校红色的大门，由衷地感谢她带给我的一切。

①很多时候你可能觉得今天跟昨天没什么不同

②这时你可能非常留恋过去的日子

③突然发现它写得真好

④你回过头来，其实一切都在改变

⑤不禁哼出一句"月亮的脸偷偷地在改变"

⑥现在要离开这个工作了七年的学校

A. ①②④⑤⑥③　　B. ①⑥②⑤③④　　C. ⑥②⑤①④③　　D. ⑥⑤③①④②

8. 下列句子中，加点的成语使用恰当的一句是（　　）

A. 他历尽艰辛，终于回到了家乡，阔别了20年，家乡现在是一片繁荣，和过去相比已经面目全非了。

B. 于丹教授的《庄子心得》点燃了他重读《庄子》的兴趣，他马上找出《庄子》来读，孰料一读就产生了相见恨晚之感。

C. 现有产品的条形码很容易被仿造，且让消费者很难识别。最近，科学家们发明出一种DNA产品条码，有了它，造假者只能望其项背。

D. 我们有不少文化遗产管理者太急功近利，他们把文化遗产定性为旅游资源，进行涸泽而渔式的开发，这是一种极不负责任的行为。

9. 下列各句中，没有语病的一句是（　　）

A. 真佛山不但担负着弘扬中华民族的孝德文化重任，而且传承着巴蜀人民敬老爱老助老的道德文明。

B. 日前，有关部门初步完成了高铁达州站设计方案的研究工作，并报请铁路枢纽工程指挥部审查通过。

C. 美国枪支袭击事件备受关注，事发后，各大网络关于这一事件报道的新闻点击量超过了万次以上。

D. 经过改革开放多年来的我国经济建设的实践，证实了"绿水青山就是金山银山"这一理念的正确性。

10. 下列各句中，表达得体的一句是（　　）

A. 他是个可怜的孤儿，小时候承蒙我父亲照顾，所以现在经常来看望我们。

B. 杨老师年过七旬仍然笔耕不辍，作为他的高足，我们感到自豪又惭愧。

C. 这篇文章是我刚完成的，无论观点还是文字都不够成熟，请您不吝赐教。

D. 由于路上堵车非常严重，我感到约定地点的时候，对方早已恭候多时。

二、填空题

1.《改造我们的学习》的作者是_____，选自_____。

2. 本文的体裁是_____。

三、课内阅读

在这种态度下，就是应用马克思列宁主义的理论和方法，对周围环境作系统的周密的调查和研究。不是单凭热情去工作，而是如同斯大林所说的那样：把革命气概和实际精神结合起来。在这种态度下，就是不要割断历史。不单是懂得希腊就行了，还要懂得中国；不但要懂得外国革命史，还要懂得中国革命史；不但要懂得中国的今天，还要懂得中国的昨天和前天。在这种态度下，就是要有目的地去研究马克思列宁主义的理论，要使马克思列宁主义的理论和中国革命的实际运动结合起来，是为着解决中国革命的理论问题和策略问题而去从它找立场，找观点，找方法的。这种态度，就是有的放矢的态度。"的"就是中国革命，"矢"就是马克思列宁主义。我们中国共产党人所以要找这根"矢"，就是为了要射中国革命和东方革命这个"的"的。这种态度，就是实事求是的态度。"实事"就是客观存在着的一切事物，"是"就是客观事物的内部联系，即规律性，"求"就是我们去研究。我们要从国内外、省内外、县内外、区内外的实际情况出发，从其中引出其固有的而不是臆造的规律性，即找出周围事变的内部联系，作为我们行动的向导。而要这样做，就须不凭主观想象，不凭一时的热情，不凭死的书本，而凭客观存在的事实，详细地占有材料，在马克思列宁主义一般原理的指导下，从这些材料中引出正确的结论。这种结论，不是甲乙丙丁的现象罗列，也不是夸夸其谈的滥调文章，而是科学的结论。这种态度，有实事求是之意，无哗众取宠之心。这种态度，就是党性的表现，就是理论和实际统一的马克思列宁主义的作风。这是一个共产党员起码应该具备的态度。如果有了这种态度，那就既不是"头重脚轻根底浅"，也不是"嘴尖皮厚腹中空"了。

1. 根据文意，下列不是马克思列宁主义学风的表现的为（　　）

A. 不要割断历史，不但要懂得外国革命史，还要懂得中国革命史。

B. 有目的地去研究马克思列宁主义的理论，与实际相结合，解决中国革命的理论问题和策略问题。

C. 不注意客观情况的研究，单凭热情，把感想当政策。

D. 应用马克思列宁主义的理论与方法，对周围环境作系统的周密的调查和研究。

2. 有关选文的理解，最恰当的是（　　）

A. 在马克思列宁主义的态度下就要懂得历史是发展着的。

B. "科学的结论"指立足事实，占有材料，依据马克思列宁主义的原理得出的正确结论。

C. 选段文字由表及里，揭示了主观主义学风的实质和危害。

D. 课文是篇典范的议论文，从结构上看，选文属于结论部分。

3. 有关选文的理解，错误的是（　　）

A. 用生动的比喻和浅显的语言，阐述了马克思列宁主义学风的重要内容。

B. 善于透过现象看本质，深入浅出，说理透辟。

C. 灵活使用一些文言词语，言简意赅，富于表现力。

D. 连用三个"在这种态度下"，分别从三个方面加以揭示，气势连贯，揭露深刻。

4. 联系课文，下列表述有误的是（　　）

A. 课文的标题"改造我们的学习"，既是中心论点，也标明了论述范围。

B. 课文结构严谨，论证严密，具有很强的逻辑性。

C. 作者引用马、恩、列、斯的著名论断作为论据，以便更有力地论证自己的观点。

D. 课文语言的准确性表现在正反对比和作者爱憎分明的态度上。

四、拓展阅读

让"积极网红"驱逐"粗鄙网红"

毕诗成

①这段时间,社会各界对"网红"现象的讨论很多。一方面,有不少人从经济学、营销学、传播规律等角度预言,"网红"将是2016年不可阻逆的网络趋势,认为"网红经济学"已来到我们身边;另一方面,鉴于目前大量"网红"让人感觉品位低劣,且有很多抖机灵、爆粗口等粗鄙表现,很多人对这一群体嗤之以鼻。在"趋势说"和"低劣说"之间,公共舆论场所似乎缺少一种和解与平衡——每个人都看到了一个方面,并在不断强化着这种对立感和撕裂感。

②近日,国家新闻出版广电总局整治低俗网络节目,被称为"2016年中国第一网红"的"papi酱"系列视频因表述粗俗被整改,更是激发了人们对于网络空间整治的关注。没错,网络上确实有很多粗鄙、猎奇的文化,但也要看到,这类东西正在被逐步厌倦。从网络上找到能够激励自我成长的积极因素,汲取精神养分,已经成为很多网民潜意识里的渴求。既然"网红"现象、"网红"传播符合互联网时代的趋势与特质,无论你欢喜不欢喜,它都要扑面而来,那我们就没有理由各说各话,高高在上,冷眼旁观,一脸的鄙夷瞧不起。秉持鄙夷的态度,只会令粗鄙的"消极网红"野蛮生长,洋洋得意。

③其实,在网络空间,我们已经可以找到一些"积极网红"的迹象。不管是此前的中学教师教学视频被追捧,还是横空出世的阿尔法围棋,甚至是社交媒体上引发怀念热潮的NBA球员科比,都可以看到"积极网红"的因子与可能。在这些事件中,当事人或是增加了人们对于科学知识的了解,或是增加了对于未来技术的洞见,或是增多了个人奋斗精神的激励,这些人对提升大众的精神世界显然大有裨益。

④还有一个有趣的例子值得注意,霍金作为世界顶级物理学家,突然闯入中文世界,只用了3天时间就成为一个"超级网红",或许有助于让一个新概念成为流行,那就是"积极网红"——他们在社会地位、科学素养、文化品位、专业精神、生活智慧等方面口碑更正面,也更能参与构建积极的网络流行文化,创造健康的精神气质,同时能与各种畸形丑陋、哗众取宠、毫无底线的"消极网红"争夺公众的注意力,从而改变网络世界的总体生态。

⑤如果有更多像霍金这样的公众人物进入社交媒体世界,走近大众,影响大众,你觉得它会令这个世界越来越好,还是越来越糟呢?哪怕你说网友与霍金只是粗浅的交流,哪怕你说他也有宣传自己外星探索计划的"动机",但他能够充分借助时下的新媒体和网络资源,充分扩大其影响力,让数百万网民距离大师更近一些,距离科学更近一些,

终究还是为互联网世界增添了更多的积极因素。

⑥ "网红"是个新生事物，社交媒体兴起也没多长时间，它能够成为什么样，首先取决于我们把它想象成什么样。不要简单抱怨网络和社交媒体的肤浅，而要多想想它为什么像现在这样肤浅。希望霍金的突然出现，能催生一些责任、自觉与清醒，帮助"积极网红"概念在中国快速走红。也希望更多负责任的公众人物、机构组织，能够"阳光的流行，健康的走红"，能够溢入网络流行传播文化当中来，绽放在未来"网红"的江湖格局当中。

1. 阅读全文，概括本文中心论点。

2. 第①段中加点的"似乎"一词有什么作用？

3. 第③段中画横线的句子运用了什么论证方法？具体论证了什么观点？

4. 请简述第④段和第⑤段不能交换位置的理由。

5. 下面不属于"积极网红"的作用的一项是（　　　）

A. 提升大众的精神世界。

B. 改变网络世界的总体生态。

C. 为互联网世界增添了更多的积极因素。

D. 激发了人们对于网络空间整治的关注。

十四　读书人是幸福人

学习目标

1. 学会对文中内容做注释，养成翻阅工具书的习惯。
2. 掌握并学会运用整体通读、专心精读、比照联读、扩展阅读等阅读方法。
3. 联系阅读经历，理解"读书人是幸福人"的内涵，从而热爱读书、积极阅读，做一个快乐的读书人。

文学常识

谢冕，1932年1月6日生，福建省福州市人。现为北京大学教授、博士研究生导师、北京大学中国语言文学研究所所长。1979年加入中国作家协会。《读书人是幸福人》是谢冕教授有关读书的一篇随笔，最初发表在1995年7月19日的北京《中华读书报》上，后来收入《永远的校园》一书，由北京大学出版社出版。

列夫·托尔斯泰（1828—1920）19世纪后半期俄国伟大的批判现实主义作家，代表作品有《战争与和平》《安娜·卡列尼娜》《复活》。

歌德（1749—1832）德国伟大的诗人和思想家，代表作有《少年维特之烦恼》《浮士德》。拜伦（1788—1824）英国积极浪漫主义诗人，代表作有讽刺诗体小说《唐·璜》。

雨果（1802—1885）法国作家，欧洲浪漫主义文学流派的主要代表，著名的作品有《巴黎圣母院》《悲惨世界》。

课文解析

本文是一篇有关读书的议论文，作者一开篇就亮出了自己的观点"读书人是幸福人"，并直接阐明了原因。然后从三个方面来证明：人们通过阅读，能进入不同时空的诸多他人的世界；读书加惠于人们的不仅是知识的增广，而且还在于精神的感化与陶冶；一个人一旦与书本结缘，极大的可能是注定了做一个与崇高追求和高尚情趣相联系的人。第一个分论点是从物质方面论述了读书对人的影响，而第二、三个分论点是从精神方面论

· 118 ·

述读书对人的重要作用，层层深入，充分有力。通过论述"读书人是幸福人"这一观点，让人们知晓读书求知很重要，要养成勤于阅读的良好习惯。

知识积累

1. 给下列加点字注音。

上溯（　　）　　嗜好（　　）　　卑鄙（　　）

睿智（　　）　　大抵（　　）　　陶冶（　　）

2. 解释下列词语。

睿智：

往哲先贤：

知识检测

一、选择题

1. 下列词语中加点字的注音全都正确的一项是（　　）

A. 陶冶（yě）　　场院（chǎng）　　奸诈（zhà）　　禅让（shàn）

B. 包庇（pì）　　避恶（è）　　浩瀚（hàn）　　乘机（chéng）

C. 颤抖（chàn）　　湖泊（bō）　　出差（chāi）　　薄弱（bó）

D. 便宜（pián）　　翘首（qiáo）　　畸形（jī）　　机械（xiè）

2. 下列词语书写全对的一项是（　　）

A. 浩翰　上溯　　　　　　B. 加惠　睿智

C. 高雅　补尝　　　　　　D. 陶治　书藉

3. 下列加点字意义相同的一项是（　　）

A. 贤哲　贤弟　　　　　　B. 诸多　付诸

C. 嬉闹　嬉戏　　　　　　D. 博爱　博士

4. 下列各项中，属于运用比喻修辞手法的一句是（　　）

A. 我常常以为自己还是妙龄青年，还像那时一样戴着墨色眼镜观察世界。

B. 各种想法在脑子里像火花似的一个个爆发，然后又熄灭了。

C. 登高远望，泰山的松树像是和狂风乌云争夺天日，又像是和清风白云游戏。

D. 我时常告诫自己，不要像小时候那样，一味贪玩，好动。

5. 依次填入下列各句横线处的词语，最恰当的一组是（　　）

①小王设计的方案终于获得通过，他难以_____自己喜悦的心情，忽然站起来大呼："成功啦！"

②然而，我_____从来没有问过父亲的生日在哪一天，_____没有为他庆祝过一次生日。

  A. 抑制　竟/更　　　　　　　　B. 抑制　却/也

  C. 克制　却/也　　　　　　　　D. 克制　竟/更

6. 下列句子标点符号使用正确的一项是（　　）

A. 现实世界是人人都有的。而后一个世界却为读书人所独有。

B. 你喜欢读《论语》？还是喜欢《史记》？

C. 我相信，这大概已是一个规律：大凡在思想里反复出现过的故事，十之八九离日后落在纸上形成文字已经不远了。

D. 雨果说："各种蠢事，在每天阅读好书的影响下，仿佛被烤在火上一样渐渐熔化"，这就是读书使人避恶。

7. 下列文学常识表述不当的一项是（　　）

A. 谢冕，北京大学中文系教授，文学评论家。

B.《论语》是春秋时孔子的作品。

C.《史记》是我国第一部纪传体通史，是司马迁所著。

D. 雨果是法国著名作家，代表作有《巴黎圣母院》。

8. 下列各句中加点成语使用不正确的一项是（　　）

A. 私立学校虽然缺乏教学管理经验，但可以向公办学校学习，可在亦步亦趋的基础上渐渐走出自己的路来。

B. 新中国的航天事业是白手起家，经过几代人的艰苦努力，现在已经取得了令人瞩目的辉煌成绩。

C. 蔡振华指出，王楠现在的状态确实有退步，最突出的表现是在赛场上少了以往那种舍我其谁的霸气。

D. 导演对正在筹拍的这部电视剧主要角色的人选讳莫如深，记者们打探不到任何信息，大失所望。

9. 下列各句中，没有语病的一句是（　　）

A. 目前，绿皮火车尽管速度不快，设施陈旧，但安全方便，票价低廉，依然受到很多偏远地区外出的农民工和群众欢迎。

B. 平昌冬奥会"北京8分钟"表演中，机器人与演员之间进行的频繁穿梭互动，要求机器人能迅速做出正确的动作回应，从而在最短的时间做出判断。

C. 基茨比厄尔这个拗口的名字，在中国的知名度并不高，在欧洲却是如雷贯耳的地方，因为这里是公认的世界第一滑雪场。

D. 写作《刺杀骑士团长》期间，村上春树在安徒生文学奖颁奖仪式上发表演说，主张人和国家都要学会与黑暗的过去共存，而不能篡改历史。

10. 下列各句中，表达得体的一项是（　　）

A. 真是事出意外！舍弟太过顽皮，碰碎了您家这么贵重的花瓶，敬请原谅，我们一定照价赔偿。

B. 他的书法龙飞凤舞，引来了一片赞叹，但落款却出了差错，一时又无法弥补，只好连声道歉："献丑，献丑！"

C. 他是我最信任的朋友，头脑灵活，处事周到，每次我遇到难题写信垂询，都能得到很有启发的回复。

D. 我妻子和郭教授的内人是多年的闺蜜，他俩经常一起逛街、一起旅游，话多得似乎永远也说不完。

二、填空题

1. 《读书人是幸福人》的作者是_____，本文属于_____文（体裁）。
2. 本文的中心论点是_____，采用了_____的论证方式，论证结构是_____。

三、课内阅读

更为重要的是，读书加惠于人们的不仅是知识的增广，而且还在于精神的感化与陶冶。人们从读书学做人，从那些往哲先贤以及当代才俊的著述中学得他们的人格。人们从《论语》中学得智慧的思考，从《史记》中学得严肃的历史精神，从《正气歌》学得人格的刚烈，从马克思学得入世的激情，从鲁迅学得批判精神，从列夫·托尔斯泰学得道德的执著；歌德的诗句刻写着睿智的人生，拜伦的诗句呼唤着奋斗的热情。一个读书人，是一个有机会拥有超乎个人生命体验的幸运人。

1. 本段的中心句是什么？

2. 本段采用了什么论证方法来阐明分论点？作者具体讲了哪些事实？

3. 请根据上下文，在"歌德的诗句刻写着睿智的人生，拜伦的诗句呼唤着奋斗的热情。"后续写一句话，使论据更充实。

4. 本段采用了哪些表达方式？试分析说明。

5. 从画线句子中任选一句，结合自己的读书心得进行仿写。

6. 对选文分析不正确的一项是（   ）
A. 作者认为人们通过读书，比"知识"更进一层的是"精神的感化与陶冶"。
B. "从《史记》中学得严肃的历史精神，从《正气歌》学得人格的刚烈……"用排比的修辞，强调人们只有从读书中才能学会做人。
C. 选文用了一连串事实论据来论证，古今中外，一一援引，言简意赅。
D. "一个读书人，是一个有机会拥有超乎个人生命体验的幸运人"是对本段的总结。

四、拓展阅读

《朗读者》的成功是人文精神的回归

江德斌

（1）文化类节目在近期制造了个小高潮。《中国诗词大会》之后，董卿以制作人、主持人双重身份推出的文化类节目《朗读者》在央视一套黄金档开播。嘉宾们念诗，读散文和家书，分享曾经打动过、甚至改变过自己生命轨迹的文字。首期节目以"遇见"为主题，有知名演员濮存昕、企业家柳传志、世界小姐张梓琳、96岁高龄的翻译家许渊冲，也有从四川成都鲜花山谷里走来的普通夫妇等。

（2）一段文、一首诗歌、一封信、一个故事……《朗读者》并没有复杂的情节，也没有故意设置的煽情，只是由朗读者简单地回顾人生片段，以及打动或改变自己命运的文字，并给观众当众朗读一遍。《朗读者》的首播收视率和口碑双丰收，可谓获得了巨大成功，乃是继《中国诗词大会》之后，又一个具有社会影响力的现象级文化类节目。

（3）《朗读者》给观众带来的并非视觉冲击、戏剧化情节，而是在平静的阅读氛围里，将这些感人的文字，传递给荧屏内外的广大观众，为大家在浮躁的繁华世俗里，搭建起一座沉淀心灵的人文殿堂。朗读是很多人在学生时代都经历过的，但大多会忘却，有些人则会爱上朗读，并保持这种习惯，在生活里、工作之余，朗读自己喜爱的文字。

（4）总体而言，朗读是一个小众化的领域，与歌舞、真人秀、小品等娱乐节目相比，《朗读者》乃是一股清流，显得平淡恬静，似乎很难吸引到观众。然而，《朗读者》节目唤起了大众对朗读的回忆，带领大家沉浸在文字的意境里，享受人文艺术之美。在荧屏到处都是喧闹的娱乐节目之际，观众逐渐产生观赏疲劳，希望看到不同的节目类型，这就给《中国诗词大会》《朗读者》等文化节目，创造了空间。

（5）经过多年的社会经济发展，我们在物质财富方面，已经越来越充裕，但在精神方面，却仍然寥落荒芜。社会文化整体呈现出低俗化、碎片化、快餐化等状态，很多人感觉精神过于紧张，心理压力太大，社会太浮躁，希望节奏能够慢一点，大家都能心平气和一些。而这恰恰需要文化方面的熏陶，也是《中国诗词大会》《朗读者》的意义所在。

（6）事实上，很多电视台也都有读书节目，只是偏重于介绍图书和作者、时代背景等，传递内容局限于知识，并没有延伸到情怀方面，也就容易走高冷化，受众面相对狭小。而《朗读者》比较贴地气，将朗读者的个人经历与文字连接在一起，更容易触动观众的同理心，抵达每个人内心深处的情感。

（7）诸如《中国诗词大会》《朗读者》等文化节目的兴起，并受到广泛好评，不仅是人文的复苏，也反映出时代潮流的嬗变。在经历多年的娱乐节目轰炸后，观众也开始分化，部分人希望在忙碌烦琐的生活里，得到更多的人文关怀，回归人文精神。《朗读者》做到了这一点，让观众感受到心灵的宁静、优美文字对精神的陶冶，从而喜欢上朗读，重新拾起书本，轻声朗读起来。

（选自2017年2月21日《中国青年网》，有改动）

1. 本文的中心论点是什么？

2. 第（6）段主要运用了什么论证方法？有什么作用？

3. 第（7）段中加点字"这"指什么？

4. 下列对文章内容的理解，不符合作者观念的一项是（　　　）
A.《朗读者》的成功，说明不依靠视觉冲击力一样可以办好文化类节目。
B.《朗读者》唤起大众对朗读的记忆，给浮躁的世界带来一股清流。
C. 随着社会经济的发展，人们物质财富的充裕必将导致精神世界的空虚。
D. 文中的"人文精神"包含人们对文化艺术之美的追求和心灵宁静的渴望。

十五　拿来主义

学习目标

1. 理清文章思路，正确理解本文的主旨，准确把握本文的中心论点。
2. 抓住关键词句，品味幽默犀利的语言风格，正确理解运用反证、具有讽刺意味的语句。
3. 正确理解文章中各个比喻的含义。学习本文综合运用类比、对比、举例、比喻等进行论证的方法。
4. 树立正确对待外国文化、中国传统文化的态度，掌握正确对待外国文化的方法。

文学常识

鲁迅（1881—1936），原名周树人，浙江绍兴人，是我国现代伟大的文学家、思想家、革命家。他一生有大量的创作，对我国现代文学的发展有巨大的影响。1918年5月，首次以"鲁迅"为笔名，发表中国现代文学史上第一篇白话小说《狂人日记》，奠定了新文学的基石。1921年12月发表的中篇小说《阿Q正传》，是中国现代文学史上的不朽杰作。其后又创作了短篇小说集《呐喊》《彷徨》《故事新编》；散文集《朝花夕拾》；散文诗集《野草》；杂文集《而已集》《二心集》《华盖集》《南腔北调集》《且介亭杂文》等十六部。

《拿来主义》最初发表于1934年6月7日《中华日报》副刊《动向》，署名霍冲，后由作者编入《且介亭杂文》。

杂文是散文的一种，是随感式的杂体文章。一般采用议论的表达方式。它短小、活泼、锋利、隽永，内容广泛，形式多样，凡是有关社会生活、事件动态、日常工作和学习的杂感、杂谈、杂论、随笔、短评、札记（包括一部分读后感），都可以归入杂文一类。

课文解析

本文旨在论述如何正确对待外国文化的问题，对于为什么要"拿来"，怎样"拿来"，

124

都做了明确而深刻的阐述。文章先从"闭关主义"谈起，而后引出"送去主义"，作者在对"送去主义"的实质及其危害深刻揭露之后，顺理成章地提出了"拿来主义"。文章先破后立，借助举例、对比、类比、比喻等论证方法，形象生动地告诉我们正确对待外国文化所应采取的原则、态度、方法以及应具备的个人素质，有力地阐述了"没有拿来的，人不能自成为新人，文艺不能自成为新文艺"的观点。

知识积累

1. 给下列加点字注音。

残羹冷炙（　　） 徘徊（　　） 蹩进（　　）

孱头（　　） 冠冕（　　） 脑髓（　　）

2. 解释下列词语。

国粹：

礼尚往来：

知识检测

一、选择题

1. 下列词语中加点的字，每对读音都相同的一项是（　　）

A. 棺材/冠心病　　给予/脊背　　勾结/篝火　　脑髓/隋朝

B. 邋遢/阿剌伯　　国粹/淬火　　譬如/媲美　　自诩/栩栩如生

C. 镂空/露马脚　　鹿茸/作揖　　蠕动/濡染　　潜伏/潸然泪下

D. 褒义/电饭煲　　机械/告诫　　案牍/渎职　　昏蛋/肆无忌惮

2. 下列词语没有错别字的一项是（　　）

A. 仪节　壁如　　　　　　　　　B. 奖赏　残羹冷灸

C. 恐怖　自诩　　　　　　　　　D. 摩登　礼上往来

3. 依次填入下列横线处的词语，恰当的一项是（　　）

①除了低迷的战线影响士气，大环境欠佳也让球员对未来感到____。

②绿豆中的这些蛋白质能够与汞、铅等重金属____结合成物，以排出体外。

③随着运输条件的改善，外地客商纷至沓来，使这片原本____的土地逐渐热闹起来。

A. 彷徨　沉淀　寂寥　　　　　　B. 徘徊　积淀　寂寥

C. 彷徨　积淀　寂寞　　　　　　D. 徘徊　沉淀　寂寞

· 125 ·

4. 下列句子没有运用反语的一项是（ ）

A.还有几位"大师"们捧着几张古画和新画,在欧洲各国一路的挂过去,叫作"发扬国光"。

B.活人替代了古董,我敢说,也可以算得显出一点进步了。

C.尼采就自诩过他是太阳,光热无穷,只是给与,不想取得。

D.只有烟枪和烟灯,虽然形式和印度、波斯、阿剌伯的烟具都不同,确可以算是一种国粹。

5. 下列句子顺序排列正确的一项是（ ）

①总之,我们要拿来。

②那么,主人是新主人,宅子也就会成为新宅子。

③我们要或使用,或存放,或毁灭。

④没有拿来的,人不能自成为新人,没有拿来的,文艺不能自成为新文艺。

⑤然而首先要这人沉着,勇猛,有辨别,不自私。

A.①③②⑤④　　　　　　　B.①②④⑤③

C.①②⑤③④　　　　　　　D.①③⑤②④

6. 下列句子标点符号使用正确的一项是（ ）

A.但我们没有人根据礼尚往来的仪节,说道:"拿来"!

B.还有几位"大师"们捧着几张古画和新画,在欧洲一路的挂过去,叫作"发扬国光。"

C.那么,怎么办呢？我想,首先是不管三七二十一,"拿来"!

D.当然,能够只是送出去,也不算坏事情,一者见得丰富;二者见得大度。

7. 下列文学常识表述不正确的一项是（ ）

A.鲁迅,原名周树人,字豫才,浙江绍兴人,中国现代著名的文学家、思想家和革命家。

B.《狂人日记》是鲁迅创作的中国现代文学史上第一篇白话小说。

C.《阿Q正传》是鲁迅创作的著名的长篇小说。

D.茅盾,原名沈德鸿,字雁冰。创作了"农村三部曲":《春蚕》《秋收》《残冬》。

8. 下列各句中加点成语使用不正确的一项是（ ）

A.妈,您怎么啦？不要这样疑神疑鬼的。

B.发展学生的智力,还必须同培养学生的非智力因素结合起来,因为两者是息息相关、紧密相连的。

C.小李在学习上很有一股钻劲,不管遇到什么疑难问题都要归根结底,弄个明白。

D.要不然,则当佳节大典之际,他们拿不出东西来,只好磕头贺喜,讨一点残羹冷炙做奖赏。

9. 下列各句中,没有语病的一句是（ ）

A."南甜北咸"虽然是个笼统的说法,但在一定程度上反映了我国饮食文化地区差异的明显特征，也反映了人们的口味与地理环境存在着一定的联系。

B. 全民阅读的推动者与其强迫读者从手机刷屏转到纸质阅读，倒不如在碎片化的时间里帮助读者提高阅读的质量，为他们搭建优质的手机阅读平台。

C.《国家宝藏》这样的文物类节目的兴起，很好地满足了人们通过生动有趣的形式来学习文物知识、了解传统文化的内在需求，因而受到人们追捧。

D. 大家观看了《厉害了，我的国》，电影里中国桥、中国路等超级工程的震撼影像，彰显了祖国的强大实力，也感受到国人无私奉献的高尚情操。

10. 下列各句中，表达得体的一句是（　　）

A. 我刚在姑姑家坐下来，她就有事失陪了，我只好无聊地翻阅闲书，看看电视。

B. 这么珍贵的书您都毫不犹豫地借给我，太感谢了，我会尽快璧还，请您放心。

C. 这种壁纸是最近才研制出来的，环保又美观，贴在您家里会让寒舍增色不少。

D. 我们夫妇好不容易才得了这个千金，的确放任了些，以后一定对她严格要求。

二、填空题

1.《拿来主义》选自_____，本文针对_____问题展开论述。

2. 本文的中心论点是_____，提出中心论点的方式是_____。

三、课内阅读

中国一向是所谓"闭关主义"，自己不去，别人也不许来。自从给枪炮打破了大门之后，又碰了一串钉子，到现在，成了什么都是"送去主义"了。别的且不说罢，单是学艺上的东西，近来就先送一批古董到巴黎去展览，但终"不知后事如何"；还有几位"大师"们捧着几张古画和新画，在欧洲各国一路的挂过去，叫作"发扬国光"。听说不远还要送梅兰芳博士到苏联去，以催进"象征主义"，此后是顺便到欧洲传道。我在这里不想讨论梅博士演艺和象征主义的关系，<u>总之，活人替代了古董，我敢说，也可以算得显出一点进步了。</u>

但我们没有人根据了"礼尚往来"的仪节，说道：拿来！

当然，能够只是送出去，也不算坏事情，一者见得丰富，二者见得大度。尼采就自诩过他是太阳，光热无穷，只是给与，不想取得。然而尼采究竟不是太阳，他发了疯。中国也不是，虽然有人说，掘起地下的煤来，就足够全世界几百年之用，但是，几百年之后呢？几百年之后，我们当然是化为魂灵，或上天堂，或落了地狱，但我们的子孙是在的，所以还应该给他们留下一点礼品。要不然，则当佳节大典之际，他们拿不出东西来，只好磕头贺喜，讨一点残羹冷炙做奖赏。

这种奖赏，不要误解为"抛来"的东西，这是"抛给"的，说得冠冕些，可以称之为"送来"，我在这里不想举出实例。

我在这里也并不想对于"送去"再说什么，否则太不"摩登"了。我只想鼓吹我们再吝啬一点，"送去"之外，还得"拿来"，是为"拿来主义"。

但我们被"送来"的东西吓怕了。先有英国的鸦片，德国的废枪炮，后有法国的香粉，美国的电影，日本的印着"完全国货"的各种小东西。于是连清醒的青年们，也对于洋货发生了恐怖。其实，这正是因为那是"送来"的，而不是"拿来"的缘故。

所以我们要运用脑髓，放出眼光，自己来拿！

1. 文中画线的"总之，活人替代了古董，我敢说，也可以算得显出一点进步了"一句的含义是什么？

2. 鲁迅先生为什么说"送出去，也不算坏事情"？谈谈你的理解。

3. 作者将"尼采""发了疯"和"中国也不是"放在一起批判"送去主义"，"尼采"和"中国"之间是怎样的关系？

4. 下列对选文内容的理解分析，不正确的两项是（　　　）

A. 选文第1、2段着重揭露"送去主义"在学艺上的表现及其鼓吹者的媚外行径，目的是引出"拿来主义"。

B. "抛给"与"抛来"有着本质的不同："抛给"是没有目的的，不会有附加条件；而"抛来"是有目的的，定会有附加条件。

C. 文章说："我只想鼓吹我们再吝啬一点，'送去'之外，还得'拿来'，是为'拿来主义'。"可见，"拿来"与"送去"是紧密相连的。

D. "清醒的青年们，也对于洋货发生了恐怖"的原因，正是那些洋货"是'送来'的，而不是'拿来'的"。

E. 节选部分着重揭露"送去"的本质和"送来"的面目，划清"拿来"与"送来"的界限，提出"要运用脑髓，放出眼光，自己来拿"的观点。

四、拓展阅读

母语是教育的起点

周国平

（1）尼采曾经指出：母语是"真正的教育由之开始的最重要、最直接的对象"，良好的训练是"一切后续教育工作"的"自然的、丰产的土壤"；教师应当使学生从少年时代起就严肃地对待母语，"对语言感到敬畏"，最好还"对语言产生高贵的热情"。我完全赞同他的见解。

（2）教育是心智成长的过程，而母语是心智成长最重要的环境之一。<u>母语就好比文化母乳，我们在母语的滋养下学会了思考、表达和交流。</u>虽然后续教育有不同领域和学科之分，但一切教育的基本要求是正确地读、想和写，而这种正确性正是通过良好的母语训练打下基础的。认真对待语言，力求准确地使用每一个词，这不仅是为了避免他人的误解，更是对待心智生活的严肃态度。不能想象，一个对写给别人看的文字极其马虎的人，自己思考时会非常认真。相反，凡是呕心沥血于精神劳动的人，因为珍惜劳动成果，在传达时对文字往往都近乎怀有一种洁癖。

（3）如果说文化是一种教养，那么，母语就是教养的基本功，教养上的缺陷必定会在语言上体现出来。一个语言粗鄙的人，我们会立刻断定他没文化。一个语言华而不实的人，我们也可以立刻断定他伪文化。举止上的高贵风度来自平时最一丝不苟的训练和自我训练，语言上的良好作风也是如此。不用说写公开发表的文章，哪怕是写只给某一个人看的信，只给自己看的日记，都讲究用词和语法的正确，文风的端正，不肯留下一个不修边幅的句子，如此持之以恒，良好的文字习惯就化作本能了，而这便是文字上的教养，因为教养无非是化作本能的良好习惯罢了。

（4）一百多年前，尼采埋怨德国青少年不是向德语经典作家，而是从媒体那里学习母语，使得他们"尚未成型的心灵被印上了新闻审美趣味的野蛮标记"。如果尼采生活在今天这个网络时代，真不知他会作何感想。我本人认为，网络语文的繁荣极大地拓宽了写作普及的范围和发表自由的空间，诚然是好事，但也因此更应该警惕尼采所说的"新闻审美趣味"的蔓延。网络语文往往是急就章，因此可能导致两个后果：一是内容上的浅薄，缺乏酝酿和积累，成为即兴发泄和时尚狂欢的娱乐场；二是语言上的粗率，容易滋生马虎对待母语的习气，成为错别字和语病的重灾区。

（5）所以，我提倡，各民族都拥有优秀母语写作的传统，这个传统存在于本民族的经典作品之中，它们理应成为母语学习的范本，而不该是网络语文。

（摘自《中国教育报》）

1. 选文的中心论点是什么？

2. 第（2）段画线句子运用了什么论证方法？有何作用？

3. 书写，是母语教育的基础；键盘打字，是时代进步的必然。结合文本，联系自身实际，谈谈你对汉字书写及键盘打字的看法。

4. 下列对文本信息理解不正确的一项是（　　）

A. 文章第（2）（3）段从母语环境的重要性及母语是教养的基本功两个方面，正面论述了中心论点。
B. 作者坚决否定了网络语文学习母语的做法，并指出了网络语文的缺点及危害。
C. 作者善于引用，巧妙分析，使文章富有文化底蕴。
D. 作者号召我们要拥有优秀母语写作的传统，母语学习的范本应该是民族的经典作品。

十六　文艺随笔二篇

 学习目标

1. 理清文章论证层次，深入分析观点与材料的关系，准确把握文章主旨。
2. 了解驳论文的特点，会写一般的小驳论文。
3. 将"咬文嚼字""不求甚解"的态度应用到写作、阅读实践中，运用到将来的学习、工作中。

 文学常识

朱光潜（1897—1986），我国著名美学家、文艺理论家、教育家、翻译家。主要著作有《悲剧心理学》《文艺心理学》《西方美学史》《谈美》等。此外，他的《谈文学》《谈美书简》等理论读物，深入浅出，内容切实，文笔流畅，对提高青年的写作能力与艺术鉴赏能力颇有启迪，有《朱光潜全集》。

马南邨（1912—1966），原名邓拓，福建闽侯人，是我国当代著名的思想理论家和散文家，也是杰出的新闻工作者、政论家、历史学家、诗人和杂文家。《燕山夜话》是其杂文代表作。

 课文解析

《咬文嚼字》中作者赋予"咬文嚼字"褒扬义，鼓励人们去咬文嚼字，提出"无论阅读或写作，都必须有一字不肯放松的谨严"的观点。因为文字与思想感情有关，与情境有关，与意境有关，与联想有关，与创新有关，要参透文章，写出好文章，必须学会咬文嚼字。真正的意义上的"咬文嚼字"应先从思想感情入手，以表达最恰当的思想感情为最终目标，再进一步斟酌文字，而不能一味地追求形式，搞表面文章，即要由此及彼，由表及里，挖掘思想感情的内涵。

《不求甚解》中作者也赋予"不求甚解"褒扬义。一是虚心；二是不固执一点，不咬文嚼字，而要前后贯通，了解大意。提出"读书要把握住精神实质，不要死抠字眼，求其表面"的观点。

知识积累

1. 给下列加点字注音。

剥啄（　　）　　滥加（　　）　　停滞（　　）

岑寂（　　）　　斟酌（　　）　　憎恶（　　）

2. 解释下列词语。

观其大略：

锱铢必较：

知识检测

一、选择题

1. 下列词语中加点字的注音全都正确的一项是（　　）

A. 抠门（kōu）　　游说（shuì）　　莅临（wèi）　　栉比鳞次（zhì）

B. 搅扰（jiǎo）　　提防（dī）　　优劣（liè）　　咬文嚼字（jiáo）

C. 鲁莽（mǎng）　惆怅（chóu）　援例（yuán）　强词夺理（qiáng）

D. 豁然（huò）　　骨气（gú）　　阐明（chàn）　遣词造句（qiǎn）

2. 下列词语书写全对的一项是（　　）

A. 要决　粗暴　　　　　　　B. 狂忘　贯通

C. 胸襟　含糊　　　　　　　D. 凝练　崭截

3. 下列加点字意义相同的一项是（　　）

A. 深恶痛绝　厌恶　　　　　B. 寡廉鲜耻　鲜艳

C. 开卷有益　卷缩　　　　　D. 索然无味　索偿

4. 对下面四个句子修辞手法判断全都正确的一项是（　　）

①他在《五柳先生传》这篇短文中写道："好读书，不求甚解；每有会意，便欣然忘食。"

②勤奋是打开成功之门的金钥匙。知识是提高效率的保障。

③荷叶下面，有一个人的脸，下半截身子长在水里。

④君不见黄河之水天上来，奔流到海不复回。

A. 引用　拟人　比喻　夸张　　　B. 引用　比喻　比拟　夸张

C. 引用　比喻　比喻　比喻　　　D. 借喻　拟人　比拟　夸张

5. 依次填入下列各句横线处的词语，最恰当的一组是（   ）

①如果耐心＿＿＿＿与这问题有关的各种材料，加以整理研究，也许可以得到一切结果。

②苏轼也擅长书法，他取法颜真卿，但能＿＿＿＿，与蔡襄、黄庭坚、米芾并称"宋书四大家"。

③从表面上看，改得似乎＿＿＿＿些，实际上却远不如原文。

A. 搜集　匠心独运　简洁　　　　B. 搜索　独树一帜　简捷

C. 搜集　独树一帜　简洁　　　　D. 搜索　匠心独运　简捷

6. 下列句子标点符号使用正确的一项是（   ）

A. 杨雄醉骂潘巧云说："你这贱人！你这淫妇！你这你这大虫口里倒涎！你这你这……"一口气就骂了六个"你这"。

B. 宋代理学家陆象山的语录中说："读书且平平读，未晓处且放过，不必太滞"。

C. 对于这一点，陶渊明尤其有独到的见解，所以，他每每遇到真正会意的时候，就高兴得连饭都忘记吃了。

D. 郭沫若先生的剧本"屈原"里婵娟骂宋玉说："你是没有骨气的文人！"

7. 下列文学常识表述不当的一项是（   ）

A.《咬文嚼字》选自朱光潜的《燕山夜话》。

B. 马南邨，原名邓子健，又名邓云特，当代著名的思想理论家和散文家。

C. 陶渊明是东晋著名诗人，也是中国第一位田园诗人。

D. 诸葛亮，字孔明，号卧龙，三国时期蜀国丞相，杰出的政治家、军事家、外交家、文学家、书法家和发明家。

8. 下面句子中加点的成语运用不正确的一项是（   ）

A. 如果想真正做到开卷有益，切忌断章取义，而要通读全文，联系语境，把握主旨。

B. 我们不断成长，情感更加丰富，内心有一种"报得三春晖"的情愫也在潜滋暗长。

C. 晚宴结束后，与会代表们趁着月色兴致勃勃观赏了扬州古运河美景。

D.《我是歌手》栏目让那些默默无闻的旋律再次回荡在耳边，将我们带回曾经的岁月。

9. 下列各句中，没有语病的一句是（   ）

A. 多家共享单车公司面临困境，已有单车公司退出了市场，部分仍在运营的公司也面临着人员离职、资金短缺、生存困难等诸多问题。

B. 黑芝麻含有丰富的不饱和脂肪酸、维生素 E 和珍贵的芝麻素以及黑色素，具有补肝肾，滋五脏，益精血，润肠燥，被视为滋补圣品。

C. 文明是一种修养，这种修养是从日常生活的细节中一点一滴积累起来的，有时生活习惯中的细节才是一个人是否文明的最真实表现。

D. 本着方便市民为原则，至 2020 年，成都市新建城区的中小学、幼儿园规划实施率将提高至80%，计划建设中小学、幼儿园501所。

10. 下列交际语言最为得体的一项是（　　）

A. 一位同学在讨论会上说："像孙老师这样快要退休的老师仍在为培养我们而略尽绵薄之力，我们深感荣光。"

B. 一位同学在班上的学习方法交流会上说："我殷切期望方法不当的同学调整心态，改进方法，取得佳绩。"

C. 某报社的记着写给一位校长的便条："您来约我莅临贵校采访，我乐意。"

D. 某经理在部门工作分析会上做最后总结说："这只是我的浅知拙见，如有不当，敬请批评指正。"

二、填空题

1. 《不求甚解》的作者是＿＿＿＿，本文选自＿＿＿＿。

2. 《咬文嚼字》的作者是＿＿＿＿，他是著名的＿＿＿＿家和＿＿＿＿家。本文选自＿＿＿＿。

三、课内阅读

（1）一般人常常以为，对任何问题不求甚解都是不好的。其实也不尽然。我们虽然不必提倡不求甚解的态度，但是，盲目地反对不求甚解的态度同样没有充分的理由。

（2）不求甚解这句话最早是陶渊明说的。他在《五柳先生传》这篇短文中写道："好读书，不求甚解；每有会意，便欣然忘食。"人们往往只抓住他说的前一句话，而丢了他说的后一句话，因此，就对陶渊明的读书态度很不满意，这是何苦来呢？他说的前后两句话紧紧相连，交互阐明，意思非常清楚。这是古人读书的正确态度，我们应该虚心学习，完全不应该对他滥加粗暴的不讲道理的非议。

（3）应该承认，好读书这个习惯的养成是很重要的。如果根本不读书或者不喜欢读书，那么，无论说什么求甚解或不求甚解就都毫无意义了。因为不读书就不了解什么知识，不喜欢读也就不能用心去了解书中的道理。一定要好读书，这才有起码的发言权。真正把书读进去了，越读越有兴趣，自然就会慢慢了解书中的道理。一下子想完全读懂所有的书，特别是完全读懂重要的经典著作，那除了狂忘自大的人以外，谁也不敢这样自信。而读书的要诀，全在于会意。对于这一点，陶渊明尤其有独到的见解。所以，他每每遇到真正会意的时候，就高兴得连饭都忘记吃了。

（4）这样说来，陶渊明主张读书要会意，而真正的会意又很不容易，所以只好说不求甚解了。可见这不求甚解四字的含义，有两层：一是表示虚心，目的在于劝诫学者不要骄傲自负，以为什么书一读就懂，实际上不一定真正体会到了书中的真意，还是老老实实承认自己只是不求甚解为好。二是说明读书的方法，不要固执一点，咬文嚼字，而要前后贯通，了解大意。这两层意思都很重要，值得我们好好体会。

……

（5）在这一方面，古人的确有许多成功的经验。诸葛亮就是这样读书的。据王粲的《英雄记钞》说，诸葛亮与徐庶、石广元、孟公威等人一道游学读书，"三人务于精熟，而亮独观其大略"。看来诸葛亮比徐庶等人确实要高明得多，因为观其大略的人，往往知识更广泛，了解问题更全面。

（6）当然，这也不是说，读书可以马马虎虎，很不认真。绝对不应该这样。观其大略同样需要认真读书，只是不死抠一字一句，不因小失大，不为某一局部而放弃了整体。而对那些经典的书必须常常反复阅读，每读一次都会觉得开卷有益。

1. 请简要分析第（3）段的论述思路。

2. 阅读第（4）段，概括"不求甚解"的两层含义。

3. 第（5）段中运用了什么论证方法？有何作用？

4. 你是否赞同作者"不求甚解"的读书观？为什么？

5. 下面对选文的分析不正确的一项是（　　）
A. 第一段，开宗明义，作者树立了要批驳的靶子："对任何问题不求甚解都是不好的。"
B. 第二段，从"不求甚解"的出处入手，说明人们曲解了"不求甚解"的意思。
C. 文章运用了引用论证、举例论证、对比论证和比喻论证的方法，分析具体，论证细腻。
D. 最后一段强调重要的书要反复阅读，因为书籍不是一下子就能读懂的。

四、拓展阅读

劳作的乐趣
〔美〕霍桑

满山豆苗，穿土而出。或者一排早春的豌豆，新绿初妆，远远望去，刚好是一条淡淡的绿线——天下没有比这更迷人的景致了。稍后几个星期，豆花怒放，蜂雀飞来采蜜,——天使般的小鸟,竟飞到我的玉液杯、琼浆盏里来吸取它们的饮食,我看了心里总是十分快乐。夏季黄瓜的黄花总吸引无数的蜜蜂,它们探身入内,乐而忘返,也使我非常高兴,虽然它们的蜂房在何处我并不知道,它们采得花露所酿成的蜜我也吃不到。我的菜园只是施舍,不求报偿,我看见蜜蜂一群一群地吸饱了花露随风飞去了,我很乐于布施,因为天下一定有人能吃到它们的蜜。人生的辛酸多矣,天下能多一点蜜糖,总是好事。我的生活也似乎因此甜蜜一点了。

讲起夏季南瓜,它们各种不同的美丽形体,实在值得一谈,它们长得如瓮如瓶,有深有浅,皮有一色无花的,也有起纹如瓦楞的,形体变化无穷,人的双手从来没有塑造过这样的东西,雕刻家到南瓜田去看一看,一定可以学到不少知识。我菜园里的100个南瓜,至少在我眼里看来,都值得用大理石如式雕刻,永久保存。假如上帝多给我些钱(不过我知道这是不可能的),我一定要定做一套碗碟,材料用金子,或者用顶细洁的瓷土,形状就模仿我亲手种植出来的藤上的南瓜。这种碗碟拿来装蔬菜,更有相得益彰之妙。

我在菜园里辛勤工作,不仅有成熟后收获之乐,也满足了我的爱美之心。冬季南瓜虽然长了一根弯脖子,没有夏季南瓜好看,可是看它们从小而大的生长,自有一种快慰之感:瓜初结时,仅是小团,花的残瓣还依附在外,曾几何时,成了圆圆的大个儿,头部还钻在叶子里不让人见,可是黄黄的大肚子挺了起来,迎接中午时分的太阳。我凝神注视,心里觉得,凭着我的力量居然做了件很有意义的工作:世界上因此增添了新的生命。别看南瓜那么蠢然无知,它们真有它们的生命,你的手可以摸得出来,你的心可以体会得到,你看见了心里就会觉得高兴,可是最大的乐趣还是在最后:一盘一盘的蔬菜,热气腾腾地摆在桌上,我们就像希腊神话中的萨腾大神一样,把自己的孩子吃下肚中去了。

1. 文中所提到的劳作的乐趣具体有哪些?

2. 文中提到,要用金子做材料来制作一套南瓜形状的碗碟,这表达了作者怎样的情感?

3. 文中写到"我很乐于布施,因为天下一定有人能吃到它们的蜜",这句话的含义是什么?

4. 下列句子中，使用了拟人修辞手法的是（　　）

A. 天使般的小鸟，竟飞到我的玉液杯、琼浆盏里来吸取它们的饮食。
B. 夏季黄瓜的黄花总吸引无数的蜜蜂，它们探身入内，乐而忘返。
C. 一排早春的豌豆，新绿初妆，远远望去，刚好是一条淡淡的绿线。
D. 我看见蜜蜂一群一群地吸饱了花露随风飞去了。

第四单元检测题

一、选择题

1. 下列词语中，加点的字读音完全正确的一组是（　　）
   A. 自诩（xǔ）　　冠冕（miǎn）　　孱头（chàn）　　国粹（cuì）
   B. 锱铢（zhū）　　没镞（zú）　　岑寂（céng）　　死抠（kōu）
   C. 睿智（ruì）　　大抵（dǐ）　　执著（zhuó）　　卑鄙（bì）
   D. 幌子（zi）　　头衔（xián）　　警惕（tì）　　借鉴（jiàn）

2. 下列书写有两个错别字的一项是（　　）
   A. 魔登　　卑鄙　　惭羹冷炙　　B. 搏然大怒　　咬文嚼字　　不求甚解
   C. 劝诫　　炫耀　　豁然惯通　　D. 好高鹜远　　坚持不懈　　勤能补拙

3. 在下面句子中横线处填入关联词语，最恰当的是（　　）
   他占有，挑选。看见鱼翅，_____就抛在路上以显其"平民化"，_____有养料，_____和朋友们像萝卜白菜一样吃掉，_____用它来宴大宾；看见鸦片，_____当众摔在毛厕里，以见其彻底革命，_____送到药房里去，以供治病之用，却不弄"出售存膏，售完即止"的玄虚。
   A. 于是　只要　就　只不　却　然后　　B. 并不　只要　也　只不　也不　只
   C. 并不　只要　就　只不　也不　只　　D. 于是　只要　也　只不　却　只

4. 下列各句中，加点的成语使用恰当的一句是（　　）
   A. 那是一张两人的合影，左边是一位英俊的解放军战士，右边是一位文弱的莘莘学子。
   B. 这次选举，本来他是最有希望的，但是由于他近来的所作所为不孚众望，结果落选了。
   C. 齐白石画展在美术馆开幕了，国画研究院的画家竞相观摩，艺术爱好者也趋之若鹜。
   D. 这部精彩的电视剧播出时，几乎万人空巷，人们在家里守着荧屏，街上显得静悄悄的。

5. 下列各句中，标点符号使用正确的一句是（　　）
   A. 一、"你这"式语法大半表示深恶痛绝，在赞美时便不适宜。二、"是"在逻辑上是连接词，相当于等号；"有"的性质全不同。
   B. 说简单，就是三个字：靠自学；说不简单，就是一生中，遭受过许多次"劫难"。

C. 以为虎而射之，没镞；既知其为石，因更复射，终不能入。

D. 杨雄醉骂潘巧云说："你这贱人！你这淫妇！你这你这大虫口里倒涎，你这你这……"一口气就骂了六个"你这"。

6. 下列句子顺序排列正确的一项是（　　）

①于是连清醒的青年们，也对于洋货发生了恐怖。

②但我们被"送来"的东西吓怕了。

③其实，这正是因为那是"送来"的，而不是"拿来"的缘故。

④先有英国的鸦片，德国的废枪炮，后有法国的香粉，美国的电影，日本的印着"完全国货"的各种小东西。

A. ④②①③　　　B. ②④①③　　　C. ②③④①　　　D. ④①②③

7. 下列各句中没有语病的一句是（　　）

A. 每一首民谣，都是时代、地域、创作者们共同造就的产物，都是关于世界的观察、表达和记录，它穿越时光，流传下来，一代又一代。

B. 倘若希望在金色的秋天收获果实，那么在寒意侵入的早春，就该卷起裤腿，去不懈地拓荒、耕耘、播种，直到收获的那一天。

C. 跨省异地就医直接结算并不意味着医保实现了全国漫游，如果医保全国漫游，会在一定程度上导致无序就医，加剧看病难、看病贵。

D. 韩国周边大国林立，又深陷半岛问题的风暴眼，处在朝核问题的最前沿，能否把握好外交是韩国保持繁荣稳定的关键锁钥。

8. 对下列句子使用修辞判断有误的一项是（　　）

A. 老头子狠狠地说："为什么不能？"（反问）

B. 多水的江南是易碎的玻璃，在那儿，打不得这样的腰鼓。（比喻）

C. 布谷鸟开始唱歌，劳动人民懂得它在唱什么："阿公阿婆，割麦插禾。"（拟人）

D. 一会儿翅膀碰着波浪，一会儿箭一般地直冲向乌云，它叫喊着，——就在这鸟儿勇敢的叫喊声里，乌云听出了欢乐。（排比）

9. 下列文学常识表达有误的一项是（　　）

A. 鲁迅——原名周树人，现代作家——《阿Q正传》

B. 谢冕——文艺评论家、诗人、作家——《读书人是幸福人》

C. 邓拓——政论家、历史学家、诗人和杂文家——《燕山夜话》

D. 朱光潜——文艺理论家、美学家——《不求甚解》

10. 下列各句语言运用得体的一项是（　　）

A. 您对令尊的问候，我一定丝毫不差地转达。

B. 我的书橱里有中学语文教师赠送的一套《契诃夫文集》,扉页上写着"林红同学惠存"几个遒劲的大字。

C. 你的来信有几处用词不当的地方，我都一一雅正了。

D. 请放心，不管你遇到什么样的困难，我们都会鼎力相助的。

二、诗文阅读

古风（其三十九）
李 白

登高望四海，天地何漫漫。霜被群物秋，风飘大荒寒。

荣华东流水，万事皆波澜。白日掩徂晖①，浮云无定端。

梧桐巢燕雀，枳棘②栖鸳鸾③。且复归去来，剑歌《行路难》。

[注]：①徂辉：落日余晖。

②枳棘：枝小刺多的灌木。

③鸳鸾：传说中与凤凰同类，非梧桐不止，非练食不食，非醴泉不饮。

1. 下列对本诗的理解，不正确的一项是（　　）

A. 前四句写诗人登高望远，看到天高地阔、霜染万物的清秋景象，奠定了全诗昂扬奋发的基调。

B. 诗中"荣华东流水"与李白《梦游天姥吟留别》中的"古来万事东流水"表达的意思有相似性。

C. 七、八句借助于描写白日将尽、浮云变幻的景象，形象而含蓄地表达了诗人对世事人生的感受。

D. 九、十句的意思是本应栖息于梧桐的鸳鸾竟巢于恶树之中，而燕雀却得以安然地宿在梧桐之上。

2. 结合全诗，结尾句"剑歌《行路难》"所表达的感情不正确的一项是（　　）

A. 对荣华易逝、世事多舛的人生境遇的感慨。

B. 对黑白颠倒、小人得志的社会现实的不满。

C. 对怀才不遇、壮志难酬的自身遭际的激愤。

D. 对世事难料的忧伤，对亲人的无限思念。

三、科技文阅读

（1）为什么我们容易区分上下，但却不容易分辨左右？一位哲人说过，"人，诗意地栖居于大地"，我们头顶蓝天，脚踩大地，这是区分上下的最为直观方便的参照系。但左右就不同了，左和右并无明显的参照系。小时候，大人教我们：拿筷子的是右手，端碗的是左手。两只手的功能的不对称，帮我们分辨了左右。可见，要区分左右之不同，首先得有赖于某种不对称的基准。

（2）人类能够区别左右，奥秘就在于人类的左右大脑是不对称的！动物的大脑是对称的，因而动物不能区分左右。这一设想最初由奥地利物理学家马赫提出。如今已有实验证明马赫的洞见是正确的。我们的右脑与直觉、情感有关，左脑与逻辑、语言有关。一个简单的测试就可以证明这一点。给出这样的问题：所有的猴子都会爬树，豪猪是一种猴子，豪猪会爬树吗？这是一个三段论。大前提正确，但小前提却是错的。对于左侧休克的病人来说，他的右脑仍然起作用，于是他回答：豪猪怎么能爬树呢？它不是猴子，它的刺多得像一只刺猬。但对于右侧休克的病人来说，他的左脑依然起作用，他的回答则全然不同：豪猪是一种猴子，它当然会爬树。这个测试明白无误地告诉我们，右脑与具体情景有关，因而右脑正常的病人能够记得豪猪的模样，它当然不是猴子；而左脑则与逻辑有关，因而左脑正常的病人能够运用演绎逻辑来推理，但他却不知道豪猪长什么样。日常生活中的我们偶尔也会有这样的体验，一时想不起某物或某景的抽象名词，但却能在大脑中生动地再现其具体模样。这就是左右大脑分工的不同。人类正常的思维活动有赖于左右脑的合作，否则这个世界在我们眼中就会变得荒唐不堪。

（3）人类生活在一个近似对称的世界之中，人体就呈明显的两侧对称。但这种对称又不时会被打破。众所周知，体内的器官分布就呈现某种不对称，如心脏偏于左侧。或许因为我们处处遭遇对称，因而科学家对于自然规律的对称性有一种痴迷。然而，更加重要的却是：在所有创造性的活动中，首先必须打破的恰恰是这种原始的对称性。以哲学史上有名的"布里丹的驴子"为例，当它置身于两堆同等距离的干草之间时，将难以在向左走与向右走之间做出抉择。它置身于对称性之中，若不打破这种对称性，它就会被活活饿死。自然，现实中的驴子绝不会饿死，由于某种细微差别的影响，它会以不可预测的行动去打破这种逻辑上的对称。

（4）就此而言，随着不对称性而来的，就是创造和活力。以性别为例，基于雌雄相异的两性生殖，为生命界带来无穷的变异与活力。而人类的两情相悦，更是生活而不是活着的见证。以时间为例，未来和过去的不对称，才让我们的生活始终都充满希望。

1. 本文谈论的核心问题是（　　）

A. 人类大脑的特征　　　　　　B. 对称性

C. 分辨左右的意义　　　　　　D. 不对称性

2. 下列各项中，"豪猪爬树"测试所直接证明的一项是（　　）

A. 人类能够区别左右，奥秘就在于人类的左右大脑是不对称的。

B. 我们人类的右脑与直觉、情感有关，左脑与逻辑、语言有关。

C. 左侧休克的病人和右侧休克的病人的左右大脑分工是不同的。

D. 人类正常的思维活动有赖于左右脑的合作，否则就荒唐不堪。

3. 下列表述符合原文意思的一项是（　　）

A. 文章第一段明确指出：无论是区分上下还是区分左右，都依赖于打破对称性，找到在功能上更直观方便并且不对称的参照系。

B. 动物不能区分左右，因为动物的大脑是对称的。奥地利物理学家马赫提出并通过实验证明了这个结论，马赫的洞见是正确的。

C. 科学家对于自然规律的对称性有一种痴迷，原因或许就在于人类生活在一个近似对称的世界之中，我们处处遭遇对称。

D. 现实中的驴子即使身处两堆同等距离的干草之间也决不会饿死，因为它会凭借其大脑的不对称性，打破逻辑上的对称。

4. 根据原文的信息，下列推断正确的一项是（　　）

A. 左右大脑的不对称是我们区别于动物的特征之一。

B. 人类区别左右的能力不是天生的，而是后天教育的结果。

C. 人类所有的创造和活力，都来源于所处世界的对称性。

D. 我们之所以充满希望，就是因为未来必定比过去美好。

四、填空题

1. 《读书人是幸福人》的作者是_____，本文选自_____。
2. 鲁迅，原名周树人，字_____，现代_____家、_____家、_____家。
3. 议论文的论证方式包括_____和_____两种。
4. 《咬文嚼字》的作者是_____，他是著名的_____家、_____家。
5. 《咬文嚼字》和《不求甚解》都属于_____（题材）。

五、应用文写作

9月3日，八（1）班卫生委员王小红领到医务室发下的医药箱1只，红药水和紫药水各1瓶，创可贴10条，药棉2包。请你代她写一张领条。

六、现代文阅读

今天最好

原 野

（1）我曾经有过许多灰暗的日子，事后庆幸自己终于摆脱了这些灰暗。许多年后，我明白了一个道理：步入灰暗的日子，并非步入灾难。摆脱这些日子，值得庆幸，但我在摆脱了灰暗的时候，也摆脱了日子。

（2）这时我才觉得可惜，然而晚了。

（3）我所说的灰暗日子，是指青少年时期的百无聊赖。在"文革"中，孩子们绝不会拥有今天的丰富多彩。想造反么？我们的年龄不够造反的资格。除了大字报和传单，看不到其他可以阅读的东西。学校早就不上课了，我们不知道何去何从。充裕的光阴，对我来说是一条浩远而无力泅渡的大河。多余的时光是一块块飞掷而来的石块，把人压得透不过气。

（4）后来才懂得，无聊是一种深刻的折磨。无聊不仅仅是没有事做。寺中高僧闭目静思，并不是无聊；河畔白鹤阔步闲行，也不是无聊。无聊如同被扯掉触须到处乱爬的蚂蚁，是断了线被挂在树梢的风筝，是找不到波段嗡嗡乱响的半导体。

（5）许多人度越这样的日子，都会想到难捱。许多人都有这样的企盼，即明媚有趣的生活只存在于未来。所以，我们不惜以抛弃今天的代价，去盼望那一天的到来。存在于未来的美好的一天是什么呢？我们不知道。那是一份没有数额的存折，是一个没有日期的承诺，然而人们还是满怀信心地期盼着。

（6）在生活哲学中，期盼明天和怀念旧日是一块金币的两个面。它们是一回事，只是图案不同。也许青年人更企盼明日，老年人更怀念昨天。人就是这么有意思，有时拿着时间这块金币，却不知翻转过来，把两面的图案都看一看。

（7）我想说的话在于，今天最重要。

（8）今天就是你搬来的一块砖，虽然朴素不足道，却垫起了你明天的一段高度。

（9）今天是一件披在身上的棉袄，虽然不够阔气，却能挡住寒气，使你明天不会感冒。

（10）今天是拧开水龙头冲出的清水，可以濯足，可以洗衣，可以变为香茶一杯。

（11）我现在后悔了，为许许多多的今天而后悔。在灰暗的日子中，灰暗的是人而不是日子。因为在那些日子中，曾有过别人的辉煌。我曾拥有时间，却不知怎样支配时间，今天我想粗读一遍《明史》，我想了解一些植物学的知识，我想把古今皇帝与朝代的年表背下来，但我没有时间。我深悔过去没有在某一个"今天"中完成这件事。

（12）然而我悟出，生活的内容，既不能寄托于未来，也不可埋怨于旧日。我们所有的生活，只发生于"今天"。因而，今天永远是最美好的一天，也是唯一可以信赖的一天。

如果没有今天,我们什么都没有了。今天即使是一个沮丧的日子,譬如阴雨连绵,诸事不遂,也是可庆幸的一天。因为这是你的"今天"。

(13)如果今天是好日子,更可加倍爱惜,原因在于它由过去的无数"今天"积累过来。

(14)今天划下你生命的一道刻痕,所以最好。

1. 本文侧重于说理、抒情,但第(3)自然段却主要是记叙性的,去掉该段好不好?为什么?

2. "一份没有数额的存折"和"一个没有日期的承诺"分别喻指什么?

3. 在第(11)自然段中,作者为什么说"灰暗的是人而不是日子"?对于生活,我们应持的正确态度是什么?

4. 下面对文章的理解和分析,不正确的两项是( )

A. 第(1)自然段中"我在摆脱了灰暗的时候,也摆脱了日子"是指"我"在忙于从青少年时期的无聊中逃出来时,也就使时光悄悄地流走了。

B. 造成"充裕的光阴,对我来说是一条浩远而无力泅渡的大河"的根本原因是"文革"的黑暗。

C. 第(6)自然段旨在说明:期盼明天和怀念旧日不仅仅是表象的不同,其实质也是有区别的。

D. 文章运用了比喻、排比等多种修辞方法,语言精粹,富含哲理,告诉人们:把握好今天,才会有辉煌的明天。

E. 在昨天、今天和明天中,我们该加倍珍惜今天,是因为只有今天是现实的、可把握的。美好的明天也是由今天积累而成的。

七、写作训练

纽带是能够起联系作用的人或事物。人心需要纽带凝聚,力量需要纽带汇集。当今时代,经济全球化的发展、文化的交流、历史的传承、社会的安宁、校园的和谐等都需要纽带。

请以"说纽带"为题,写一篇议论文。

要求:观点明确,论据充分,论证合理。

第五单元

十七　我的母亲

 学习目标

1.通过对文章主要内容和基本情感的总体把握,引导学生掌握整体感知的阅读方法。
2.通过体会文中描述母亲做人做事的文字,把握人物形象。
3.训练学生运用平实朴质的语言表达丰富的思想内涵和真情实感的书面写作和口头表达的能力。
4.体会来自平凡世界的人际温暖,学会感恩。

 文学常识

老舍(1899—1966),原名舒庆春,字舍予,现代著名作家,杰出的语言大师,被誉为"人民艺术家"。满族正红旗人,北京人。主要作品有:长篇小说《骆驼祥子》《老张的哲学》《四世同堂》《二马》,剧本《方珍珠》《龙须沟》《茶馆》,报告文学《无名高地有了名》,中篇小说《月牙儿》,短篇小说集《赶集》及作品集《老舍文集》等。

 课文解析

　　本篇课文通过对母亲朴素的一言一行的叙写,充分体现了母亲对子女的舐犊之情,子女对母亲的感激、怀念和赞颂之情。作者以时间为序精心组织材料,以母亲对"我"的深刻影响为线索贯穿全文,多角度描写母亲的一生,表现母亲的性格特点。文章字字句句都饱含真情,读来非常感人。从全文来看,作者一方面写母亲的勤俭朴实、善良宽厚、为人热情和坚忍刚强,另一方面写母亲对"我"的深刻影响,从而表现母亲平凡而伟大的一生。
　　作者通过人物的语言和行动表现人物丰富的内心世界。例如,"她挣扎着,咬着嘴唇,手扶着门框,看花轿徐徐的走去"这一句中,"挣扎""咬""扶""看"一系列的动作隐含着母亲送女儿出嫁时依依不舍的内心活动。
　　作者的语言浅显通俗,自然流畅,他善于将那些大白话、大实话调动得千变万化,意蕴丰厚而富有韵味,如:"每逢接到家信,我总不敢马上拆看,我怕,怕,怕,怕有那不祥的消息。"这一句连用四个"怕"字，表达内心的恐惧，字里行间流露出对母亲的挚爱深情。

知识积累

1. 给加点字注音。

敷衍（   ）   嬉戏（   ）   甘甜（   ）   摹画（   ）
侮辱（   ）

2. 解释下列词语。

门当户对：

份礼：

知识检测

一、选择题

1. 下列词语中，与加点字的注音完全相同的一组是（   ）

A. 鲜 xiān：鲜红   新鲜   屡见不鲜   鲜为人知

B. 强 qiáng：坚强   牵强   强词夺理   博闻强识

C. 供 gōng：供给   供应   提供   供不应求

D. 当 dāng：当家   当代   门当户对   安步当车

2. 下列词语中，没有错别字的一组是（   ）

A. 清清爽爽 敷衍 款待 惦念 嘱咐

B. 干干净净 抚养 殷勤 好象 侯车

C. 不辞劳苦 搜索 铜活 高梁 欢渡

D. 爱屋及屋 挣扎 筹划 安祥 揉合

3. 下列加点词语意义相同的一项是（   ）

A. 疏远   仗义疏财   B. 应当   理应如此

C. 筹款   一筹莫展   D. 丧事   垂头丧气

4. 依次填入下列横线处的关联词，最恰当的一项是（   ）

①她做事永远丝毫也不敷衍，____屠户们送来的黑如铁的布袜，她____给洗得雪白。

②有客人来，____手中怎么窘，母亲____要设法弄一点东西去款待。

A. 无论 都   就是 也   B. 就是 也   无论 也

C. 就是　也　就是　都　　　　　　　D. 无论　都　无论　都

5. 下列各句中，不属于描写的一句是（　　）

A. 父亲的寡姐跟我们一块儿住，她吸鸦片，她喜摸纸牌，她的脾气极坏。

B. 在我的记忆中，她的手终年是鲜红微肿的。

C. 当花轿来到我们的破门外的时候，母亲的手就和冰一样的凉，脸上没有血色——那是阴历四月，天气很暖。

D. 我请来三姐给我说情，老母含泪点了头。

6. 下列各句中，加点的成语使用恰当的一句是（　　）

A. 有的商品广告，言过其实，误导消费者。

B. 学校准备举行秋季运动会，大家都兴致勃勃，体育委员更是推波助澜，积极组织班级同学报名参加。

C. 犯了错误首先应该检查自己，无动于衷或因此居功自傲，都是不对的。

D. 他的文章题材新颖，内容生动，有不少观点是一孔之见。

7. 下列句子标点符号使用有误的一项是（　　）

A. "去吧，小子！"街上是那么热闹，我却什么也没看见，泪遮迷了我的眼。

B. 遇上亲友家中有喜事、丧事，母亲必把大褂洗得干干净净，亲自去贺吊——份礼也许只是两吊小钱。

C. 她们浇花，我也张罗着取水，她们扫地，我就撮土。

D. 从这里，我学得了爱花，爱清洁，守秩序。

8. 下列句子没有语病的一项是（　　）

A. 通过学习《我的母亲》，使我感到了母亲的伟大。

B. 母亲生在农家，所以勤俭诚实。

C. 瓢泼大雨淅淅沥沥下个不停。

D. 我们会敬佩母亲坚韧、善良、宽容、勤俭和好客的形象。

9. 下列对本文的解说不恰当的一项是（　　）

A. 本文采用纵向贯通截取材料的方法，刻画了母亲可敬可亲的形象，字里行间浸透了浓浓的亲情。

B. 本文是一篇怀念性散文，语言质朴，但情真意切，拳拳之心，溢于言表。

C. 文中母亲的一生告诉我们，不能因贫穷改变做人的标尺，不能因距离淡化对亲人的牵挂。同时，做人该吃亏的时候要会吃亏，不该吃亏的时候一定要奋起反击。

D. 文中的母亲虽然物质上一贫如洗，但是她那朴素的一言一行，影响着孩子一生一世的成长。

10. 下列文学常识表述有误的一项是（　　）

A. 老舍原名舒庆春，字舍予，满族人，现代作家，代表作有长篇小说《骆驼祥子》《四世同堂》《正红旗下》，短篇小说集《月牙儿》，剧本《龙须沟》《茶馆》等。

B. 老舍的作品大都取材于市民生活，他所描写的自然风光、世态人情、习俗时尚，运用的群众口语，都显现出浓郁的"京味"。

C.《济南的冬天》《江南的冬景》《荷塘月色》都是老舍写景散文中的名篇。

D. 老舍曾因创作优秀话剧《茶馆》而被授予"人民艺术家"的称号，"文化大革命"初期因被迫害而弃世。

二、填空题

1.《我的母亲》的作者是现代作家_____。他原名_____，字舍予。代表作有长篇小说_____、_____，剧本_____、《龙须沟》等。

2. 本文的文章体裁是_____。

三、课内阅读

当我在小学毕了业的时候，亲友一致的愿意我去学手艺，好帮助母亲。我晓得我应当去找饭吃，以减轻母亲的勤劳困苦。可是，我也愿意升学。我偷偷地考入了师范学校——制服，饭食，书籍，宿处，都由学校供给。只有这样，我才敢对母亲提升学的话。入学，要交十元的保证金。这是一笔巨款！母亲作了半个月的难，把这巨款筹到，而后含泪把我送出门去。她不辞劳苦，只要儿子有出息。当我由师范毕业，而被派为小学校校长，母亲与我都一夜不曾合眼。我只说了句："以后，您可以歇一歇了！"她的回答只有一串串的眼泪。我入学之后，三姐结了婚。母亲对儿女是都一样疼爱的，但是假若她也有点偏爱的话，她应当偏爱三姐，因为自父亲死后，家中一切的事情都是母亲和三姐共同撑持的。三姐是母亲的右手。但是母亲知道这右手必须割去，她不能为自己的便利而耽误了女儿的青春。当花轿来到我们的破门外的时候，母亲的手就和冰一样的凉，脸上没有血色——那是阴历四月，天气很暖。大家都怕她晕过去。可是，她_____着，_____着嘴唇，手_____着门框，_____花轿徐徐的走去。不久，姑母死了。三姐已出嫁，哥哥不在家，我又住学校，家中只剩下母亲自己。她还须自晓至晚的操作，可是终日没人和她说一句话。新年到了，正赶上政府倡用阳历，不许过旧年。除夕，我请了两小时的假。由拥挤不堪的街市回到清炉冷灶的家中。母亲笑了。及至听说我还须回校，她愣住了。半天，她才叹出一口气来。到我该走的时候，她递给我一些花生，"去吧，小子！"街上是那么热闹，我却什么也没看见，泪遮迷了我的眼。今天，泪又遮住了我的眼，又想起当日孤独的过那凄惨的除夕的慈母。可是慈母不会再候盼着我了，她已入了土！

1. 本段文字按什么顺序叙述的？请找出标志性的词语。

2. 在文段横线上填入恰当的动词，并说说这些动作隐含了母亲当时怎样的心理。

3. 这段文字共写了几件事？请分别用一句话概括。

4. "母亲笑了。及至听说我还须回校，她愣住了。半天，她才叹出一口气来。到我该走的时候，她递给我一些花生，'去吧，小子！'"加点的字包含了母亲丰富的心理活动，试分析。

5. "三姐是母亲的右手"运用了什么修辞手法？有何表达效果？

6. "可是慈母不会再候盼着我了，她已入了土！"这句话有何语言特色？表达了怎样的情感？

7. 上文写出了母亲怎样的性格特点？我对母亲有怎样的感情？

四、拓展阅读

水 渠

舒 乙

我对这位传奇英雄的认识，有一个突变。

为了寻找盖文学馆新馆舍所用国产装饰石材，我和我的同事来到了新疆。

我知道，鸦片战争之后，林则徐曾被充军新疆，一直发配到伊犁，是真正的受罚。多少年过去了，当地的政府和人民，为了纪念他，特地给他在老的伊犁将军府附近盖了一座纪念馆。我决定抽空去看看。

在去纪念馆的路上，在路旁我看见了一条很长很规矩的小河，大概有 5 米宽，河水流得很冲，岸两旁有高大的树。开车的司机说："它是渠，是人工开挖的，叫'皇渠'，是林则徐大人当年留下来的，为的是把天山上的雪水引下来，灌溉土地，变荒地为良田。这水渠至今有 160 年的历史了。"

这个小故事极感人。

它一下子，把这位举世闻名的英雄老人拉得很近很近了。对他，不是一般的崇敬了。复杂了，真的，复杂得多了。该怎么说呢？往大里说，牵扯到人该怎么活，怎样做人，做什么样的人，甚至，整个儿的，人生的价值是什么，都可以由这个故事中派生出一些认真的思考来。往具体里说，想想看，那是怎样的逆境啊：硝烟弥漫之后，戴罪受罚，背井离乡，充军万里，凄凉之至。然而，他却依然一副大将风度，在别人的监控之下，指挥黎民百姓和部队官兵，披星戴月，风尘仆仆，终日挖渠引水不止。何等坦荡，何等乐观，何等大度，何等潇洒！简直就是一个活生生的样板，一个树在你我面前的、伟大的、不说教的、默默的、摸得着看得见的、平凡的、可以效仿的楷模。

总之，这条小渠给我带来了心灵震撼，令我激动不已。它给了我一个巨大的感动。

林则徐的一生与其说是官运亨通，不如说是充满了大起大落。他多次受罚，比如连降四级，连降五级，竟有许多次。最大的处罚是发配新疆。然而他的态度是：

苟利国家生死以，岂因祸福避趋之。

一个真正以国家利益为重的人的处世哲学便是如此鲜亮简明，有小渠可以做证。

新疆土地极肥沃，天生一块大宝地。风和日丽，日照长，有利于植物的光合作用；只要有水，种什么长什么，而且硕大，丰产。林则徐抓住这个要害，挖渠引水，做了表率。而他做这一切的时候，偏偏是个犯人的身份，而且年老体弱，精神上遭到了极大的打击。

在最倒霉的时候，在最倒霉的地点，在最倒霉的情况下，顶着最倒霉的屈辱，干着最普通、最费力、最不容易露脸的事。但只要有利于人民，有利于国家，有利于后代，便在所不辞，管他是沉是浮。这就是林则徐的风格。

这个风格是民族脊梁的象征。

这个风格是铮铮硬骨头的作风。

这个风格是真正人生价值的体现。

我为那遥远的小渠而骄傲，它不是什么"皇"渠，它是地道的"人"渠。

一个姓林名则徐的神人，用这小渠，在天地之间，龙飞凤舞般地书写了一个大大的"人"字。

什么时候再去看看那小渠，用清澈冰凉的渠水洗洗脸，当作接受一次沁人肺腑的人生洗礼吧。

1. 文中与"苟利国家生死以,岂因祸福避趋之"相呼应的一句话是?

2. 作者为什么说这条小渠"它不是什么'皇'渠,它是地道的'人'渠"?

3. 作者对林则徐的认识"有一个突变",从全文看,这个"突变"的具体内容是什么?

4. 对本文评析恰当的一项是（　　）
A. 本文开头提到的"传奇英雄"指的是侠肝义胆、武功过人、铁骨柔肠的英雄好汉。
B. "我"原先对林则徐知之不详,见了这条渠,才对他崇敬起来。
C. "何等坦荡,何等乐观,何等大度,何等潇洒!"中"潇洒"一词的意思是不拘世俗,风流倜傥。
D. 这条水渠不仅造福一方,而且可以成为净化人们心灵世界的镜子。

十八　金大力

【学习目标】

1. 了解汪曾祺的作品和他的创作风格。
2. 阅读本文，把握故事中的人物形象，了解作者刻画人物的主要方法。
3. 品味汪曾祺富有个性的语言，欣赏作者"平淡中见神奇"的高超的文字功力。

【文学常识】

汪曾祺，江苏高邮人，1920年3月5日出生，中国当代作家、散文家、戏剧家、京派作家的代表人物，被誉为"抒情的人道主义者，中国最后一个纯粹的文人，中国最后一个士大夫"。汪曾祺在短篇小说创作上颇有成就，对戏剧与民间文艺也有深入钻研。著有小说集《邂逅集》，小说《受戒》《大淖记事》，散文集《蒲桥集》。"文革"中参与了样板戏《沙家浜》的定稿。

他的小说多写童年、故乡，写记忆里的人与事，在浑朴自然、清淡委婉中表现和谐的意趣。他自觉吸收传统文化，具有浓郁的乡土气息，显示出沈从文的师承。

【课文解析】

本文是一篇小说。本文主人公金大力高大结实，是乡村中一个拙于言词的笨拙的瓦匠，但是人缘好，得到了乡亲的认可。这依靠的是他纯朴的性格，不计报酬的本性，容易满足的心态，甘愿为他人付出的处世态度，还有热爱生活的人生态度。金大力的淳朴老实，勤劳踏实，以及他周围乡人融洽和谐、交往率直的环境，构建出一个重义轻利、仁和爱人的古朴乡镇风俗场景。这正是汪曾祺文学审美理想的核心。

【知识积累】

1. 给加点字注音。

腌制（　　）　　红缨帽（　　）　　相干（　　）　　一爿（　　）

相地（　　）　　砌墙（　　）　　瓦脊（　　）　　和泥（　　）

笨拙（　　）　　冲坍（　　）　　铁锹（　　）　　器皿（　　）

筛子（　　）　　房梁（　　）　　高粱（　　）　　稻糠（　　）

逞能（　　）　　兑现（　　）　　半晌（　　）

簸箕（　　）（　　）　　掖一把菜刀（　　）

2. 解释下列词语。

闷声不响：

鳞次栉比：

指手画脚：

一爿：

相地：

冲坍：

逞能：

【知识检测】

一、选择题

1. 下列词语中，读音有错误的一组是（　　）

A. 腌制（yān）　　一爿（pán）　　相地（xiāng）　　砌墙（qì）

B. 瓦脊（jǐ）　　和泥（huó）　　中（zhòng）奖　　淹没（mò）

C. 筛子（shāi）　　稻糠（kāng）　　逞能（chěng）　　器皿（mǐn）

D. 冲坍（tān）　　笨拙（zuō）　　铁锹（qiāo）　　兑现（tuì）

2. 下列句子中，没有错别字的一句是（　　）

A. 按说，瓦匠里当头儿的，得要年高望重，手艺好，有两手绝活，能压众，有口才，会讲话，能应付场面，还得有个好人缘儿。

B. 为什么叫他金大力，已经无从察考。

C. 他也不会说几句夸赞奉承，道劳至谢的漂亮话叫同行高兴；更不会长篇大套地训教小工以显示一个头儿的身份。

D. 他从来不想去露一手，去逞能卖嘴，指手划脚，到了半前晌和半后晌，伙计们照例要下来歇一会，金大力看看太阳，提起两把极大的紫砂壶就走。

3. 下列句子中，没有错别字的一组是（   ）

A. 粗糙 灌概 污秽 粗瓷大碗
B. 簸箕 崭新 稻糠 闷声不响
C. 高粱 油溻 纹身 沉默寡言
D. 铁罐 泥鳅 艰困 穿流不息

4. 依次填入下面空缺处的词语，最恰当的一项是（   ）

他家放剩饭的淘箩，年下腌制的风鱼咸肉，都____得很高，别人够不着，他一伸手就能____下来，不用使竹竿叉棍去____，也不用____一张凳子。

A. 放 摘 够 放
B. 吊 拿 叉 搁
C. 放 够 挑 搁
D. 挂 取 挑 垫

5. 下列各项中，加点的词语使用准确无误的一项是（   ）

A. 他们四个人同窗六载，一直相敬如宾，从来没有为某些琐事吵过嘴、红过脸。

B. 假货装了三卡车，从假百货到假彩电应有尽有。

C. 这里地震之后，迅速盖起了房屋，恢复了生产，如果没有党的领导，要想取得胜利是不堪设想的。

D. 你们到北京去的事，让我去找领导也没有用，因为师出无名，让他怎么批呢？

6. 下列各句中，没有语病的一句是（   ）

A. 前不久，在加拿大召开的有20个国家，400多位科学家参加的第八届激光学术会议上，这两篇论文受到高度重视，给予了颇高评价。

B. 文章里的中心思想确定以后，还要根据中心思想的需要，认真地组织、选择材料。

C. 其实，只要部分观众适应了字幕版的放映方式，根本就没有必要不因为配音这一环节而造成不必要的资金消耗。

D. 血液是运送生命物质的长河，一旦病毒、细菌等病害侵入我们的身体，它也是保护我们身体的卫士。

7. 下列各项中，标点符号使用正确的一句是（   ）

A. 一般老师傅会做的活，不用说相地定基，估工算料，砌墙时挂线，布瓦时堆瓦脊两边翘起的山尖，用一把瓦刀舀起半桶青灰在瓦脊正中塑出花开四面的浮雕……。

B. 是不是和戏里的金大力有什么关系呢，也说不定。也许有。

C. 我向老人买过很多很多奖券，从未中过奖，但每次接过小红套时，我觉得那一刻已经中奖了，真的是"一券在手，希望无穷"。

D. 只有一条，他倒是具备的，他有一个好人缘儿。

8. 对下列各句所运用的修辞手法的判断，正确的一项是（　　）

①他脚穿着一双老式的牛伯伯打游击的大皮鞋，摇摇晃晃像陆上的河马。

②虽然我知道即使每天买两张奖券，对他也不能有什么帮助，但买奖券使我感到心安，使同情找到站立的地方。

③每次，我总是沉默耐心等待，看他把心情装进封套，温暖四处流动着。

④梁柱上贴了一副大红对子："立柱喜逢黄道日，上梁正遇紫微星"。

A. 比喻 移用 拟人 引用

B. 比喻 拟人 移用 引用

C. 比喻 移用 通感 引用

D. 比喻 拟人 移用 夸张

9. 选出与"我们的时代需要千千万万个雷锋"修辞方式相同的一句（　　）

A. 黄发垂髫并怡然自乐

B. 看红装素裹，分外妖娆

C. 操刀挟盾，猱进鸷击

D. 团花簇锦似的东一块西一块在绿波里荡漾着

10. 下列句于语言正确得体的一项是（　　）

A. 昨天，学校特别邀请了几位卓有成效的院士校友做报告，听罢诸位先贤的高论同学们士气高涨、信心倍增。

B. 看他如此真心诚意，我实在不忍心拒绝，只好把那盆兰花笑纳了。

C. 足下不顾旅途劳顿，刚下飞机就来看望我，真让我感到荣幸之至。

D. 通过无数次对祖父生前好友的走访和垂问，我搜集到许多宝贵的资料，并最终写就了这本回忆录。

二、填空题

1. 《金大力》的作者是_____，他的小说有_____、_____。

2. 小说的三要素是_____、情节、环境。

三、课内阅读

金大力想必是有个大名的,但大家都叫他金大力,当面也这样叫。为什么叫他金大力,已经无从查考。他姓金,块头很大。他家放剩饭的淘箩,年下腌制的风鱼咸肉,都挂得很高,别人够不着,他一伸手就能取下来,不用使竹竿叉棍去挑,也不用垫一张凳子。身大力不亏。但是他是不是有很大的力气,没法证明。他这人是不会当众表演,更不会和任何人较量的。因此，大力只是想当然耳。是不是和戏里的金大力有什么关系呢？也说不定。也许有。他很老实，也没有什么本事，这一点倒和戏里的金大力有点像。戏里的金大力只是个傻大个儿，哪次打架都有他，有黄天霸就有他，但哪回他也没有打得很出色。人们在提起金大力时，并不和戏台上那个戴着红缨帽或盘着一条大辫子，拿着一根可笑的武器，——一根红漆的木棍的那个金大力的形象联系起来。这个金大力和那个金大力不大相干。这个金大力只是一个块头很大的，家里开着一爿茶水炉子，本人是个瓦匠头儿的老实人。

他怎么会当了瓦匠头儿呢？

按说，瓦匠里当头儿的，得要年高望重，手艺好，有两手绝活，能压众，有口才，会讲话，能应付场面，还得有个好人缘儿。前面几条，金大力都不沾。金大力是个很不够格的瓦匠，他的手艺比一个刚刚学徒的小工强不了多少，什么活也拿不起来。一般老师傅会做的活，不用说相地定基，估工算料，砌墙时挂线，布瓦时堆瓦脊两边翘起的山尖，用一把瓦刀舀起半桶青灰在瓦脊正中塑出花开四面的浮雕……这些他统统不会，他连砌墙都砌不直！当了一辈子瓦匠，砌墙会砌出一个鼓肚子，真也是少有。他是一个瓦匠头，只能干一些小工活，和灰送料，传砖递瓦。他很拙于言词，一天说不了几句话，老是闷声不响，不会说几句恭喜发财，大吉大利的应酬门面话讨主人家喜欢；也不会说几句夸赞奉承，道劳致谢的漂亮话叫同行高兴；更不会长篇大套地训教小工以显示一个头儿的身份。他说的只是几句实实在在的大实话。说话很慢，声音很低，跟他那副大骨架很不相符。只有一条，他倒是具备的：他有一个好人缘儿。不知道为什么，他的人缘儿会那么好。

这一带人家，凡有较大的泥工瓦活，都愿意找他。一般的零活，比如检个漏，修补一下被雨水冲坍的山墙，这些，直接雇两个瓦匠来就行了，不必通过金大力。若是新建房屋，或翻盖旧房，就会把金大力叫来。金大力听明白了是一个多大的工程，就告辞出来。他算不来所需工料、完工日期，就去找有经验的同行商议。第二天，带了一个木匠头儿，一个瓦匠老师傅，拿着工料单子，向主人家据实复告。主人家点了头，他就去约人、备料。到窑上订砖、订瓦，到石灰行去订石灰、麻刀、纸脚。他一辈子经手了数不清的砖瓦石灰，可是没有得过一手钱的好处。

这里兴建动工有许多风俗。先得"破土"。由金大力用铁锹挖起一小块土，铲得四方四正，用红纸包好，供在神像前面。——这一方土要到完工时才撤去。然后，主人家要请一桌酒。这桌酒有两点特别处，一是席面所用器皿都十分粗糙，红漆筷子，蓝花粗瓷大碗；二是，菜除了猪肉、豆腐外，必有一道泥鳅。这桌酒，主人是不陪的，只是出来道一声"诸位多辛苦"，然后就委托金大力："金师傅，你陪陪吧！"金大力就代替了主人，举起酒杯，喝下一口淡酒。这时木匠已经把房架立好，到了择定吉日的五更头，上了梁，——梁柱上贴了一副大红对子："立柱喜逢黄道日，上梁正遇紫微星"，两边各立了一面筛子，筛子里斜贴了大红斗方，斗方的四角写着"吉星高照"，金大力点起一挂鞭，泥瓦工程就开始了。

十八　金大力

每天，金大力都是头一个来，比别人要早半小时。来了，把孩子们搬下来搭桥、搭鸡窝玩的砖头捡回砖堆上去，把碍手碍脚的棍棍棒棒归置归置，清除"脚手"板子上昨天滴下的灰泥，把"脚手"往上提一提，捆"脚手"的麻绳紧一紧，扫扫地，然后，挑了两担水来，用铁锹抓钩和青灰，——石灰里兑了锅烟；和黄泥。灰泥和好，伙计们也就来上工了。他是个瓦匠，上工时照例也在腰带里掖一把瓦刀，手里提着一个抿子。可是他的瓦刀抿子几乎随时都是干的。他一天使的家伙就是铁锹抓钩，他老是在和灰、和泥。他只能干这种小工活，也就甘心干小工活。他从来不想去露一手，去逞能卖嘴，指手画脚。到了半前晌和半后晌，伙计们照例要下来歇一会，金大力看看太阳，提起两把极大的紫砂壶就走。在壶里撮了两大把茶叶梗子，到他自己家的茶水炉上，灌了两壶水，把茶水筛在大碗里，就抬头叫嚷："哎，下来喝茶！"傍晚收工时，他总是最后一个走。他要各处看看，看看今天的进度、质量（他的手艺不高，这些都还是会看的），也看看有没有留下火星（木匠熬胶要点火，瓦匠里有抽烟的）。然后，解下腰带，从头到脚，抽打一遍。走到主人家窗下，扬声告别："明儿见啦！晚上你们照看着点！"——"好来，我们会照看。明儿见，金师傅！"

金大力是个瓦匠头儿，可是拿的工钱很低，比一个小工多不了多少。同行师傅们过意不去，几次提出要给金头儿涨涨工钱。金大力说："不。干什么活，拿什么钱。再说，我家里还开着一爿茶水炉子，我不比你们指身为业。这我就知足。"

金家茶炉子生意很好。一早、晌午、傍黑，来打开水的人很多，提着洋铁壶、暖壶、茶壶的，川流不息。这一带店铺人家一般不烧开水，要用开水，多到茶炉子上去买，这比自己家烧方便。茶水炉子，是一个砖砌的长方形的台子，四角安四个很深很大的铁罐，当中有一个火口。这玩意，有的地方叫做"老虎灶"。烧的是稻糠。稻糠着得快，火力也猛。但这东西不经烧，要不断地往里续。烧火的是金大力的老婆。这是个很结实也很利索的女人。只见她用一个小铁簸箕，一簸箕一簸箕地往火口里倒糠。火光轰轰地一阵一阵往上冒，照得她满脸通红。半箩稻糠烧完，四个铁罐里的水就哗哗地开了，她就等着人来买水，一舀子一舀子往各种容器里倒。到罐里水快见底时，再烧。一天也不见她闲着。（稻糠的灰堆在墙角，是很好的肥料，卖给乡下人壅田，一个月能卖不少钱。）

茶炉子用水很多。金家茶炉的一半地方是三口大水缸。因为缸很深，一半埋在地里。一口缸容水八担，金家一天至少要用二十四担水。这二十四担水都是金大力挑的。有活时，他早晚挑；没活时（瓦匠不能每天有活）白天挑。因为经常挑水，总要撒泼出一些，金家茶炉一边的地总是湿漉漉的，铺地的砖发深黑色（另一边的砖地是浅黑色）。你要是路过金家茶炉子，常常可以看见金大力坐在一根搭在两只水桶的扁担上休息，好像随时就会站起身来去挑一担水。

金大力不变样，多少年都是那个样子。高大结实，沉默寡言。

不，他也老了。他的头发已经有了几根白的了，虽然还不大显，墨里藏针。

1. 下列对小说有关内容的分析和概括，最恰当的两项是（　　）

A. 小说开篇寥寥数语就交代了主人公的身份、职业、性格和家庭情况，只是金大力既无大力气，又无大本事，只是一个普普通通的人而已。

B. "他怎么会当了瓦匠头儿呢？"这一问，引出了当瓦匠头的条件。从全文来看，金大力凭好人缘当上了这个瓦匠头。

C. 金大力每天都是早出晚归，在别人上工前他已经做好了开工干活的各种准备，在别人收工后，他还要检查一番，中间歇工时，他还要服务于工友。

D. 金大力普通得连他的大名都无人知晓，他是当时社会劳苦大众的典型代表，他身上体现了劳动人民的很多美德。

E. 这篇小说语言朴素无华，描写方式较为单一，除了几句简单的对话描写，没有其他的描写手段，主要以叙述形式展开故事情节。

2. 第三段主要运用了什么写作手法？有什么艺术效果？请简要分析。

3. 生活中不乏像金大力这样的人，金大力是一个什么样的人物形象？请结合文本简要分析。

4. 这篇小说，用质朴的语言刻画了金大力这个普通得连他的大名都无人知晓的人物形象，也勾画出了人物生活的环境，从全文来看，作者有什么样的写作意图？请结合文本和现实，简要谈谈你的理解。

四、拓展阅读

石缝间的生命

林希

（1）石缝间倔强的生命，常使我感动得潸然泪下。

（2）是那不定的风把那无人采撷的种子撒落到海角天涯。当它们不能再找到泥土，它们便把最后一线生的希望寄托在这一线石缝里。尽管它们也能从阳光中分享到温暖，从雨水里得到湿润，而唯有那一切生命赖以生存的土壤却要自己去寻找。<u>它们面对着的现实该是多么严峻</u>。

（3）于是，大自然出现了惊人的奇迹，不毛的石缝间丛生出倔强的生命。

（4）或者就是一簇一簇无名的野草，春绿秋黄，岁岁枯荣。它们没有条件生长宽阔的叶子，因为它们寻找不到足以使草叶变得肥厚的营养，它们有的只是三两片长长的细瘦的薄叶，那细微的叶脉告知你生存该是多么艰难；更有的，它们就在一簇一簇瘦叶下又自己生长出根须，只为了少向母体吮吸一点乳汁，便自去寻找那不易被觉察到的石缝。这就是生命。如果这是一种本能，那么它正说明生命的本能是多么尊贵，生命有权自认为辉煌壮丽，生机竟是这样地不可扼制。

（5）或者就是一团一团小小的山花，大多又都是那苦苦的蒲公英。它们的茎叶里涌动着苦味的乳白色的浆汁，它们的根须在春天被人们挖去做野菜。而石缝间的蒲公英，却远不似田野上的同宗生长得那样茁壮。它们因山风的凶狂而不能长成高高的躯干，它们因山石的贫瘠而不能拥有众多的叶片，它们的茎显得坚韧而苍老，它们的叶因枯萎而失却光泽；只有它们的根竟似那柔韧而又强固的筋条，似那柔中有刚的藤蔓，深埋在石缝间狭隘的间隙里；它们已经不能再去为人们做佐餐的鲜嫩的野菜，却默默地为攀登山路的人准备了一个可靠的抓手。生命就是这样地被环境规定着，又被环境改变着，适者生存的规律尽管无情，但一切的适者都是战胜环境的强者，生命现象告诉你，生命就是拼搏。

（6）如果石缝间只有这些小花小草，也许还只能引起人们的哀怜；而最为令人赞叹的，就在那石岩的缝隙间，还生长着参天的松柏，雄伟苍劲，巍峨挺拔。它们使高山有了灵气，使一切的生命在它们的面前显得苍白逊色。它们的躯干就是这样顽强地从石缝间生长出来，扭曲地、旋转地，每一寸树衣上都结痂着伤疤。向上，向上，向上是多么的艰难。每生长一寸都要经过几度寒暑，几度春秋。然而它们终于长成了高树，伸展开了繁茂的枝干，团簇着永不凋落的针叶。它们耸立在悬崖断壁上，耸立在高山峻岭的峰巅，只有那盘结在石崖上的树根在无声地向你述说，它们的生长是一次多么艰苦的拼搏。那粗如巨蟒，细如草蛇的树根，盘根错节，从一个石缝间扎进去，又从另一个石缝间钻出来，于是沿着无情的青石，它们延伸过去，像犀利的鹰爪抓住了它栖身的岩石。有时，一株松柏，它的根须竟要爬满半壁山崖，似把累累的山石用一根粗粗的缆绳紧紧地缚住，由此，它们才能迎击狂风暴雨的侵袭，它们才终于在不属于自己的生存空间为自己占有了一片天地。

（7）如果一切的生命都不屑于去石缝间寻求立足的天地，那么，世界上就会有一大片一大片的地方成为永远的死寂，飞鸟无处栖身，一切借花草树木赖以生存的生命就要绝迹，那里便会沦为永无开化之日的永远的黑暗。如果一切的生命都只贪恋于黑黝黝的沃土，它们又如何完备自己驾驭环境的能力，又如何使自己在一代一代的繁衍中变得愈加坚强呢？世界就是如此奇妙。试想，那石缝间的野草，一旦将它们的草籽撒落到肥沃的大地上，它们一定会比未经过风雨考验的娇嫩的种子具有更为旺盛的生机，长得更显繁茂；试想，那石缝间的蒲公英，一旦它们的种子，撑着团团的絮伞，随风飘向湿润的乡野，它们一定会比其他的花卉生长得茁壮，更能经暑耐寒；至于那顽强的松柏，它本来就是生命的崇高体现，是毅力和意志最完美的象征，它给一切的生命以鼓舞，以榜样。

（8）愿一切生命不致因飘落在石缝间而期期艾艾。愿一切生命都敢于去寻求最艰苦的环境。生命正是要在最困厄的境遇中发现自己，认识自己，从而才能锤炼自己，成长自己，直到最后完成自己，升华自己。

1. 文章第二段中写道："它们面对着的现实该是多么严峻。""它们"指的是什么？"严峻"是指什么而言的？

2. 文章第五段中写道："一切适者都是战胜环境的强者。"请简要说明你对这种观点的理解或看法。

3. 文章最后两段文字在全篇中起什么作用？

4. 下列对文章的理解和赏析，正确的一项是（　　）
A. "石缝间的生命"，对于特定的时代来说，它就是饱经磨难而自强不息的中国人民的象征。
B. 这是一篇以演绎生物学"物竞天择"学说为主题的散文，知识性很强，但文字清丽，极具可读性。
C. 写野草的文字，点化了白居易的诗句，经过烈火考验的野草在山崖石缝间自然能茁壮生长。
D. 文章运用了以物喻人的笔法，"小花小草"是人间的弱者，而参天的松柏则是事业有成的强者。

十九 "探界者"钟扬

【学习目标】

1. 积累重要字词,把握人物通讯特点。
2. 体会本文表现人物的方法和通过事例、言行表现人物特点的手法。
3. 领悟钟扬在科研岗位上不懈追求的献身精神。
4. 学习钟扬认真负责的工作态度和高尚无私的爱国情怀,树立正确的人生观与价值观。

【文学常识】

叶雨婷,《中国青年报·中青在线》记者。

钟扬(1964年—2017年),湖南邵阳新宁人。复旦大学研究生院原院长、生命科学学院教授、博士生导师,中央组织部第六、七、八批援藏干部,教育部长江学者特聘教授,国家杰出青年科学基金获得者。长期从事植物学、生物信息学研究和教学工作,取得一系列重要研究成果。2018年,中共中央宣传部追授钟扬"时代楷模"称号;2019年,钟扬荣获"感动中国2018年度人物"。

【课文解析】

文章开头用拟南芥引出钟扬,用拟南芥象征并赞扬钟扬的普通、质朴、顽强。中间部分三个小标题:种子达人、"接盘"导师、生命延续。在钟扬心目中,工作、愿望比生命更重要。结尾呼应文章开头,对钟扬来说,生命的意义,就是拓展生命的高度和广度。

这篇通讯报道在表现人物优秀品质方面很有特色。第一,善于用事实说话。文章除了直接评价赞美,更多的是用事实说话,彰显理性与客观。第二,引用人物自己的话来塑造人物形象。文章多处引用钟扬的演讲、文章、书籍中的文字,从不同层面表现他的品质。第三,侧面烘托。文章多处引用钟扬同事、学生的话,从侧面烘托人物形象,表现人物性格。

【知识积累】

1. 给加点字注音。

拟南芥（　　）　　胁迫（　　）　　毛坯（　　）　　屋脊（　　）

调侃（　　）　　撰写（　　）

2. 解释下列词语。

戛然而止：

鼎鼎大名：

雷厉风行：

跌宕起伏：

悲怆：

奇葩：

 【知识检测】

一、选择题

1. 下列加点字的注音全部正确的一项是（　　）

A. 包庇（bì）　　抓阄（jiū）　　啃噬（shì）　　羸弱（léi）

B. 老妪（qū）　　笑靥（yè）　　燧火（suì）　　湍急（tuān）

C. 亲家（qìng）　　禅让（chàn）　　酗酒（xù）　　苑囿（yǒu）

D. 窾塞（sè）　　造诣（yì）　　狙击（zǔ）　　堤坝（dī）

2. 下列各组词语中没有错别字的一组是（　　）

A. 礼上往来　枉费心机　毛骨悚然　　B. 一愁莫展　班门弄斧　曲高合寡

C. 破釜沉舟　认识浮浅　出类拔萃　　D. 卑躬屈膝　言简意赅　口干舌燥

3. 下列句子中，语意明确，没有语病的一句是（　　）

A. 在学习中，我们应该注意培养自己观察问题，解决问题和分析问题的能力。

B. 上星期，我们参观学习了兄弟学校开展课外活动的先进经验。

C. 这位语言大师笔下的人物个个栩栩如生，仿佛活的一般。

D. 如何防止青少年，尤其是中小学生在学校周边免遭抢劫是一件大事。

4. 填入文中横线处，与上下文衔接最恰当的一句是（　　）

智者的智慧往往在于＿＿＿＿＿＿＿＿＿＿＿＿＿＿＿，他最善于通过生活中的很多能照出自己的真实的一切表象的镜子来。

　　A. 调整自己、完美自己、剖析自己　　B. 剖析自己、调整自己、完美自己

　　C. 完美自己、调整自己、剖析自己　　D. 剖析自己、完美自己、调整自己

5. 按排列顺序，下列各句修辞手法判断正确的一组是（　　）

（1）过往的车辆就像水波里穿梭的小船。

（2）开花时节，那蜜蜂满野嘤嘤嗡嗡，忙得忘记早晚。

（3）不觉得我们的战士是可爱的吗？

（4）海上的夜是柔和的，是静寂的，是梦幻的。

　　A. 比喻　夸张　反问　排比　　B. 夸张　拟人　反问　排比

　　C. 比喻　拟人　反问　排比　　D. 比喻　拟人　反问　夸张

6. 下列各句中标点使用正确的一项是（　　）

A. "学习就怕'认真'二字"张老师说："'态度决定一切'，确实很有道理"。

B. 今天去呢？还是明天去呢？我实在拿不定主意。

C. 中国每人平均每年总要吃四、五百斤粮食，还要有种子、饲料和工业用粮。

D. 随着年龄的增长，儿童会问"月亮为什么会跟我走""天有多高""世界上为什么会有坏人"这些问题。

7. 下列各句没有语病的一句是（　　）

A. 他决定背着妈妈去医院检查身体。

B. 难道你能否认勤奋不会造就天才吗？

C. 为了避免今后再出现类似的错误，我们及时召开了紧急会议，商讨改进的措施。

D. 投资环境的好坏，是招商引资工作取得成功的关键。

8. 星期天上午，班级团支部组织团员到社区为老人开展服务活动，而某团员没有准时赶到，耽误了大家的出发时间。下面四种说法，都是实话实说，更能得到大家谅解的迟到理由是（　　）

　　A. 很抱歉，我没想到大家会来得这么早。

　　B. 请原谅，我这人有睡懒觉的坏习惯。

　　C. 对不起，我来的路上堵车，正在修路。

　　D. 实在不好意思，妈妈忘了叫醒我。

9. 下列各句加点的敬语词使用正确的一项是（　　）

A. 他大学毕业后，放弃留大城市的机会，曾在一所山区中学就教十余年。

B. 今日亲聆诸位先贤的高论，茅塞顿开。

C. 先生辱临寒舍，鄙人深感荣幸。

D. 明早你在舍上等候，我一定准时前往请教。

10. 依次填入下面一段文字横线处的语句，衔接最恰当的一项是（　　　）

歼-15是我国第一代多用途舰载战斗机，_____，_____，_____，_____，被誉为凶猛强悍的"空中飞鲨"。

①它具有作战半径大、机动性好、载弹量多等特点

②可根据不同作战任务携带多型反舰导弹、空空导弹、空地导弹以及精确制导炸弹等精确打击武器

③实现全海域全空域打击作战能力

④各项性能可与俄罗斯苏—33等世界现役的主力舰载战斗机相媲美

A. ①②③④　　　B. ④①②③　　　C. ③④①②　　　D. ①③②④

二、填空题

1. 《"探界者"钟扬》的作者是_____。

2. 本文的体裁是_____。

3. 2019年，钟扬荣获"_____"。

三、课内阅读

2000年，钟扬辞去武汉植物所的工作来到复旦大学。那年5月钟扬报到时，学校还没有过渡房，临时给他找了一套系里别的老师提供的毛坯房。他毫无怨言地接受了这个连煤气、热水器都没有的房子，洗着冷水澡住了半年。

尽管钟扬对生活品质不讲究，但对于"种子"却一点也不将就。为了自己的"种子事业"，他的足迹延伸到了植物学家的"无人区"——西藏。

从他到复旦大学的第二年起，钟扬就开始主动到西藏采集种子。2009年，钟扬正式成为中组部援藏干部。据统计，在这十几年间，他收集了上千种植物的4000万颗种子，占到了西藏特有植物的1/5。

很多人都有这样的疑问，钟扬为什么要收集种子？一个基因能够拯救一个国家，一粒种子能够造福万千苍生。青藏高原这个占我国领土面积1/7的地区，植物种类占到了三分之一。有些地方甚至百年来无人涉足，植物资源被严重低估。钟扬曾在一次公开演讲中这样介绍。

他扎根在此，努力为人类建一个来自世界屋脊的"种子方舟"。

1. 下列哪一项不是"达人"古代的意思（　　）

　A. 指通达道理的人　　B. 指豁达知命的人　　C. 在某方面非常精通的人。

2. 文中是如何写出了钟扬不为名利所累的可贵精神？

3. 面对如此差的校园环境，钟扬毫无怨言体现了他怎么样的精神？

4. 作者为什么在文中使用非常精确的数字？（例如：他收集了上千种植物的 4000 万颗种子，占到了西藏特有植物的 1/5）

5. 作为 2018 年感动中国人物，钟扬给了我们哪些启示？

四、拓展阅读

报复

[法]雨果·克里兹

　　写字台上的台灯只照亮书房的一角。彭恩刚从剧场回来，他坐到写字台前，伸手拿起电话要通了编辑部："我是彭恩，你好！我又考虑了一下，关于《蛙女》的剧评，最好还是发下午版，因为我想把它展开一些……别提啦！太不像话了！所以我才打算写一篇详细的剧评。上午版你只要留出个小方块刊登一则简讯就行了。你记下来吧：'奥林匹亚剧院：《蛙女》上演，一锅可笑的大杂烩：一堆无聊的废话和歇斯底里的无病呻吟。看了简直要让你发疯。详情请见本报下午版'。你是不是觉得我的措词还不够激烈？这样就行？那好，再见！"

　　从他放下话筒的动作可以看出，彭恩的情绪越来越愤慨。可就在这时，他猛然一惊，附近有人轻轻地咳嗽了一声。在光线最暗的角落里，他模模糊糊地看见有个人坐在皮沙发里。陌生人蓄着白胡须，身披风衣，头上歪戴一顶礼帽，闪亮的眼睛逼视着评论家。彭恩心里发虚："你，你……你是谁？"

　　陌生人慢慢站起来，从衣兜里伸出右手。彭恩看见一支闪闪发亮的手枪。"把手举起来"那人命令道，彭恩两手发抖。

　　"嘻嘻嘻……"那人像精神病人一样笑着，"你这条毒蛇，现在总算落到了我的手里。再有 5 分钟就是午夜。12 点整，嘻嘻嘻……你将变成一具尸体。文亚明，我的宝贝，"

白胡子老头扬起头,"我亲爱的文亚明,5分钟后你将报仇雪恨。这条毒蛇将永远闭上它的嘴!啊,你高兴吗,文亚明!?"说着白胡子老头立刻举起手枪:"别动!"

"听我说,"彭恩战战兢兢道,"请告诉我,你究竟是谁?……我不明白……我对你干了什么?……求你把手枪收起来吧。我们之间肯定有一场误会。"

"给我住嘴,你这个杀人凶手!"

"杀人凶手?你弄错了。我不是杀人凶手!"

"那么请问是谁杀死了我的孩子,我唯一的儿子,亲爱的文亚明?谁呢,彭恩先生?"

"我根本不认识你的儿子!你怎么会生出这种想法?"

"我的儿子叫……文亚明·穆勒!现在你明白了吧?""文亚明·穆勒……我记得,好像是个演员吧?"

"曾经是!因为他已经死了,他对着自己的头开了一枪。而正是你这个无耻的小人毁了他!你在文章里写过他。'为助诸君一笑,还有一位文亚明·穆勒先生值得提及,因为他的表演,真可堪称全世界最蹩脚的演员。'你竟敢这样写我的儿子!而他,可怜的孩子,去买了一支手枪,自杀了。就是这支手枪,过一会儿将把你送到西天!"

彭恩禁不住浑身乱颤:"听我说,这并不能怪我……我感到很遗憾……可我只是尽自己的职责而已。你的儿子真的缺乏才华……你明白吗?我本人跟你的儿子并没有仇,可是艺术……"

"你别再胡诌关于艺术的废话了!你是杀人犯!因此你得死!昨天夜里,"老头压低嗓门,"文亚明出现在我的梦里。他对我说:'爸爸,拿上手枪去找那毒蛇。午夜12点的时候,杀了他替我报仇!否则,我的灵魂将永远四处飘流,不得安身!'"

"可你不能杀我……看在上帝面上……你简直疯了!……"

老头大声地嘲笑道:"真叫人恶心,你是全世界首屈一指的胆小鬼!一条罪恶深重的蛆虫,半文不值的小人!你那自命不凡的优越感哪里去了?你那体面威风哪里去了?现在你已面对死神,没有了你,人人都会如释重负。"

彭恩双手合十,央求道:"亲爱的先生,如果你一定要杀我,至少让我能最后给我的亲人写几句诀别的话……并表明我的遗愿。"

"行,我成全你!"陌生人宽宏大量地答应,"写吧,你还可以活15秒钟!"彭恩拿起铅笔,在纸片上写了两三行字……

午夜的钟声响了。

老头怪叫一声,举起手枪抠动扳机。

硝烟散后,陌生人扯下自己的胡子,走近彭恩。

"先生,现在你对文亚明·穆勒的表演才华有了新的看法吧,对不对?看你那个熊样!哈哈……!我想,今后你在评论别人的时候该会学得谨慎一些了!"

看着手里拿着铅笔,满脸蜡黄的彭恩,文亚明伸手拿过那张纸条。只见上面写道:

"亲爱的文亚明·穆勒,你不仅是全世界最蹩脚的演员,而且是头号傻瓜。你戴的假发套大了一号。彭恩。"

1. 小说开头彭恩打电话的情节,有哪些作用?

2. 简析小说结尾的特点和艺术效果。

3. 结合对彭恩和文亚明两个人物形象的分析,谈谈小说给你的启示。

4. 下列对原文的理解和分析,不恰当的两项是(　　　)

A. 小说开篇首句"写字台上的台灯只照亮书房的一角",这看似不经意的一笔,实则为故事的展开,设置了一个独特的环境。

B. 陌生老头的出现,令彭恩心惊发虚,但彭恩通过对方戴的大了一号的假发套,一眼就看穿了他的真实身份,及时识破了文亚明拙劣的伎俩。

C. 文中画线部分从彭恩的视角描写陌生老头的外貌,寥寥几笔,为小说的结局埋下了伏笔,可谓匠心独运。

D. 小说人物设计巧妙:文亚明假扮成自己的父亲报复彭恩,符合其演员的身份,彭恩对文亚明报复的演技加以评价,也符合其剧评家的身份。

E. 小说中的对话描写贯穿全篇,其中频繁出现的省略号均生动地表现出人物内心的惊慌和恐惧,收到了极好的艺术效果。

二十 国家的儿子

【学习目标】

1. 走进作者学习本文运用细节、心理和语言描写的方法，学会分析人物形象。
2. 揣摩与品味语言，体会作者多角度、多层次地展示人物的精神世界。
3. 学习罗阳同志为了祖国航空事业殚精竭虑，以身殉职的高尚情操。

【文学常识】

报告文学是一种在真人真事基础上塑造艺术形象，以文学手段及时反映现实生活的文学体裁。简单地说就是运用文学艺术形式真实、及时地反映社会生活事件和人物活动的一种文学体裁，具有"文学轻骑兵"的作用，其特征是写真纪实。报告文学兼有文学性、新闻性和政论性三种特点。

黄传会（1949—— ）浙江苍南人。中国当代作家。黄传会的报告文学作品有着广泛的社会影响，曾多次在全国、全军获奖。其作品曾获1993年庄重文文学奖、1994年《当代》文学奖、第五届"五个一工程"奖。作品《三个太阳》被收录进七年级下册语文书中。报告文学作品《中国新生代农民工》荣获2014年第六届鲁迅文学奖报告文学奖。

【课文解析】

本文是一篇报告文学，真实地再现了英雄罗阳壮丽人生最后的八天七夜。为了顺利完成歼15战斗机在航母上的起降试验，这位航空事业的功臣殚精竭虑，以身殉职，令人惋惜。本文运用生动的语言细致地描绘场景，给人以强烈的现场感。作者还善于运用细节、心理及语言描写等方法，鲜明地刻画人物的性格特点。

二十 国家的儿子

【知识积累】

1. 给加点字注音。

敦实（　　）　　调侃（　　）　　亢奋（　　）　　朗声应和（　　）

矫健（　　）　　船舷（　　）　　轮廓（　　）　　呕心沥血（　　）

袒露（　　）　　澎湃（　　）　　瞭望（　　）　　言简意赅（　　）

帷幕（　　）　　娴熟（　　）　　雪霁（　　）　　雷霆万钧（　　）

昏厥（　　）　　刹那（　　）　　瞩目（　　）　　殚精竭虑（　　）

2. 解释下列词语。

言简意赅：

声嘶力竭：

劈波斩浪：

惊心动魄：

举世瞩目：

殚精竭虑：

排山倒海：

辗转反侧：

呕心沥血：

【知识检测】

一、选择题

1. 下列加点字的注音全部正确的一项是（　　）

A. 敦实（dūn）　　调侃（kǎn）　　亢奋（kàn）　　朗声应和（hè）

B. 矫健（jiǎo）　　船舷（xuán）　　轮廓（kuò）　　呕心沥血（ǒu）

C. 袒露（tǎn）　　澎湃（pài）　　瞭望（liào）　　言简意赅（gāi）

D. 帷幕（wéi）　　娴熟（xián）　　雪霁（qì）　　雷霆万钧（tíng）

2. 下列词语书写全部正确的一项是（　　）

A. 遨游　　　　尴尬　　　　昏厥　　　　金壁辉煌

B. 演绎　　　　鞭策　　　　风靡　　　　震耳欲聋

· 171 ·

C. 残诟　　　　　愠色　　　　　造访　　　　　惮精竭虑

D. 钦佩　　　　　瞩目　　　　　募名　　　　　张灯结采

3. 下列词语中，有错别字的一组是（　　）

A. 目不暇接　佩戴　犁杖　叮嘱

B. 百折不绕　苍凉　栽倒　凄寒

C. 楼榭歌台　空旷　棉袄　铸造

D. 花团锦簇　馄饨　酸楚　草穗

4. 下列加点成语使用正确的一项是（　　）

A. 人们觉得这是少见的事，因此慕名而来的人不绝如缕。

B. 他是个实实在在的人，说的都是花言巧语。

C. 我在他的实际行动中感受到了他的本色与质朴，也感觉到了他一如既往的敬业精神。

D. 广场上人来人往，挤得不可开交。

5. 依次填入下列各句横线处的成语，最恰当的一组是（　　）

①我看着你的背影消失在门后，你的背着书包的背影。在那个＿＿＿＿＿＿的一刻里，我就已经知道：和你的缘分，在这一生中，将是一次又一次地看着你离开，对着你的背影默默挥手。

②许多灿烂时光犹如＿＿＿＿＿＿，花开刹那，如幻如梦，花不知自己在盛开，梦中人更不觉自己在幻梦。

③人生如梦岁月无情。蓦然回首，才发现不管昨天、今天、明天，能豁然开朗就是美好的一天。穷也好，富也好，得也好，失也好，一切都是＿＿＿＿＿＿。

④＿＿＿＿＿＿，越来越不习惯去倾诉，无论受了多大的苦，也不愿再轻易将自己的伤口给别人看，我想这可能就是抑郁的前兆吧。

A. 电光石火　昙花一现　过眼烟云　曾几何时

B. 昙花一现　过眼烟云　曾几何时　电光石火

C. 过眼烟云　曾几何时　电光石火　昙花一现

D. 曾几何时　电光石火　昙花一现　过眼烟云

6. 对下列句子的表达方式分析不正确的一项是（　　）

A. 唉！还说什么呢？心痛！心痛！（抒情）

B. 有客人来，无论手中怎么窘，母亲也要设法弄一点东西去款待。（叙述）

C. 她挣扎着，咬着嘴唇，手扶着门框，看花轿徐徐地走去。（描写）

D. 他走到游行示威队伍的前头，昂首挺胸，长须飘飘。（议论）

7. 下列各句中，标点符号使用正确的一项是（　　）

A. 要加强对青少年的思想政治教育,使他们懂得什么是爱国主义？什么是共产主义？

什么是资本主义文明？如何防止精神污染？

B. "这究竟是怎么回事呢？同志们。"厂长严肃地说。

C. 这事是你去做呢？还是他去做？

D. 你叫什么？今年多大了？家住哪里？

8. 下列各句中，没有语病的一项是（　　）

A. 幼儿要受到科学的学前教育，获得身心健康发展，主要取决于幼儿园能否提供适合他们年龄特点的保育教育活动。

B. 辛亥革命推翻了清王朝统治，结束了几千年君主专制制度，传播了民主共和理念，至今仍深刻影响着每一个国人。

C. 针对某大型超市以普通蔬菜冒充有机蔬菜、以虚假商品说明欺骗消费者等，工商部门对涉案门店进行了依法处理。

9. 下列各句中所运用的修辞手法与其他三项不同的一项是（　　）

A. 透过墨镜望去，姑娘的脸呈平滑的褐色，眼睛像黑钻石似的，闪烁着奇异的光亮。

B. 热风阵阵，一望无际的麦浪翻滚着，扑打着公路的汽车，像海浪涌着一艘艘的舰船。

C. 人生如一首诗，应该多一些悠扬的抒情，少一些愁苦的哀怨。

D. 这座小村庄，面临大海，大海碧波荡漾；背靠高山，高山林木苍翠。

10. 下列各句加点的词语使用得体的一项是（　　）

A. 先生辱临寒舍，甚感荣幸。

B. 明早您在舍下等候，我准时前往请教。

C. 下午四点，我陪同来访的外国友人拜访您的家父。

D. 他大学毕业后，曾在一所山区小学就教十余年。

二、填空题

1.《国家的儿子》的作者是_____，其报告文学作品《中国新生代农民工》荣获 2014 年第六届鲁迅文学奖报告文学奖。

2. 本文的文章体裁是_____。

三、课内阅读

清晨，天刚蒙蒙亮，罗阳便忙开了，不停地打电话，协调解决各种问题。

早餐后，他再次了解了歼 15 的状态，将情况向中航工业董事长林左鸣、副总经理李玉海做了汇报。

上午 9 时，罗阳他们登上了飞往辽宁舰的直升机。

直升机继续在降低高度,一个"海上巨无霸"突然在左下方呈现。随着机身的大坡度转弯,罗阳觉得海面像要倒立过来似的,全身的血液都在往上涌……

直升机再次调整飞行高度,对着辽宁舰着落区飞去,几秒钟后,准确地在 1 号黄色圈内着陆。

歼 15 总设计师孙聪那敦实的身材第一个出现在机舱门口。孙聪拍着罗阳的肩膀,开起了玩笑:"宝贝'女儿'马上就要出嫁了,等着你这当'父亲'的来参加盛典呢!"

罗阳回了句:"有你总师在,我还有什么不放心的!"

"你们俩一个总师,一个沈飞型号研制现场指挥,缺了谁都唱不成戏!"一旁辽宁舰试验试航指挥部总指挥、海军副司令员张永义中将禁不住打趣。

什么是型号研制现场总指挥?型号研制现场总指挥是某型号飞机设计完成后,负责一切生产、调试、总装、试飞等任务的"行政总管",它意味着,具体到一颗螺丝钉是否安装到位都需要他负责。

罗阳和张永义将军也是老朋友了,张永义第一次到沈飞公司考察时,歼 15 一号机还在总装厂。这位飞行员出身的将军,围着一号机前后左右仔仔细细地看了个遍,禁不住满脸喜悦。他在提了几个非常专业的问题后,问罗阳:"罗总,你们航空人把航母比作勇士,把舰载机比作勇士手中的一把利剑。我们的航母即将下水了,你们什么时候把'利剑'交到我们'勇士'的手中?"罗阳说:"航空人绝对不会拖后腿,一定按期完成任务!"将军问:"敢立军令状吗?"罗阳回答得非常认真:"军无戏言!"

此时,在航母上与将军相见,罗阳分外喜悦,他说:"张副司令,航空人说话算数吧?""算数,非常算数!让我们一起把接下来的这场举世瞩目的大戏唱好!"将军朗声应和。

1. 在这段选文中,作者选取了哪些材料来叙写这位英雄人物?

2. "宝贝'女儿'马上就要出嫁了,等着你这当'父亲'的来参加盛典呢!"这句话中的"女儿"和"父亲"分别指的是谁?这样写有什么作用?

3. 从这段文字中我们可以看出罗阳是一个什么样的人?

4. 我们国家有很多罗阳式的英雄，他们虽不能像很多人一样享天伦之乐，但却无悔于当初的抉择，英雄最优秀的品质是什么？

四、拓展阅读

父亲挑书

阮殿文

（1）重一百多斤的书压在60多岁的父亲的肩上。

（2）我几次请求父亲放下担子让我挑一气，都被顶了回来。没办法，我只得借着电筒发出的可怜的光跟在父亲修长的身子后面，背上背着个装有几件衣服的旅行包和一把红色吉他，样子潇洒得要命。

（3）我很清楚父亲此刻的心情。中学时我因母亲病逝，被迫从滇东北转学到滇东南就读。6年多来，父亲都是形单影只地过着独身生活，一大把年纪了，仍起早贪黑地劳作，其苦不言而喻。今年大学毕业，在众亲友的劝说下，我最终放弃了在昆明一报社工作的机会，回到了离别多年的家乡。这一决定出台后，最高兴的当然是父亲了。"这回有个说知心话的地方了！"父亲逢人便说。

（4）一路上，父亲重复着那句重复了很多年的话："做人不做浮漂草，要做水上捕鱼人。"碰上熟人问："要干什么去？"他就抬高本来就很洪亮的声音："秀才搬家——尽是书。帮娃娃挑书到他舅舅家，请他家的客车送到城里去，明天娃娃就要到城里上班去了。""这回算得了！"对方回敬了一声。"嗨！"

（5）农村人的"要干什么去"是路上招呼的客套话，今晚做的事又是父亲盼了很多年的，于是，在回话时父亲便理所当然地欣慰了一番，就好像辛苦几十年就是为了等这几句让人欣慰的话从内心里流出来，以至于每一个字都吐得相当有力，像钉子落到玻璃板上一样，发出的声音乐曲般悠扬。尤其是那个"嗨"字。只可惜，父亲的身子摇出的每一个动作，都使我联想到"蹒跚"这个词，加之脚下不时地打滑，父亲几乎是踉跄而行了。

（6）我没有再要求父亲让我挑一气了。这个时候，即使再加上一百斤，只要是书——能照亮我的人生之路的赋予我智慧的书，父亲也会固执地把它挑在肩上。我小心地跟在后面，看着被书的重量挤压成弓形的父亲的身子，眼里溢满了一种闪亮的东西，让我觉得满天都是星星，我也像是借着这满天的星星发出的光前行了。

（7）希望赋予人的力量是何等的巨大啊！

（8）从今以后，我想我会更加珍爱这些书——即便不能为父亲做些什么。无论走到哪里，我都会让它像春风跟随种子一样跟着我——我忘不了这个雨夜，白发苍苍的父亲为我挑着沉重的书跟跄在一条又稀又滑的泥巴路上。

1. "我"几次请求挑担子都被父亲顶了回来，你认为父亲心里是怎样想的？

2. 试揣摩文中画线的句子的真正含义
① "做人不要做浮漂草，要做水上捕鱼人。"

② 我也像是借着这满天的星星发出的光前行了。

3. 读完全文，你觉得父亲挑在肩上的仅仅是书吗？谈谈你的看法。

4. 对选文分析不准确的一项是（　　）
A. 全文采用的是顺叙，其中第（3）段有插叙。
B. 文章在刻画父亲时运用了语言描写、行动描写、外貌描写。
C. 文章以记叙为主，兼用了抒情和议论的表达方式。
D. 文章首尾呼应，详略得当；详写父亲挑书出发，略写挑书路上。

第五单元检测题

一、选择题

1. 选出下列加点词注音有误的一组（　　）

A. 绚丽（xuàn）　抽噎（yē）　刮痧（shā）　踽踽（jǔ）

B. 份礼（fèn）　筹划（chóu）　惦念（diàn）　哽咽（yè）

C. 蛮横（hèng）　奖券（juàn）　塑胶（sù）　胆怯（què）

D. 私塾（shú）　繁衍（yǎn）　廿三（niàn）　丧事（sāng）

2. 下列字词中没有错别字的一组是（　　）

A. 振耳欲聋　穿流不息　声嘶力竭　花团锦簇

B. 金璧辉煌　不知所措　狂躁不安　水泻不通

C. 眼花缭乱　张灯结彩　食不果腹　踽踽而行

D. 一望无际　目不遐接　小心翼翼　载歌载舞

3. 依次填入横线上的词语，最恰当的一项是（　　）

①为了躲避敌人的搜捕，她＿＿成一个阔太太，打扮得珠光宝气。

②在这个真实的故事中，＿＿＿＿＿着一种美丽的东西。

③东南亚海啸灾害后，中国政府郑重＿＿＿＿＿，中国愿根据受灾国需要，进行多项援助。

④仓库里堆满了棉花包，万一失火，后果将＿＿＿＿＿。

A. 化妆　蕴藏　许诺　不可思议　　B. 化妆　蕴涵　承诺　不可思议

C. 化装　蕴藏　许诺　不堪设想　　D. 化装　蕴涵　承诺　不堪设想

4. 下列加点成语使用恰当的一项是（　　）

A. 面对金融危机，某市政府为当地的出口企业制定了许多扶持政策，大量企业在国际竞争中脱颖而出。

B. 如果你没亲身参加过蹦极运动，那么它给人带来的巨大刺激你是无法感同身受的。

C. 易中天《品三国》一书出版后，受到许多读者的热烈欢迎，一时洛阳纸贵。

D. 考虑问题时没有大局意识，目无全牛，顾此失彼，这就是他决策失误的重要原因。

5. 下列各句标点符号使用不正确的一项是（　　）

A. "今天是大集。"母亲沉重地说。

· 177 ·

B. 她有些恼怒地说："这么大的汉子，动不动就抹眼泪，像什么样子！"

C. "是老小，"母亲回答了老太太的话，回头批评我："小小孩子，说话没大没小的！"

D. "娘，"我哭着说，"我……"

6. 下列句子中没有语病的一项是（　　）

A. 通过举办2010年上海世博会，将使我国的国际地位进一步得到提高。

B. 中国人民解放军舰艇编队于当地时间6日凌晨抵达亚丁湾预定海域，开始执行护航任务。

C. 我们车间的检验工作，一连三个月被评为全厂的优胜单位。

D. 杜鹃花盛开的大明山，是吸引游人来观赏的好季节。

7. 在下面语段的空白处填入恰当的语句，正确的一项是（　　）

映日荷花，接天莲叶，亭亭莲蓬，柔嫩玉藕，无不牵惹诗情，引人遐思。让我们学做荷花的事业吧，_____；让我们学做莲叶的事业吧，_____；让我们学做莲子的事业吧，_____；让我们学做莲藕的事业吧，_____。

①把寂寞留给自己　②把芬芳献给他人　③以苦心孕育未来　④以宽阔拥护生活

A. ②④③①　　B. ①④③②　　C. ②①④③　　D. ③②④①

8. 下面各句中没有使用比喻修辞手法的一项是（　　）

A. 失了慈母便像花插在瓶里，虽然还有色有香，却失去了根。

B. 最后，那棵最小的、形状圆圆像个和尚头的也脱离了木橛子，挤进了篓子里。

C. 寒风凛冽，有太阳，很弱，仿佛随时都要熄灭的样子。

D. 那么厚的衣物使他肥胖笨重有如木桶。

9. 下列有关文学文化常识的表达，不正确的一项是（　　）

A. 《金大力》是一篇小说。本文主人公金大力的淳朴老实，勤劳踏实，以及他周围乡人融洽和谐、交往率直的环境，构建出一个重义轻利、仁和爱人的古朴乡镇风俗场景。

B. 《我的母亲》的作者是现代作家老舍，他的著名长篇小说有《骆驼祥子》和《四世同堂》，剧本有《茶馆》《龙须沟》等。

C. 《"探界者"钟扬》的作者叶雨婷是《中国青年报·中青在线》记者。2017年，钟扬荣获"感动中国2016年度人物"。

D. 《国家的儿子》本文是一篇报告文学，真实地再现了英雄罗阳壮丽人生最后的八天七夜。

10. 下列几句话中，加点的传统礼貌称谓使用正确的一句是（　　）

A. 我们家家教很严，令尊常告诫我们，到社会上要清白做人。

B. 令爱这次在儿童画展上获奖，多亏您细心指导，我们全家都很感激。

C. 我们知道你设计的产品获得优质奖，您家父已把这消息告诉了我。

D. 令郎不愧是丹青世家子弟，他画的马惟妙惟肖，栩栩如生。

二、诗文阅读

鸟鸣涧
王维

人闲桂花落，夜静春山空。

月出惊山鸟，时鸣春涧中。

1. 对这首诗的赏析，不恰当的一项是（   ）

A. 诗人用花落、山空、月出、鸟鸣这些动态的描写，来反衬出春山月夜静无人声的幽寂。

B. 第四句中诗人用"时"来作饰"鸣"，从听觉上给人动静的对比，起了更生动的烘托作用。

C. 全诗为我们描绘了一幅淡雅而意境悠远的春山月夜图，真是"诗中有画，画中有诗"。

D. 全诗语言清新自然，不堆砌典故，却细致地表现出自然界光色和音响的变化。

2. 诗人将静与动巧妙地统一在本诗中，共同构成动人的意境，颇有艺术辩证法，下列唐诗中没有运用动静相衬手法的一项的是（   ）

A. 桥响犬遥吠，庭空人散眠。（许浑《夜归丁卯桥村舍》）

B. 炉火照天地，红星乱紫烟。（李白《秋浦歌》）

C. 寒树鸟初动，霜桥人未行。（刘禹锡《途中早发》）

D. 鹤鸣楚山静，露白秋江晓。（柳宗元《与崔策登西山》）

三、科技文阅读

基因检测可预知秃顶概率

那些担心自己过早失去头发的年轻人现在不必再紧张地盯着家族中秃了顶的亲人发呆了，只需进行一次 DNA 检测，他们就能知道自己在 40 岁前秃顶的概率究竟有多高。

总部设在加利福尼亚州的"头发 DX"公司发明了这一检测方法。该公司说，通过寻找 95% 的秃顶人士都拥有的一种基因变体便可以预知受检测者过早秃顶的概率。如果在检测中发现了这一基因变体，那么便有 60% 的概率在 40 岁前秃顶。该检测还可辨别另一种不太常见的基因变体，如果拥有这一基因变体，那么受检测者就有 85% 的概率不会在 40 岁前秃顶。

人们可以采取自己脸颊内侧的物质做 DNA 样本寄往该公司进行检测，该公司会将检测结果寄回，结果中包括受检测者头发的所有细节。

这一检测于今年 1 月推出，收费 149 美元，可通过"头发 DX"公司的网站进行，一些医生的办公室也可进行这一检测。

该公司总裁安迪·戈伦说，目前市面上99%治疗秃顶的产品都是骗人的，DNA测试为人们提供了一个扎实可靠的依据，可以知道应该在什么时候、怎样治疗掉发问题。戈伦说："我们的检测提供了科学依据，消费者喜欢这一点。"

对这一检测的可信度持怀疑态度的哥伦比亚大学基因工程学副教授安杰拉·克里斯蒂亚诺说，目前还很难确定导致秃顶的原因，因为目前已经发现的与掉发有关的基因少之又少。

她说，虽然"头发DX"公司对导致掉发的一种基因变体进行了分析，但仍有许多其他尚不为人知的基因变体在决定秃顶的问题上起了重要作用。

克里斯蒂亚诺说："只挑出一种基因的做法有点武断。不过其他能做的事情的确很少。如果我们不知道起作用的另外10种基因是什么，就很难知道这种基因究竟起多大作用。"

美国掉发协会创始人斯宾塞·科布伦承认，这一检测并不完美，但该协会对这一检测提供了支持。

科布伦说，人们一般要等到已经出现了秃顶的征兆时才会采取措施，但如果知道自己的基因注定要掉发，就可以提供一个要保护好自己头发的理由。

1. 下列关于基因检测预知秃顶概率的方法，表述无误的一项是（　　）

A. 这种检测方法是总部设在加利福尼亚州的一家公司于今年1月发明的。

B. 这种检测方法可准确预知一个人在40岁前是否秃顶。

C. 这种检测方法要求受检者采取自己脸颊内侧的物质做成DNA样本。

D. 这种检测方法可通过该公司的网站进行，也可在一些医生的办公室进行。

2. 下列表述不符合"头发DX"公司提出的基因检测法原理的一项是（　　）

A. 秃顶是基因变体造成的，通过寻找95%的秃顶人士都拥有的一种基因变体便可以预知受检者过早秃顶的概率。

B. 如果在检测中发现了该公司找到的那种影响秃顶的基因变体，那么受检者就有可能在40岁前秃顶。

C. 该检测还可辨别另一种不太常见的基因变体，该变体抑制着秃顶的发生。

D. 如果受检者拥有他们辨别出的那种不太常见的基因变体，那么在40岁前就不大可能秃顶。

3. 下列不属于安杰拉·克里斯蒂亚诺对基因检测预知秃顶概率持怀疑态度理由的一项是：（　　）

A. 她认为目前很难确定导致秃顶的原因，因为目前已经发现的与掉发有关的基因非常少。

B. 造成掉发的基因变体不止一种，还有许多不为人知的基因变体在起重要作用。

C. 她认为"头发DX公司"对导致掉发的一种基因变体进行的分析是没有什么价值的。

D. 她认为如果不知道起作用的其他基因是什么，就很难知道这种基因究竟起多大作用。

4. 根据本文提供的信息，下列推断正确的一项是（　　）

A. 基因检测法是目前预知秃顶概率最完美的检测方法，因而会受到消费者的喜欢。

B. 从分析基因着手，有可能找到秃发的真正原因，从而找到治疗秃顶的办法。

C. 因为没有找到秃顶的真正原因，目前市面上治疗秃顶的产品都是无效的。

D. 家族中有秃顶亲人的年轻人担心自己也会秃顶，是因为秃顶是可以遗传的。

四、填空题

1. 《我的母亲》的作者是现代作家_____。他原名_____，字舍予。
2. 《金大力》的作者是_____。
3. 小说的三要素是_____、情节、环境。
4. 便条的种类很多，使用最广泛的有请假条、_____、托事条等。
5. 请假条要在字条的上方居中写上_____字样。

五、应用文写作

9月5日这天，王强病了，医生建议休息三天，请你以王强的名义向李老师写一张请假条。

六、现代文阅读

珍惜牵挂

何 山

牵挂，是一颗心对另一颗心的深深惦记，它可以连接亲情，连接友情，连接爱情，连接乡情。

"慈母手中线，游子身上衣"是儿行千里母担忧的牵挂；"海上生明月，天涯共此时"是乡情魂系梦萦的牵挂；"海内存知己，天涯若比邻"是距离遥远却无法阻断彼此友情的牵挂；"衣带渐宽终不悔，为伊消得人憔悴"是爱人缠绵悱恻的牵挂；"烽火连三月，家书抵万金"是家人血浓于水的牵挂。"遥知兄弟登高处，遍插茱萸少一人"，是牵挂的缺憾；"愿君多采撷，此物最相思"，是牵挂的寄托；"劝君更尽一杯酒，西出阳关无故人"，是牵挂的蕴含；"子归夜半犹啼血，不信东风唤不回"是牵挂的执着……

牵挂是人生最纯洁最美好的情感。

人间的温情需要用牵挂来表达。

牵挂，其实就是一封满是错别字的简短家书：丫儿，你在外边还好吗？

牵挂，其实就是悦耳的电话声带来的亲切的问候——"你好""妈，我想你了""豆子，在哪发财呢？"

牵挂，其实就是小小手机荧屏上彩色的信笺——"亲爱的，我在北京，想你""冬天了，家里买煤了吗？"

牵挂，其实就是来自大洋彼岸温馨浪漫的伊妹儿：满天星星都是我思念的眼睛在凝视着你。

牵挂，其实就是你身后那双期盼的眼睛，那份刻骨铭心的惦念……

有了朋友和亲人的牵挂，人生才会远离孤独和寂寞。

当你从母亲温暖的身体里挣脱，来到这个充满诱惑的大千世界。从蹒跚学步到牙牙学语，从嬉笑怒骂到举手投足，都无一例外地牵动着母亲的心；村中的小学，乡里的中学，城里的大学，我们一天天进步，一天天成长，就一天天地远离家乡，远离母亲。当你终于独立飞向更广阔的天空时，就带走了母亲心中那份对儿女永远的牵挂，却把自己那份生疏粗糙的牵挂留给了母亲……

一个人在他乡打拼，心灵和身体经受着艰苦的历练。繁重的工作压力、紧张的生活节奏、复杂的人际关系，使得那份留给母亲的牵挂，更加生疏粗糙。

你说：我在外面努力打拼，艰苦创业，等我有能力挣下了温馨可人的家园，就把母亲接过来享福。

你说：我在外边很好，不用母亲惦记。我独自承受艰难困苦，一个人面对失败和挫折，不能告诉母亲，免得她担心和忧虑。

你说：我会按时寄钱回来，让母亲衣食无忧。

你说：母亲的身体还很硬朗……

于是你封锁了自己的一切消息。一个月、半年、一年、两年……十年过去了，母亲日日在村头的小河边徘徊，幻想着路口的车上突然跳下你熟悉得有些陌生的身影；任凭渴盼的眼睛望穿秋水，任凭思念的愁绪日夜煎熬，皱纹刻满了额头，白发染遍了两鬓，岁月让母亲迅速苍老，牵挂让母亲寂寞和消瘦。孩子啊，你可知道，母亲不需要冰冷的钞票，只想跟你吃一顿土豆白菜；母亲不需要富丽豪宅，只想跟你在一铺炕上唠唠嗑；母亲不可能给你物质上的帮助，可是，母亲的老屋是你永远的依靠和港湾；无论你富贵还是贫穷，母亲的怀抱永远是你休憩的家园……

你终于功成名就、衣锦还乡了，迎接你的却是杂草丛生的荒坡上那一抔寂寞的黄土……

"子欲孝而亲不在"是人生最大的遗憾。朋友，多给亲人一些牵挂吧，其实很简单，就是轻轻拨动一下手指，亲切地叫一声"妈"，她永远乐于分享你的快乐和痛苦，成功与失败。常回家看看，不用带一大堆东西，就是跟母亲聊聊天，听听她的唠叨，让她永远保持着骄傲和自信。让她觉得在孩子心中，母亲，永远最重要，母亲，永远是你最亲最近最爱的人！

生活需要别离，也需要牵挂。因为人生就是一首牵挂的歌，谱出生活律动的乐章，唱出人生的悲欢离合！

1. 作者通过哪些事例来具体表现"有了朋友和亲人的牵挂，人生才会远离孤独和寂寞"？

2. 儿女留给母亲的牵挂"更加生疏粗糙"的原因是什么？

3. 文章通过哪个情景来印证"'子欲孝而亲不在'是人生最大的遗憾"？

4. 文中"母亲日日在村头的小河边徘徊，幻想着路口的车上突然跳下你熟悉得有些陌生的身影"，思念儿女的母亲为什么对儿女的身影既熟悉又陌生？

5. 下列对这篇文章的赏析和评价，不正确的一项是（　　）
   A. 本文是一篇散文，以"牵挂"为感情线索，重在讴歌充满温馨的亲情、友情、爱情和乡情。
   B. 本文通篇所写的牵挂之情就是指父母对儿女的思念之情。
   C. 作者在文章中直抒胸臆，呼唤人们一定要珍惜牵挂，要多给亲人以牵挂。
   D. 本文语言优美，开头引用脍炙人口的古诗词，使读者沐浴在浓郁的情感氛围中，从而产生对"牵挂之情"的感动、回味和联想。

七、写作训练

学校是人生的第二个驿站，是一个人成长的摇篮。小学、初中、高中，你告别了一批又一批同学和老师，又结识了一批又一批新同学和新老师。在教室，在宿舍，在餐厅，在整个校园，发生过多少关爱的故事，盛开过多少友谊的花朵，谱写了多少段刻苦求学的乐章。

请以"校园"为话题，自己命题，自主立意，写一篇800字左右的记叙文或散文。要写出自己的感受与思考。

第六单元

二十一　《诗经》二首

 学习目标

1. 了解并熟记《诗经》的基本常识。
2. 积累重要的文言词汇。
3. 学习《静女》重章叠句的表现手法；学习《采薇》叙事中融情于景的表现手法，把握诗歌中细节描写的作用。学习《诗经》中"赋、比、兴"的表现手法。
4. 理解文中主人公的感情变化，鉴赏作品中个性鲜明的人物形象。
5. 背诵并默写两首诗。

 文学常识

　　《诗经》是我国是最早的一部诗歌总集，相传孔子对其做过收集整理，原本只称《诗》，后来成为儒家的经典之一。成书于公元前6世纪的春秋时期中叶，共305篇，所以又称"诗三百"。

　　《诗经》按其表现内容可分为"风""雅""颂"三部分。"风"又称15国风，大都是民间的歌谣，后人经常把它和屈原的《离骚》并称为"风骚"。"雅"分大雅和小雅，是宫廷乐曲歌词，它是一种正统音乐。"颂"分周颂、鲁颂、商颂，是宗庙祭祀的乐歌。

　　《诗经》普遍运用赋、比、兴表现手法。"赋者，敷陈其事而直言之也"，"敷陈"指叙事，"直言"指照直说；"比者，以彼物比此物也"，即比喻；"兴者，先言他物以引起所咏之辞也"，就是借助其他事物作为诗歌的开头以引起所咏的内容。语言以四言为主，朴实优美，音律和谐悦耳，其中不少篇章采用重章叠句的艺术形式。

 课文解析

　　《静女》一诗，是写青年男女爱情生活的诗歌，也就是说，它是一首爱情诗。诗是从男子一方来写的，但通过他对恋人外貌的赞美，对她待自己情义之深的宣扬，也可见未直接在诗中出现的那位女子的人物形象，甚至不妨说她的形象在男子的第一人称叙述中显得更为鲜明。而这又反过来使读者对小伙子的痴情加深了印象。

185

第六单元

《采薇》是西周时期一位饱尝服役思归之苦的戍边战士在归途中所作的诗,诗中叙述了他转战边陲的艰苦生活,表达了他爱国恋家、忧时伤事的感情。这首诗描述了这样的一个情景:寒冬,阴雨霏霏,雪花纷纷,一位解甲退役的征夫在返乡途中踽踽独行。道路崎岖,又饥又渴;但边关渐远,乡关渐近。此刻,他遥望家乡,抚今追昔,不禁思绪纷繁,百感交集。艰苦的军旅生活,激烈的战斗场面,无数次的登高望归情景,一幕幕在眼前重现。

知识积累

1. 给下列加点的字注音。

静女其姝（　　　）　　搔首踟蹰（　　　）（　　　）

静女其娈（　　　）　　彤管有炜（　　　）

自牧归荑（　　　）　　说怿女美（　　　）（　　　）

匪女之为美（　　　）　　雨雪霏霏（　　　）

四牡骙骙（　　　）　　王事靡盬（　　　）

小人所腓（　　　）

2. 解释下列带点字词。

俟我于城隅：

贻我彤管：

薇亦作止：

彼尔维何：

知识检测

一、选择题

1. 下列词语中注音有错误的一项是（　　　）

A. 靡室靡家（mǐ）　　静女其姝（shū）　　不遑启居（huáng）

B. 静女其娈（luán）　　载（zāi）饥载渴　　靡使归聘（pìn）

C. 雨雪霏霏（fēi）　　象弭鱼服（mǐ）　　贻我彤管（yí）

D. 洵美且异（xún）　　王事靡盬（gǔ）　　小人所腓（féi）

2. 下列词语中有错别字的一项是（　　　）

A. 归聘　　小人所腓　　骚首踟蹰　　不遑启居

B. 城隅　　彤管有炜　　靡使归聘　　维常之华

C. 洵美　　象弭鱼服　　说怿汝美　　忧心孔疚

D. 自牧归荑　　戎车既驾　　岁亦莫止　　今我来思

3. 下列各组句中，每句都包含有通假字的一组是（　　）

A. 岁亦莫止／我戍未定　　　　B. 忧心孔疚／我行不来

C. 彼尔维何／匪女之为美　　　　D. 象弭鱼服／小人所腓

4. 下列加点字词解释有误的一项是（　　）

A. 采薇采薇，薇亦作止：句尾语气助词，无实义。

B. 我戍未定，靡使归聘：问候

C. 行道迟迟：很晚

D. 戎马既驾，四牡业业：高大的样子

5. 选出对"彤管有炜，说怿女美"二句翻译正确的一项（　　）

A. 红色的彤笛有色彩，漂亮的乐器让我喜爱。

B. 彤笛鲜艳又光亮，漂亮的乐器真让我喜爱。

C. 彤笛鲜艳又光亮，美丽的姑娘更让我喜爱。

D. 彤笛鲜艳又光亮，静女叮嘱我要喜爱它。

6. 选出对"行道迟迟，载渴载饥"中的"载"理解正确的一项是（　　）

A. 记载，记录　　　B. 年　　　C. 乘坐　乘车　　　D. 又

7. 下列译文有误的一项是（　　）

A. 静女其姝——娴静的少女真美丽

B. 俟我于城隅——在城的角楼等着我

C. 爱而不见——她那般可爱，怎不让我瞧见

D. 搔首踟蹰——我挠着头，四下徘徊

8. "静女其姝，俟我于城隅""静女其娈，贻我彤管"这两句运用了哪种表现手法（　　）

A. 重章叠句　　　B. 夸张　　　C. 对比　　　D. 对偶

9. 下列对《静女》的赏析，不恰当的一项是（　　）

A. 这首诗基调欢快而富有情趣，叙写了一对青年男女约会的过程。

B. "爱而不见，搔首踟蹰"这个细节惟妙惟肖地描绘了小伙子当时那种焦灼不安的情态。

C. 无论是赠彤管，还是赠荑草，都发生在同一天，可见这对青年男女的恋情已到极致。

D. 这首诗除了细节描写外，还运用了双关及移情手法，因而生动活泼，富有情趣。

10. 下列有关文学常识的叙述，错误的一项是（　　）

A.《诗经》是我国最早的一部诗歌总集，被儒家列为五部经典著作之首。

B.《诗经》中的诗歌分为"风""雅""颂"三个部分。"风"又叫"国风"共有15国风，160篇。大都是劳动人民创作的民间歌谣；"雅"分为大雅、小雅，共105篇，大多为周代宫廷乐曲歌辞。"颂"分为周颂。鲁颂、商颂，多为周天子及诸侯们祭礼时的乐歌，共40篇。

C.《诗经》反映了从西周到春秋时期的社会生活，共305篇，古时也称为"诗三百"。其创作方法基本上是现实主义的。

D.《诗经》中都是四言诗，普遍采用赋、比、兴的表现手法。

二、填空题

1.《采薇》选自诗经，诗经分为_____、_____、_____三部分。

2.《诗经》在先秦时不称"经"，而是称"_____"或"诗三百"，《诗经》本有_____篇，举其整数，故称"诗三百"。

3.《静女》出自诗经中的_____。

三、课内阅读

采薇采薇，薇亦作止。曰归曰归，岁亦莫止。靡室靡家，玁狁之故。不遑启居，玁狁之故。

采薇采薇，薇亦柔止。曰归曰归，心亦忧止。忧心烈烈，载饥载渴。我戍未定，靡使归聘。

采薇采薇，薇亦刚止。曰归曰归，岁亦阳止。王事靡盬，不遑启处。忧心孔疚，我行不来。

彼尔维何？维常之华。彼路斯何？君子之车。戎车既驾，四牡业业。岂敢定居，一月三捷。

驾彼四牡，四牡骙骙。君子所依，小人所腓。四牡翼翼，象弭鱼服。岂不日戒？玁狁孔棘！

昔我往矣，杨柳依依。今我来思，雨雪霏霏。行道迟迟，载渴载饥。我心伤悲，莫知我哀。

1.《诗经》的作者是（　　）

A.贵族　　　　B.平民　　　　C.各个阶层人士　　　　D.士人

2.风雅颂是《诗经》的三个组成部分，这主要是根据（　　）的不同对诗篇的分类。

A.作者　　　　B.地域　　　　C.内容　　　　D.音乐

3.《采薇》诗中没有表现的思想感情倾向是（　　）
A. 对周天子的愤怒　　　　　　　B. 对战争的厌恶
C. 对和平的向往　　　　　　　　D. 思乡自伤之情

4. 对诗中词句的分析不恰当的一项是（　　）
A."昔我往矣，杨柳依依"点明出征时是春天。"依依"形容柳丝轻柔，随风摇曳的样子，似乎是为人送行，又似乎表示挽留。
B."今我来思，雨雪霏霏"是说归来时是冬天。"霏霏"是形容雨和雪下得很大，似乎表示欢迎，又似乎表示冷漠。
C."行道迟迟"的意思是慢慢地在路上走。
D."今我来思"一句中的"思"，用在句末，没有实在意义。

四、拓展阅读

蒹 葭

蒹葭苍苍，白露为霜。所谓伊人，在水一方。
溯洄从之，道阻且长。溯游从之，宛在水中央。

蒹葭萋萋，白露未晞。所谓伊人，在水之湄。
溯洄从之，道阻且跻。溯游从之，宛在水中坻。

蒹葭采采，白露未已。所谓伊人，在水之涘。
溯洄从之，道阻且右。溯游从之，宛在水中沚。

1. 体现诗的全部旨意出来，且起到联上启下作用的诗句是？

2. 重章叠句是诗经典型的艺术特色，请简要分析这首诗重章叠句的表达效果。

3. 诗的每一章开头都写景，说说这些景物描写的作用？

4. 对这首诗赏析不当的一项是（　　）
A.这首诗每章开头两句写景，渲染了萧瑟冷落的气氛，烘托出主人公凄婉惆怅的心情。
B.这首诗三次运用"宛"字，给人以迷迷茫茫、若隐若现的感觉。

C. 这首诗运用重章叠句的形式反复咏唱，表达了缠绵无尽的情感，委婉动人。

D. 这首诗表现了主人公对意中人执着追寻的精神以及可望而不可即的绝望情绪。

二十二 子路、曾皙、冉有、公西华侍坐

学习目标

1. 熟读课文,整理并积累重要的文言实词、虚词和句式。
2. 重点掌握:如、方、作、撰、伤、与、让、乎、尔。
3. 体味孔子及其弟子的神情风范,了解孔子的礼治思想。

文学常识

孔子(前551—前479),名丘,字仲尼,春秋末期鲁国人,著名思想家、教育家。孔子幼年丧父,鲁定公时,曾任鲁国大司寇,后来私人办学,周游列国,宣传自己的政治主张,还在晚年整理"六经"(《诗》《书》《易》《礼》《乐》《春秋》)。他是儒家学派的创始人,自汉代以后,孔子学说成为两千余年封建文化的正统,封建统治者一直把他当作圣人。他又是伟大的教育家,他的教育思想影响深远,以至于今。

《论语》是一部语录体的散文集,它是孔子的弟子和再传弟子所辑录的言行录,全面地反映了孔子的哲学、政治、文化和教育思想。宋儒将它与《大学》《中庸》和《孟子》合称为"四书"。在行文中称孔子学生的字,那是表示对他们的尊敬,而孔子招呼他们时,就直呼其名,称呼中透出几分亲切。《论语》中有不少精辟的言论成为人们习用的格言和成语,对后来的文学语言有很大的影响。

课文解析

本文记述了孔子启发弟子们畅谈自己的理想,并对弟子们所谈理想的内容和态度,表示不同的看法和评价。这是一次对话形式的教育活动,是孔子"因材施教"教育思想的具体体现。

《论语》中的篇章都没有标题,这一章的标题是编者加的,但它却概括了人物以及中心事件,也就是四个学生陪一个老师闲坐谈话。据考证,当时孔子约60岁,子路约51岁,和孔子差不多是同龄人,曾皙约39岁,冉有约31岁,公西华大约18岁。谈话的过程也

极为有趣。

知识积累

1. 给下列加点的字注音。

饥馑（   ）　　撰（   ）　　摄（   ）　　喟然（   ）

舞雩（   ）　　铿尔（   ）

2. 解释下列加点的字。

①居则曰：

②率尔：

③比及：

④知方：

⑤方六七十：

⑥端章甫：

知识检测

一、选择题

1. 下列加点字的注音有误的一项是（   ）

A. 千乘之国（shèng）　　吾与点也（yǔ）　　风乎舞雩（yú）　　浴乎沂（xīn）

B. 毋吾以也（wú）　　莫春（mù）　　三子者之撰（zhuàn）　　铿尔（kēng）

C. 冠者五六人（guàn）　　愿为小相（xiàng）　　饥馑（jǐn）　　哂之（shěn）

D. 喟然叹曰（kuì）　　曾皙（xī）　　以俟君子（sì）　　舍瑟而作（sè）

2. 下列词语中错别字最少的一项是（   ）

A. 以俟君子　　宗庙之事　　舍瑟而作　　春服既成

B. 风乎舞雩　　喟然叹曰　　端章辅　　鼓瑟稀

C. 因之以饥馑　　恃坐　　裕乎沂　　宗庙会同

D. 千乘之国　　冉有　　无吾以也　　夫子栖之

3. 下列句子中有通假字的一项是（   ）

A. 以俟君子　　　　　　　　　　B. 莫春者，春服既成

C. 异乎三子者之撰　　　　　　　D. 因之以饥馑

192

4. 下列句子中有古今异义的一项是（　　）
   A. 子路率尔而对曰　　　　　　B. 亦各言其志也已矣
   C. 如会同，端章甫　　　　　　D. 夫子喟然叹曰

5. 下列句子中不是宾语前置的一项是（　　）
   A. 毋吾以也　　　　　　　　　B. 不吾知也
   C. 夫三子者之言何如　　　　　D. 以吾一日长乎尔

6. 下列四句中加下划线字的解释无误的一项是（　　）
   A. 则何以哉　做　　　　　　　B. 居则曰　闲居
   C. 如或知尔　了解　　　　　　D. 以吾一日长乎尔　成长

7. 下列句子加点词的用法与其他三项不同的一项是（　　）
   A. 端章甫　　　　　　　　　　B. 三子者出，曾晳后
   C. 赤也为之小，孰能为之大　　D. 风乎舞雩

8. 下列句子中加点词的意义和用法不相同的一句是（　　）
   A. 为国以礼　　由也为之
   B. 方六七十　　且知方也
   C. 方六七十，如五六十　　如会同
   D. 如或知尔　　人固有一死，或重于泰山，或轻于鸿毛。

9. 对下列语句的分析，不正确的一项是（　　）
   A. "不吾知也"是宾语前置句。
   B. "浴乎沂"是状语后置句。
   C. "夫三子者之言何如？"是定语前置句。
   D. "宗庙之事，如会同，端章甫，愿为小相焉。"句中的"端"是名词活用作动词，本意为"古代一种用整幅布做的礼服"，此处译为"穿着礼服"。

10. 下列对原文的概括和分析，不符合文意的一项是（　　）
    A. 从"率尔而对曰：'千乘之国，摄乎大国之间，加之以师旅，因之以饥馑；由也为之，比及三年，可使有勇，且知方也'"的神态、语言描写中，可以看出子路是一个有抱负，坦诚，但性格比较鲁莽、轻率、自负的人。
    B. 从"方六七十，如五六十，求也为之，比及三年，可使足民。如其礼乐，以俟君子"的语言描写中，可以看出冉有是一个谦虚谨慎、说话很有分寸的人。
    C. 从"非曰能之，愿学焉。宗庙之事，如会同，端章甫，愿为小相焉"的语言描写中，可以看出公西华是一个谦恭有礼、娴于辞令的人。
    D. 从"莫春者，春服既成，冠者五六人，童子六七人，浴乎沂，风乎舞雩，咏而归"的语言描写中，可以看出曾晳是一个洒脱，只追求个人享受而没有理想的人。

二、填空题

1.《子路、曾晳、冉有、公西华侍坐》选自_____篇。

2.本文是孔子"因材施教"的范例。通过孔子和四个学生的谈话，以_____为线索，写出了学生们的志趣、性格，表达了孔子的思想、态度。

3.孔子（前551—前479），名_____，字_____，春秋末期_____人。

三、课内阅读

子路、曾晳、冉有、公西华侍坐。子曰："以吾一日长乎尔，毋吾以也。居则曰：'不吾知也！'如或知尔，则何以哉？"

子路率尔而对曰："千乘之国，摄乎大国之间，加之以师旅，因之以饥馑；由也为之，比及三年，可使有勇，且知方也。"

夫子哂之。

1. 对加点词的解释，不正确的一项是（   ）

A. 摄乎大国之间　摄：夹，迫近　　B. 因之以师旅　因：因为

C. 以俟君子　俟：等待　　　　　　D. 鼓瑟希　鼓：弹奏

2. "亦各言其志也"的"其"应讲作（   ）

A. 他　　　　B. 你　　　　C. 自己　　　　D. 其中

3. 下列句子中"方"的解释与例句的"方"相同的一句是（   ）

例句：方六七十

A. 有朋自远方来　　　　　　B. 今齐地方千里

C. 方欲行，转视积薪后，一狼洞其中　　D. 不以规矩，不成方圆

4. 与"加之以师旅"句式相同的一项是（   ）

A. 俟我于城隅　　　　　　　B. 毋吾以也

C. 童子六七人　　　　　　　D. 可使有勇，且知方也

四、拓展阅读

曾子[①]耘瓜

曾子耘瓜，误斩其根，曾晳[②]怒，建大杖以击其背，曾子仆地而不知人久之。有顷，乃苏，欣然而起，进于曾晳曰："向也参得罪于大人，大人用力教参，得无疾乎？"退而就房，援琴而歌，欲令曾晳闻之，知其体康也。

孔子闻之而怒，告门弟子曰："参来，勿内。"曾晳自以为无罪，使人请于孔子。

子曰："汝不闻乎？昔瞽瞍③有子曰舜，舜之事瞽瞍，欲使之，未尝不在于侧，索而杀之，未尝可得。小棰则待过。大杖则逃走。故瞽瞍不犯不父之罪，而舜不失烝烝之孝。今参事父，委身以待暴怒，殪④而不避，既身死而陷父于不义，其不孝孰大焉？汝非天子之民也？杀天子之民，其罪奚若？"曾参闻之，曰："参罪大矣。"遂造孔子而谢过。

[注]①曾子：名参，孔子的弟子。

②曾晳：曾参的父亲，孔子的弟子。

③瞍：瞎子。

④殪：杀。

1. 下列加点字词解释不正确的一项是（　　）

A. 向也参得罪于大人　向：从前　　　　B. 参来，勿内　内：同"纳"，接纳

C. 舜之事瞽瞍　事：奉事　　　　　　　D. 委身以待暴怒　委身：全身心投入

2. 对下列句中加点字的意思，判断正确的一项是（　　）

①孔子闻之而怒　②汝不闻乎　③使人请于孔子　④欲使之

A. 两个"闻"字相同，两个"使"字不同

B. 两个"闻"字相同，两个"使"字也相同

C. 两个"闻"字不同，两个"使"字也不同

D. 两个"闻"字不同，两个"使"字相同

3. 对"汝非天子之民也？"句式判断正确的一项是（　　）

A. 状语后置句　　B. 判断句　　　C. 宾语前置句　　　D. 定语后置句

4. 下列叙述符合原文的一项是（　　）

A. 曾参由于误伤瓜根而遭到父亲毒打，但他毫无怨言，援琴而歌，希望父亲听见歌声知道自己的身体健康。

B. 本文主要记叙曾参误伤瓜根而遭到父亲毒打的故事，说明作为父亲不应该对儿子下毒手。

C. 本文引用孔子的故事，意在谴责曾参作为儿子，不应该陷父亲于不义，在父亲暴怒之下危及生命时，要赶快逃开。

D. 孔子所认为的孝是作为儿子在父亲暴怒之下危及生命时，要赶快逃开，以免陷父亲于不义。

二十三 劝学

学习目标

1. 了解荀子及其《荀子》。
2. 掌握并积累重要的文言词汇，掌握本文出现的词类活用和特殊文言句式。
3. 借鉴荀子有关学习的意义和学习态度的论述，认识学习的重要性以及学习必须"积累""坚持""专一"的道理。
4. 学习本文比喻论证、对比论证的办法，提高围绕中心论点合理论证的能力。
5. 背诵并默写全文。

文学常识

荀子（约前313—前238），赵国人，名况，字卿，当时人们尊称他为荀卿。战国末期的思想家、教育家、文学家。

荀子是先秦儒家最后的代表，朴素唯物主义思想集大成者。韩非和李斯都是他的学生。他反对迷信天命鬼神，肯定自然规律是不以人们意志为转移的，并提出"制天命而用之"的人定胜天的思想。他强调教育和礼法的作用，主张治理天下既要靠"法制"，又要重视教化兼用"礼"治，强调"行"对于"知"的必要性和后天学习的重要性，认为后天环境和教育可以改变人的本性。

荀子的著作有《荀子》二十卷。该书由《论语》《孟子》的语录体发展为有标题的论文，标志着古代说理文的进一步成熟。他的散文说理透彻、语言质朴，多排比句，又善用比喻。

课文解析

本文围绕"学不可以已"这个中心论点，从学习的意义、作用、态度等方面，有条理、有层次地加以阐述。大量运用比喻来说明道理，是这篇文章的特色。

荀子的《劝学》是历来为人们所传诵的名篇，其中有些警句，已成为勉励学习常用的成语。这里节选三段，在原文中本不相连，但是意脉一贯，可以独立成篇。文章大量运用比喻来说明道理。这些比喻取之于人们熟悉的事物，又包含丰富的含义，因此，道理能说得浅显明白，发人深思。

知识积累

1. 给下列加点字注音，并注明通假字。

①故不积跬步，无以至千里（　　　　）

②吾尝跂而望矣（　　　　）

③锲而不舍，金石可镂（　　　　）

④其曲中规（　　　　）

⑤虽有槁暴（　　　　）

⑥则知明而行无过矣（　　　　）

⑦君子生非异也（　　　　）

2. 解释下面的古今异义词的含义。

①非能水也，而绝江河（　　　　　　　　　　）

②蚓无爪牙之利，筋骨之强（　　　　　　　　　　）

知识检测

一、选择题

1. 下列加点的字的字形、注音全对的一组是（　　　）

A. 輮（róu）以为轮　　金就砺（lì）　　则知（zhī）明而行无过矣

B. 虽有槁暴（bào）　　须臾（yú）　　驽（nú）马

C. 善假（jià）于物　　跬（kuǐ）步　　金石可镂（1òu）

D. 跂（qì）而望　　骐骥（jì）　　爪（zhǎo）牙

2. 下列词语注释正确的一组是（　　　）

A. 輮使之然也（弯曲）　其曲中规（合乎）　砺（磨刀石）　须臾（片刻）

B. 假舟楫（借助，利用）　声非加疾（快）　劝学（勉励，鼓励）　槁暴（枯）

C. 绝江河（横渡）　跬步（古代的半步）　驽马（劣马）

　　生非异也（通"性"，资质，禀赋）

D. 镂（雕刻）　圣心备焉（完备）　渊（深水）　风雨兴焉（起）

3. 下边句子中没有通假字的一项是（　　）

A. 则知明而行无过矣。　　　　　　B. 君子生非异也。

C. 君子博学而日参省乎己。　　　　D. 虽有槁暴，不复挺者。

4. 下列选项中加点词的古今意义相同的一项是（　　）

A. 君子博学而日参省乎己　　　　　B. 故金就砺则利

C. 青，取之于蓝而青于蓝　　　　　D. 蚓无爪牙之利，筋骨之强

5. 下列句子中加点词语解释不正确的一项是（　　）

A. 吾尝跂而望矣　　跂：踮起脚后跟。

B. 声非加疾也　　　疾：快，这里引申为"洪亮"。

C. 假舆马者　　　　假：凭借，利用。

D. 而绝江河　　　　绝：断绝。

6. 下列句中没有词类活用的一项是（　　）

A. 君子博学而日参省乎己。　　　　B. 上食埃土，下饮黄泉。

C. 假舟楫者，非能水也。　　　　　D. 君子曰：学不可以已。

7. 选出与"筋骨之强"中的"强"意义相同的一项（　　）

A. 秦贪，负其强，以空言求璧　　　B. 学未有达，强以为知

C. 策勋十二转，赏赐百千强　　　　D. 人强马壮

8. 按照"之"字的意义的用法，选出全是代词的一项（　　）

①青，取之于蓝　　　　　　②黄鹤楼送孟浩然之广陵

③不如须臾之所学也　　　　④蚓无爪牙之利，筋骨之强

⑤冰，水为之　　　　　　　⑥君将哀而生之乎

⑦非蛇鳝之穴无可寄托者　　⑧孤之有孔明，犹鱼之有水也

A. ②③⑤　　　　B. ①⑤⑥　　　　C. ③⑦⑧　　　　D. ④⑤⑧

9. 从文言句式特点看，不同于其他三句的一句是（　　）

A. 蚓无爪牙之利，筋骨之强。　　　B. 何陋之有。

C. 句读之不知，惑之不解。　　　　D. 然而不王者，未之有也。

10. 下列句子翻译不正确的一项是（　　）

A. 君子生非异也，善假于物也。译文：君子的本性同一般人没有什么差别，但是他们善于借助外物进行学习啊。

B. 故不积跬步，无以至千里。译文：所以不积累小步，就没有借以远达千里的办法。

C. 假舆马者，非利足也，而致千里。译文：借助车马的人，是脚走得快，才能达到千里之外。

D. 非蛇鳝之穴无可寄托者，用心躁也。译文：没有蛇和鳝鱼洞（就）没有（地方）可以寄托（身体），（这是）用心浮躁（不专一的缘故）。

二、填空题

1. 荀况名____，字卿，又称荀卿，____末期赵国（今山西南部）人。著名的____家、教育家，是先秦____家最后的代表，朴素唯物主任思想集大成者。《____》一书为战国末期赵人荀况及其弟子所著。

2. ____，不能十步；____，功在不舍。____，朽木不折；____，金石可镂。

三、课内阅读

吾尝终日而思矣，不如须臾之所学也；吾尝跂而望矣，不如登高之博见也。登高而招，臂非加长也，而见者远；顺风而呼，声非加疾也，而闻者彰。假舆马者，非利足也，而致千里；假舟楫者，非能水也，而绝江河。君子生非异也，善假于物也。

1. 下列句中"而"字用法不同于其他三项的一项是（   ）

　A. 吾尝终日而思矣　　　　　B. 臂非加长也，而见者远

　C. 登高而招　　　　　　　　D. 顺风而呼

2. 对下列句子翻译正确的一项是（   ）

吾尝终日而思矣，不如须臾之所学也。

A. 我曾经整天地思考，却比不上短时间内学习收获大。

B. 我曾经整天地独立思考，却比不上短时间向他人学习收获大。

C. 我曾经一天到晚不停地学习，却比不上短时间内学习收获大。

D. 我曾经整天地思考，却不如一会儿向别人学，一会儿自己思考收获大。

3. 下列句中的"而"与"黑质而白章"中的"而"用法相同的一项是（   ）

　A. 知名而行无过矣　　　　　B. 吾尝终日而思矣

　C. 臂非加长也，而见者远　　D. 积善成德，而神明自得

4. 对上文意思理解不正确的一项是（   ）

A. "终日而思"之所以不如"须臾之所学"收获大，是因为没有很好地利用外在的人或物。

B. 文章很好地运用了比喻论证的方法，来阐述"善假于物"的重要意义。

C. 学习上要取得好成绩，就必须把个人独立思考和向他人请教结合起来，这也是上文重点论述的道理。

D. 学习可以使人"善假于物"，从而培养起自己超越常人的智慧和品德。

四、拓展阅读

虽有嘉肴，弗食，不知其旨也；虽有至道，弗学，不知其善也。是故学然后知不足，教然后知困。知不足，然后能自反也；知困，然后能自强也。故曰：教学相长也。《兑命》曰："学学半。"其此之谓乎？

1. 下列加点字注音错误的一项是（　　）

A. 嘉肴（yáo） B. 自强（qiáng）

C. 兑（yuè）命 D. 学（xiào）学半

2. 下列加点词解释错误的一项是（　　）

A. 虽有佳肴（即使） B. 不知其旨也（甘美）

C. 学学半（学习） D. 知困，然后能自强也。（不通，理解不了。）

3. 下列句子翻译有误的一项是（　　）

A. 是故学然后知不足：所以学习过后才知道自己的学识不够

B. 虽有至道，弗学，不知其善也：虽然有至善的道理（最好的义理），如果不去学习，也不能知道它的美好可贵。

C. 知不足，然后能自反也：知道不够，然后才能不断反复练习，努力向学。

D. 其此之谓乎：大概说的就是这个道理吧。

4. 下列对本文理解有误的一项是（　　）

A. 开头"虽有嘉肴，弗食，不知其旨也"从正面设喻类比，为引出下文观点做铺垫。

B. "教学相长"与"学学半"两者都强调了"教"是学习、进步和提升的重要环节。

C. 本文的中心句是"故曰：教学相长也"。

D. 选文集中论述了教与学的关系问题，说明了教与学互相促进的道理。

二十四　廉颇蔺相如列传

1. 积累文言常用词。
2. 体会课文善于剪裁和组织材料的方法，以及用语言行动揭示人物性格的表现手法。
3. 认识廉颇、蔺相如思想品质的可贵之处，培养以大局为重的爱国主义精神。

1. 司马迁（前145—？）西汉史学家，文学家。字子长，元封三年（前108），司马迁继承其父司马谈之职，任太史令，掌管天文历法及皇家图籍，因而得读史官所藏图书。太初元年（前104），与邓平、唐都、落下闳等共订《太初历》，以代替由秦沿袭下来的《颛顼历》。新历适应了当时社会的需要。此后，司马迁开始撰写《史记》。后因替投降匈奴的李陵辩护，获罪下狱，受腐刑。出狱后任中书令，继续发愤著书，终于完成了《史记》的撰写。司马迁还撰有《报任安书》，记述了他下狱受刑的经过和著书的抱负，为历代传颂。

2. 《史记》是一部贯穿古今的通史，从传说中的黄帝开始，一直写到汉武帝元狩元年，叙述了我国三千年左右的历史。据司马迁说，全书有本纪十二篇，表十篇，书八篇，世家三十篇，列传七十篇，共一百三十篇。

《史记》是一部纪传体通史，开创了我国史书的新体例——本纪、世家、列传、书、表。

本纪——给帝王作传的类别。　　世家——给诸侯作传的类别。

列传——给名人作传的类别。　　书——典章·书籍。

表——大事年表。

鲁迅先生曾说，《史记》是"史家之绝唱，无韵之《离骚》"。也就是说，《史记》既是一部规模宏大、体制完备的中国通史的《史记》，同时也是一部非常优秀的文学作品。

课文解析

本文出自西汉司马迁所著《史记》卷八十一。战国末，强秦采取远交近攻、各个击破的战略，积极对外扩张。赵国实力比秦稍弱。本篇为合传，以廉颇、蔺相如为主，并记述了赵奢父子及李牧的主要事迹。生动刻画了廉颇、蔺相如、赵奢、李牧、赵惠文王等一批性格各异的人物形象，他们或耿直或忠厚，或鲁莽或机智，形象鲜明生动，令人叹服。价值连城、完璧归赵、渑池之会、布衣之交、负荆请罪、刎颈之交、怒发冲冠、白璧微瑕等成语均出自本篇。

1. 给下列加点字注音。

臣等不肖（   ）　　刎颈之交（   ）　　广成传舍（   ）

缪贤舍人（   ）　　见臣列观（   ）　　相如虽驽（   ）

臣语曰（   ）　　使人遗赵王书（   ）　　睨柱（   ）

秦王不怿（   ）

2. 解释下面加点词语。

秦璧西入秦

秦御史前书曰

且庸人尚羞之

先国家之急而后私仇也

归璧于赵

怒发上冲冠

舍相如广成传舍

左右欲刃相如

大王必欲急臣

秦王恐其破璧

二十四 廉颇蔺相如列传

一、选择题

1. 下列词语中加点字的注音正确的一项是（   ）

　　A. 宦官（fàn）　　　避匿（nì）　　　缪贤（miù）　　　礼节甚倨（jù）

　　B. 袒露（tǎn）　　　赦免（shè）　　　睥睨（nì）　　　白璧微瑕（xiá）

　　C. 不肖（xiāo）　　　驽钝（nú）　　　不怿（yì）　　　望风披靡（mí）

　　D. 列观（guān）　　　渑池（miǎn）　　　衣褐（yì）　　　刎颈之交（wěn）

2. 下列句中加点词的解释正确的一项是（   ）

　　A. 使人遗赵王书（送给）　　　　　B. 拜为上卿，以勇气闻于诸侯（拜访）

　　C. 相如虽驽，独畏廉将军哉（劣马）　　D. 求人可使报秦者（报复）

3. 下列句中不含有通假字的一项是（   ）

　　A. 使臣奉璧，拜送书于庭　　　　唯大王与群臣孰计议之

　　B. 君不如肉袒伏斧质请罪　　　　相如度秦王特以诈佯为予赵城

　　C. 请奏盆缻秦王　　　　　　　　严大国之威以修敬也

　　D. 固请，召有司案图　　　　　　秦自缪公以来二十余君

4. 下列句子中加点词古今同义的一项是（   ）

　　A. 传以示美人及左右　　　　　　B. 璧有瑕，请指示王

　　C. 未尝有坚明约束者也　　　　　D. 赵岂敢留璧而得罪于大王乎

5. 下列句中句子中加点词的用法和意义完全相同的一项是（   ）

　　A. 因宾客至蔺相如门前谢罪　　　不如因而厚遇之

　　B. 今君乃亡赵走燕　　　　　　　乃使其从者衣褐

　　C. 徒慕君之高义也　　　　　　　徒以吾两人在也

　　D. 秦以城求璧而赵不许　　　　　赵强而燕弱

6. 下列句中"之"的用法和意义完全相同的一项是（   ）

　　A. 均之二策，宁许以负秦曲　　　不知将军宽之至此也

　　B. 卒相与欢，为刎颈之交　　　　赵王岂以一璧之故欺秦邪

　　C. 欲勿予，即患秦兵之来　　　　大王遣一介之使至赵

　　D. 卒廷见相如，毕礼而归之　　　公之视廉将军孰与秦王

7. 下列各句加点的"以"字用法归类正确的一项是（   ）

　　①秦亦不以城予赵　　　②以勇气闻于诸侯

③宁许以负秦曲　　　　　　④请奉盆缻秦王，以相娱乐

⑤而蔺相如徒以口舌为劳　　⑥且以一璧之故，逆强秦之欢

⑦严大国之威以修敬也　　　⑧则请立太子为王，以绝秦望

⑨以相如功大，拜为上卿

A. ①/②⑤/③④⑧/⑥⑦⑨　　　　B. ①②⑤⑨/③④⑦/⑥⑧

C. ①②⑥/③④⑦⑧/⑤⑨　　　　D. ①/②⑤/③④⑦⑧/⑥⑨

8. 下列各项中，词类活用分类正确的一项是（　　）

①均之二策，宁许以负秦曲　　②乃使其从者衣褐

③遂许斋五日，舍相如广成传舍　　④且庸人尚羞之

⑤故令人持璧归，间至赵矣　　⑥赵王于是遂遣相如奉璧西入秦

⑦相如视秦王无意偿赵城，乃前曰　　⑧毕礼而归之

⑨卒廷见相如　　　　　　　　⑩以先国家之急而后私仇也

A. ①②④/⑤⑦⑨/⑥⑧/③⑩　　　B. ①⑧/②③⑦/④⑩/⑤⑥⑨

C. ①④⑨/②⑥⑦/③⑩/⑤⑧　　　D. ①⑧/②⑥⑦/③⑤⑨/④⑩

9. 下列各项中，句式与其他三项不同的一项是（　　）

A. 秦城恐不可得，徒见欺　　　B. 使不辱于诸侯

C. 臣诚恐见欺于王而负赵　　　D. 计未定，求人可使报秦者

10. 下列表述有误的一项是（　　）

A. 《廉颇蔺相如列传》（节选），主要是通过对"完璧归赵""渑池之会""负荆请罪"三个故事的叙述，歌颂了蔺相如机智勇敢、顾全大局、维护团结的精神，以及廉颇勇于改过的可贵品质。

B. 司马迁，西汉著名的史学家和文学家。《史记》原名《太史公书》或《太史公记》，是我国第一部纪传体通史。《史记》不仅具有史学价值，也具有很高的文学价值，鲁迅评之为"史家之绝唱，无韵之《离骚》"。

C. "完璧归赵"一节，在写蔺相如出使前，先借缪贤之口对其做了介绍，这不仅从侧面表现出蔺相如是一个智勇双全的人，也为下文写蔺相如做了铺垫。

D. "秦亦不以城予赵，赵亦终不予秦璧"表明秦赵两国化干戈为玉帛。

二、填空题

1. 《史记》是我国历史上第一部＿＿＿＿通史，又名《太史公书》。《史记》记载了从传说中的＿＿＿到＿＿＿时共约＿＿＿的历史，鲁迅先生评之为"＿＿＿＿＿"。

2. 全书体例包括＿＿＿、＿＿＿、＿＿＿、＿＿＿、＿＿＿五部分，共＿＿＿篇。作者＿＿＿，字＿＿＿，是＿＿＿朝伟大的＿＿＿家、＿＿＿家。

三、课内阅读

秦王坐章台见相如，相如奉璧奏秦王。秦王大喜，传以示美人及左右，左右皆呼万岁。相如视秦王无意偿赵城，乃前曰："璧有瑕，请指示王。"王授璧。相如因持璧却立，倚柱，怒发上冲冠，谓秦王曰："大王欲得璧，使人发书至赵王，赵王悉召群臣议，皆曰：'秦贪，负其强，以空言求璧，偿城恐不可得。'议不欲予秦璧。臣以为布衣之交尚不相欺，况大国乎？且以一璧之故逆强秦之欢，不可。于是赵王乃斋戒五日，使臣奉璧，拜送书于庭。何者？严大国之威以修敬也。今臣至，大王见臣列观，礼节甚倨，得璧，传之美人，以戏弄臣。臣观大王无意偿赵王城邑，故臣复取璧。大王必欲急臣，臣头今与璧俱碎于柱矣！"

相如持其璧睨柱，欲以击柱。秦王恐其破璧，乃辞谢，固请，召有司案图，指从此以往十五都予赵。

相如度秦王特以诈佯为予赵城，实不可得，乃谓秦王曰："和氏璧，天下所共传宝也。赵王恐，不敢不献。赵王送璧时斋戒五日。今大王亦宜斋戒五日，设九宾于廷，臣乃敢上璧。"秦王度之，终不可强夺，遂许斋五日，舍相如广成传舍。

相如度秦王虽斋，决负约不偿城，乃使其从者衣褐怀其璧，从径道亡，归璧于赵。

秦王斋五日后，乃设九宾礼于廷，引赵使者蔺相如。相如至，谓秦王曰："秦自缪公以来二十余君，未尝有坚明约束者也。臣诚恐见欺于王而负赵，故令人持璧归，间至赵矣。且秦强而赵弱，大王遣一介之使至赵，赵立奉璧来。今以秦之强而先割十五都予赵，赵岂敢留璧而得罪于大王乎？臣知欺大王之罪当诛，臣请就汤镬。唯大王与群臣孰计议之。"

秦王与群臣相视而嘻。左右或欲引相如去，秦王因曰："今杀相如，终不能得璧也，而绝秦赵之欢。不如因而厚遇之，使归赵。赵王岂以一璧之故欺秦邪？"卒廷见相如，毕礼而归之。

1. 下列各组句子中，加点词的意义和用法相同的一组是（　　　）

A. 秦贪，负其强，以空言求璧　　　臣诚恐见欺于王而负赵

B. 传以示美人及左右　　　舍相如广成传舍

C. 引赵使者蔺相如　　　左右或欲引相如去

D. 璧有瑕，请指示王　　　臣请就汤镬

2. 下列句子中加点词的用法与其他三项不同的一项是（　　　）

A. 大王必欲急臣　　　B. 秦王恐其破璧

C. 严大国之威以修敬也　　　D. 臣请完璧归赵

3. 下列加点词词类活用类型与其他三项不同的一项是（　　　）

A. 完璧归赵　　　B. 宁许以负秦曲

C. 不知将军宽之至此也　　　D. 毕礼而归之

4. 下列对原文有关内容的概括和分析，不正确的一项是（   ）

A. 蔺相如献璧后，从秦王的倨傲无礼中，敏锐地看出"秦王无意偿赵城"，就略施小计，把璧收回。趁势持璧而立，为下一步行动做好准备。

B. 蔺相如将赵王"修敬"与秦王"甚倨"进行对比，面责秦王无礼无信，并用自己与璧同归于尽的决心来威胁对方，秦王想采取其他方法巧取豪夺，便假意同意"十五都予赵"。

C. 蔺相如看出秦城实不可得，便提出"斋戒五日"和"设九宾于廷"，暂使缓兵之计，以获得回旋余地，然后采取断然措施，派人暗中把璧送回赵国。

D. 蔺相如在大庭广众之下，引用历史上秦国失信的事实，揭露秦一贯背信弃义，告示秦王，璧已送回赵国，并表示个人生死已置之度外。至此，秦王实在无可奈何，只好接受事实，蔺相如取得"完璧归赵"的胜利。

四、拓展阅读

赵惠文王卒，子孝成王立。七年，秦与赵兵相距长平，时赵奢已死，而蔺相如病笃，赵使廉颇将攻秦，秦数败赵军，赵军固壁不战。秦数挑战，廉颇不肯。赵王信秦之间。秦之间言曰："秦之所恶，独畏马服君赵奢之子赵括为将耳。"赵王因以括为将，代廉颇。蔺相如曰："王以名使括，若胶柱而鼓瑟耳。括徒能读其父书传，不知合变也。"赵王不听，遂将之。

赵括自少时学兵法，言兵事，以天下莫能当。尝与其父奢言兵事，奢不能难，然不谓善。括母问奢其故，奢曰："兵，死地也，而括易言之。使赵不将括即已，若必将之，破赵军者必括也。"及括将行，其母上书言于王曰："括不可使将。"王曰："何以？"对曰："始妾事其父，时为将，身所奉饭饮而进食者以十数，所友者以百数，大王及宗室所赏赐者尽以予军吏士大夫，受命之日，不问家事。今括一旦为将，东向而朝，军吏无敢仰视之者，王所赐金帛，归藏于家，而日视便利田宅可买者买之。王以为何如其父？父子异心，愿王勿遣。"王曰："母置之，吾已决矣。"括母因曰："王终遣之，即有如不称，妾得无随坐乎？"王许诺。

赵括既代廉颇，悉更约束，易置军吏。秦将白起闻之，纵奇兵，佯败走，而绝其粮道，分断其军为二，士卒离心。四十余日，军饿，赵括出锐卒自搏战，秦军射杀赵括。括军败，数十万之众遂降秦，秦悉坑之。赵前后所亡凡四十五万。明年，秦兵遂围邯郸，岁余，几不得脱。赖楚、魏诸侯来救，乃得解邯郸之围。自邯郸围解五年，而燕用栗腹之谋，曰："赵壮者尽于长平，其孤未壮。"举兵击赵。赵使廉颇将，击，大破燕军于鄗，杀栗腹，遂围燕。燕割五城请和，乃听之。赵以尉文封廉颇为信平君，为假相国。

廉颇之免长平归也，失势之时，故客尽去。及复用为将，客又复至。廉颇曰："客退矣！"客曰："吁！君何见之晚也？夫天下以市道交，君有势，我则从君，君无势则去，此固其理也有何怨乎？"居六年，赵使廉颇伐魏之繁阳，拔之。

赵孝成王卒，子悼襄王立，使乐乘代廉颇。廉颇怒，攻乐乘，乐乘走。廉颇遂奔魏之大梁。廉颇居梁久之，魏不能信用。赵以数困于秦兵，赵王思复得廉颇，廉颇亦思复用于赵。赵王使使者视廉颇尚可用否。廉颇之仇郭开多与使者金，令毁之。赵使者既见廉颇，廉颇为之一饭斗米，肉十斤，被甲上马，以示尚可用。赵使还报王曰："廉将军虽老，尚善饭，然与臣坐，顷之，三遗矢矣。"赵王以为老，遂不召。

楚闻廉颇在魏，阴使人迎之。廉颇一为楚将，无功，曰："我思用赵人。"廉颇卒死于寿春。

（节选自《史记·廉颇蔺相如列传》）

1. 对下列句子中加点词的解释，错误的一项是（　　）
   A. 赵军固壁不战　　壁：坚守
   B. 赵使廉颇将攻秦　　将：率兵
   C. 为假相国　　假：代理
   D. 顷之，三遗矢矣　　矢：筷子

2. 下列各组句子中，加点词的意义和用法相同的一组是（　　）
   A. 赵王因以括为将　　因宾客至蔺相如门谢罪
   B. 乃得解邯郸之围　　设九宾于廷，臣乃敢上璧
   C. 壮者尽于长平　　于其身也，则耻师焉
   D. 夫天下以市道交　　以勇气闻于诸侯

3. 下列各组句子全都能表现出赵孝成王昏庸无能的一项是（　　）

①赵王信秦之间
②王以名使括，若胶柱而鼓瑟耳
③悉更约束，易置军吏
④赖楚、魏诸侯来救，乃得解邯郸之围
⑤使乐乘代廉颇
⑥赵王以为老，遂不召

A. ①②④　　B. ①⑤⑥　　C. ②③④　　D. ①③⑤

4. 下列对原文有关内容的概括和分析，不正确的一项是（　　）

A. 面对秦军屡次挑战，廉颇置之不理，于是秦就使用反间计，唆使赵王以赵括为将，赵王中计，并以赵括来代替廉颇。

B. 赵王起用赵括为将时，遭到蔺相如、赵括父母等人的极力反对，他们多次劝谏均于事无补，最终造成秦军坑杀数十万赵军的惨痛结局。

C. 赵母将赵奢与赵括进行对比，认为赵括不如父亲体恤部下，不能以国事为重，并已预见到了战争的失败，恳求赵王免于连坐，最终如愿。

D. 秦将白起截断赵军运粮的道路四十多天，赵军饥饿难耐，赵括亲自与秦军搏斗，死于战场，赵国损失共四十五万人。

第六单元检测题

一、选择题

1. 下列加点字的读音，有错误的一项是（   ）

   A. 踟蹰（chí）　　避匿（nì）　　缪贤（miào）　　彤管（tóng）

   B. 袒露（tǎn）　　麋鹿（gǔ）　　骐骥（qí）　　锲而不舍（qiè）

   C. 不肖（xiào）　　饥馑（jǐn）　　铿尔（kēng）　　望风披靡（mǐ）

   D. 哂之（xī）　　渑池（miǎn）　　象弭鱼服（mǐ）　　刎颈之交（wěn）

2. 下列各项没有通假字的一项是（   ）

   A. 爱而不见
   B. 顺风而呼
   C. 知明而行无过矣
   D. 莫春者，春服既成

3. 下列名句中不是古今异义的一项是（   ）

   A. 而神明自得
   B. 左右或欲引相如去
   C. 璧有瑕，请指示王
   D. 决负约不偿城

4. 下列加点字词类活用类型与其他三项不同的一项是（   ）

   A. 鼓瑟希，铿尔
   B. 故令人持璧归，间至赵矣
   C. 如会同，端章甫
   D. 请以赵十五城为秦王寿

5. 下列各句中，句式和其他三项不同的一项是（   ）

   A. 俟我于城隅
   B. 以吾一日长乎尔
   C. 以勇气闻于诸侯
   D. 不吾知也

6. 下列句中加点字的用法与"且庸人尚羞之"中"羞"字相同的一项是（   ）

   A. 赤也为之小，孰能为之大
   B. 大王必欲急臣
   C. 而相如廷叱之
   D. 以先国家之急而后私仇也

7. 对下面加点的词解释不正确的一项是（   ）

   A. 相如奉璧奏秦王　　　　奏：进献
   B. 秦王恐其破璧，乃辞谢固请　　谢：道歉
   C. 故令人持璧归，间至赵矣　　间：偷偷地
   D. 臣请就汤镬　　　　就：接受

8. 下列句子翻译不正确的一项是（   ）

A. 故不积跬步，无以至千里。　所以不积累半步一步，（就）没有用来到达千里之外的（办法）。

B. 君子曰：学不可以已。　有学问有修养的人说：学习不可以停止。

C. 异乎三子者之撰。　我和他们三个孩子所写的（志向）不一样呀！

D. 卒相与欢，为刎颈之交。　二人终于和好，成为生死与共的好友。

9. 下列句子对课文理解不正确的一项是（   ）

A. 子路曾皙冉有公西华侍坐塑造了孔子循循善诱、和蔼可亲的师长形象，循循善诱是指他的态度和教育方法，和蔼可亲是指他的性格特征。

B. 子路不假思索抢先回答，反映出子路爽快、坦率但急躁自负的性格，所以孔子对子路哂之，以此来否定他的志向。

C. 《静女》是一首很美的诗，意思并不深，却最有风人之致，平朴、自然而热烈。

D. "学不可以已"这个观点包括两个方面的意思：一是说学习的意义非常重要，所以不能停止。二是学习的态度和方法，就是不能停止学习。

10. 下列文学常识表述不正确的一项是（   ）

A. 《史记》是我国第一部纪传体通史，全书由本纪、表、书、列传四种体例构成。

B. 《劝学》是《荀子》的开篇之作，是一篇论述学习的重要意义，劝导人们以正确的目的、态度和方法去学习的散文。

C. 荀子，名况，战国末期伟大的思想家、教育家、文学家。

D. 《诗经》是我国第一部诗歌总集，最初称《诗》，汉代儒者奉为经典，乃称《诗经》。

二、诗文阅读

菩萨蛮（书江西造口①壁）

辛弃疾

郁孤台②下清江水，中间多少行人泪。西北望长安，可怜无数山。

青山遮不住，毕竟东流去。江晚正愁余，山深闻鹧鸪。

[注]：①造口：一名皂口，在万安县西南30公里。南渡之初，金人追赶隆祐太后（哲宗孟后，高宗伯母）御舟至造口，不及而还。

②郁孤台：在赣州城西北角，因"隆阜郁然，孤起平地数丈"得名。

1. 对这首宋词文句的理解，错误的一项是（   ）

A "中间多少行人泪"，直接点出造口当年事。词人身临宋隆祐太后被金人所追之地，将满腔的悲愤化成这悲凉之句。

B. "西北望长安，可怜无数山"，"长安"指汴京，遥望长安，可惜被无数青山重重遮拦。

209

C. "东流去"用来比喻正义所向，任何人也阻挡不住浩浩的江水。

D. 最后一句借闻鹧鸪之声表达了作者对收复北方失地充满了希望之情。

2. 关于这首宋词，分析不恰当的一项是（　　）

A. 全词起笔横绝，郁孤台三字劈面便突起一座郁然孤持之高台，进而更写出台下清江之水。

B. 作者用"可怜"二字，生动而形象地表现了当年隆祐太后被金人追杀无力还击的落魄情景。

C. 这首词运用比兴手法，以眼前之景说出心中之事，达到意内言外的极高境界。

D. 这首词抒发了对建炎年间国事艰危的追怀，对靖康以来失去国土的深情索念，表现了作者深沉的爱国情怀。

三、科技文阅读

地球上未来的人口

想要预测地球上未来人口的增长趋势，就如选举前的民意测验一样＿＿＿＿，这就是设在维也纳郊区的拉克森堡国际应用系统分析研究所的专家在最近两年里得出的结论。近些年，世界上没有一个国家的人口数量变化跟人口学家的估计相一致，目前，全世界的人口出生率在下降，尤其表现在亚洲和非洲一些人口稠密的国家，然而世界人口的总数（现在已超56亿）仍在持续增长，尽管这种增长变得缓慢起来，例如1971年人口增长率为2.1%，现在则下降为1.6%。

只有在这样的情况下，人口才可能增长：一个女性一生平均要生有两个以上的孩子。就世界范围来说，目前这个平均数为3.2，不过正在缓慢下降。世界人口出生率最低的国家几年前属法国，而今则是意大利和西班牙。在这些国家里，每个女性平均只生育1~2个孩子。值得一提的是，德国有部分地区（即前东德）人口出生率已从1990的1.4%下降为今天的0.8%。拿俄罗斯来说，目前妇女人均生育孩子1.3个，而早在20世纪50年代该数值为3。

人口增长不单取决于出生率，还与死亡率，＿＿＿＿人的寿命有关。如果人的平均寿命增长速度快于出生率的下降速度，人口总数仍然增加。目前，人均寿命的最高纪录在日本：男性76岁，女性82岁。俄罗斯的情况是：男性58.6岁，女性68.6岁。拉克森堡研究所人口学家认为，鉴于总趋势中存在的一些例外的情况，＿＿＿＿世界上还有许多地区的政局不够稳定，＿＿＿＿＿＿＿可能出现的许多意外死亡（如可怕的艾滋病和疟疾、结核病这些老病的死灰复燃），将来的人口数量很难准确预测。

1. 按横线顺序排列填入文中的词语正确的一项是（　　）

A. 不准确　即　例如　因此　　　　B. 不准确　和　并且　以及

C. 不可靠　即　例如　以及　　　　D. 不可靠　和　并且　因此

2. 文中的"总趋势"要说明的是（　　）

A. 全国人口出生率在下降。　　　　B. 全世界人口总数在增长。

C. 人口总数总体上保持稳定。　　　D. 升降难测。

3. 对"世界人口的总数仍在继续增长"的原因说明正确的一项是（　　）

A. 目前，这个平均数为 3.2。

B. 人的平均寿命增长速度快于出生率的下降速度。

C. 总趋势中存在一些例外的情况。

D. 目前，这个平均数是 3.2，人均寿命增大。

4. 对"很难准确预测"原因说明正确的一项是（　　）

A. 世界上没有一个国家人口数量的变化跟人口学家的估计相一致。

B. 出生率与死亡率的升降难以把握。

C. 全国人口出生率在下降，而全世界人口总数在持续增长。

D. 出生率与死亡率的升降难以把握，加上还有许多地区的政局不稳定等。

四、填空题

1.《静女》，出自我国第一部诗歌总集＿＿＿＿＿＿。

2.《劝学》是＿＿＿＿＿＿（作者）的一篇说理性散文。

3. 今我来思，＿＿＿＿＿＿。彤管有炜，＿＿＿＿＿＿。

4.《论语》是记录春秋时代孔子及其弟子的思想和政治言论＿＿＿＿＿＿体的散文。

五、应用文写作

请按照一定的顺序，有条理地介绍一下自己。200字左右。

六、文言文阅读

既罢归国，以相如功大，拜为上卿，位在廉颇之右。

廉颇曰："我为赵将，有攻城野战之大功，而蔺相如徒以口舌为劳，而位居我上。且相如素贱人，吾羞，不忍为之下。"宣言曰："我见相如，必辱之！"相如闻，不肯与会。相如每朝时，常称病，不欲与廉颇争列。已而相如出，望见廉颇，相如引车避匿。

于是舍人相与谏曰："臣所以去亲戚而事君者，徒慕君之高义也。今君与廉颇同列，廉君宣恶言，而君畏匿之，恐惧殊甚。且庸人尚羞之，况于将相乎！臣等不肖，请辞去。"蔺相如固止之，曰："公之视廉将军孰与秦王？"曰："不若也。"相如曰："夫以秦王之威，而相如廷叱之，辱其群臣。相如虽驽，独畏廉将军哉？顾吾念之，强秦之所以不敢加兵于赵者，徒以吾两人在也。今两虎共斗，其势不俱生。吾所以为此者，以先国家之急而后私仇也！"廉颇闻之，肉袒负荆，因宾客至蔺相如门谢罪，曰："鄙贱之人，不知将军宽之至此也！"卒相与欢，为刎颈之交。

1. 下列加点词的解释，不正确的一项是（　　）

    A. 且相如素贱人　　素：向来

    B. 顾吾念之　　顾：回头看

    C. 宣言曰："我见相如，必辱之！"　宣言：扬言

    D. 相如引车避匿　　引：调转

2. 下面加点词的意义与其他三句不同的一项是（　　）

    A. 强秦之所以不敢加兵于赵者，徒以吾两人在也

    B. 臣所以去亲戚而事君者，徒慕君之高义也

    C. 师者，所以传道受业解惑也

    D. 比好游者尚不能十一

3. "相如每朝时，常称病，不欲与廉颇争列。"对蔺相如的这一举动，分析正确的一项是（　　）

    A. 蔺相如是文臣，自感不如老将军廉颇的功劳大，因而不好意思与廉颇"争列"。

    B. 这一举动表明蔺相如的忍辱、退让，他宽宏大量，以国家大事为重。

    C. 蔺相如害怕见廉颇，担心受到他的羞辱。

    D. 蔺相如自知自己是一个门客，地位低下，因而没勇气跟廉颇见面。

4. 下列各句中的句式与例句相同的一项是（　　）

    例：臣所以去亲戚而事君者，徒慕君之高义也

    A. 强秦之所以不敢加兵于赵者，徒以吾两人在也

    B. 公之视廉将军孰与秦王

    C. 徒见欺

    D. 大王来何操

七、写作训练

阅读下面的材料，根据要求作文。

一批大学生到国家某部委实验室参观。部长秘书给大家倒水，同学们木然地看着她

忙活，其中一个问："有绿茶吗？天太热了。"给林晖倒水时，他轻声说："谢谢，大热天的，辛苦了。"部长来了，和大家打招呼，只有林晖鼓了几下掌。部长讲了一番话后发纪念手册，同学们都很随意地用一只手接过部长双手递过来的手册，只有林晖双手接过，并恭敬地说了声："谢谢您！"两个月后，部委实验室录用了林晖。有些同学颇感不满，导师却说："其实，你们的机会完全一样，你们的成绩比他好，但是除了学习之外，你们需要学的东西太多了，修养是第一课。"请以"修养"为话题写一篇文章。可以编写故事，发表议论，抒发感受。

要求：①立意自定；②文体自选；③题目自拟；④不少于800字。

综合检测题一

一、选择题

1. 下列加点字读音全都正确的一组是（　　）

　A. 坍塌（tān）　　体恤（xù）　　半身不遂（suì）　　呱呱坠地（gū）
　B. 悭吝（jiān）　　伺候（cì）　　瞠目结舌（chēng）　　亘古不变（gèn）
　C. 鸟瞰（kàn）　　浸渍（zì）　　岿然不动（kuī）　　户枢不蠹（dù）
　D. 聒噪（guō）　　哺育（bǔ）　　养尊处优（chǔ）　　如法炮制（pào）

2. 下列各组词语中，没有错别字的一组是（　　）

　A. 抱负　　绵里针　　良晨美景　　出奇制胜
　B. 讥诮　　炒鱿鱼　　张皇失措　　附庸风雅
　C. 范畴　　壁上观　　物华天宝　　连篇累椟
　D. 陷井　　翘辫子　　改邪归正　　眼花缭乱

3. 依次填入下列各句横线上的词语，恰当的一组是（　　）

①提高改革措施的透明度，改善居民的心理预期，鼓励居民增加＿＿＿＿消费。
②只有真正做到对知识智力资源的有效＿＿＿＿和运用，才可能增强科技创新能力。
③冯老师的"码根码"汉字输入软件已进入电脑市场，他的生活＿＿＿＿也有所改善。

　A. 即期　　配置　　境况　　　　　　B. 定期　　配置　　境遇
　C. 定期　　安置　　境况　　　　　　D. 即期　　安置　　境遇

4. 下列各句中，加点的成语使用恰当的一句是（　　）

　A. 他站得高，看得远，居高临下地论述了农业在国民经济中的重要地位。
　B. 王老师对同学们的提问耐心解答，循循善诱。
　C. 张主任在会议上做了重点发言之后，李厂长又做了重要补充，他们两人一唱一和，把这次会议的精神讲得十分透彻。
　D. 李办事很老练，每件事都处理得珠圆玉润，叫各方都很满意。

5. 下列句子中，标点符号使用有错误的一项是（　　）

　A. 人的一生，总是在不停地尝试，尝试拥有，尝试放弃；人的一生，又始终在不断地追求，追求自由，追求幸福。
　B. 墙上挂着一幅画，画的题目取自宋朝临川（属江西）诗人谢无逸《千秋岁·咏夏景》

中的"人散后,一钩新月天如水"。

C. 闲聊之中,我忍不住问她:"为什么还要回到这曾让她伤心流泪的地方?"她摇摇头,无奈地笑了。

D. "还愣着干吗?"妈妈大声地训斥我:"还不快去把房间收拾收拾,等会儿老师来了,看你怎么办……"

6. 下列没有语病的一句是（　　）

A. 摇滚乐那强烈快速的节奏和迷离闪烁的灯光效果,让人看得眼花缭乱。

B. 这青山绿水,茂林丰田,对于这些老农垦队员来说无疑不是青春汗水的结晶。

C. 在常规能源中,水电的优越性是无可比拟的、取之不尽、用之不竭的再生能源。

D. 北京健康使者公司和10家医院共建的"医疗绿色通道",是一种崭新的快捷求医机制。

7. 将下列句子合成文段,最恰当的一项是（　　）

①一方面,以娱乐为职能的大众文化得到蓬勃发展的机会。

②与此同时,文化领域却有全然不同的景观。

③问题是怎样产生的呢?

④90年代的中国,商品大潮汹涌而起,给社会经济生活带来无限生机。

⑤一方面,一部分"曲高和寡"的精英文化则陷入举步维艰的境地。

⑥原因有多方面,其中之一就是文化的二重性。

A. ⑥⑤①②③④　　　　　　　　B. ④⑤①②③⑥

C. ③①⑤④②⑥　　　　　　　　D. ④②①⑤③⑥

8. 选出下列句子所选用的修辞手法正确的一组是（　　）

①杨柳青青江水平,闻郎江上唱歌声。东边日出西边雨,道是无晴却有晴。

②他心里装着的是人民,人民,人民,唯独没有他自己。

③横眉冷对千夫指,俯首甘为孺子牛。

④儿童是祖国的花朵和希望。

A. 对偶　反复　夸张　比喻　　　B. 双关　反复　对偶　比喻

C. 双关　对偶　夸张　比喻　　　D. 对偶　夸张　比喻　比喻

9. 下列说法有误的一项是（　　）

A. 《诗经》是我国第一部诗歌总集,诗篇形式以四言为主,大量运用赋、比、兴手法,是我国浪漫主义诗歌创作的源头。

B. 《论语》是记录孔子和他的弟子言行的书,内容包括政治主张、教育原则、伦理观念、品德修养等,共20篇,是儒家经典著作。

C. 《劝学》节选自《荀子》中的《劝学》篇,作者荀况是战国时期赵国人,是著名的思想家、文学家和教育家。

D.《廉颇蔺相如列传》选自《史记》。《史记》是我国第一部纪传体通史,作者是西汉时期伟大的史学家、文学家和思想家司马迁。

10. 下列句子加点的称谓运用正确的一项是(　　)

A. 先祖80多岁了,依然硬朗,笔耕不辍,昨天又写了一篇文章刊登在《河北日报》上。

B. 不是我夸口,内子可谓是男子汉中的伟丈夫,我真是佩服得五体投地。

C. 我们夫妻全靠这位月下老人的极力撮合,我们是非去给她老人家拜年不可的。

D. 明天是我令堂的70大寿,我必须赶回家。

二、诗文阅读

从军行

【唐】王昌龄

青海长云暗雪山,孤城遥望玉门关。

黄沙百战穿金甲,不破楼兰终不还。

渔家傲①

【宋】范仲淹

塞下秋来风景异,衡阳雁去无留意。

四面边声连角起,千嶂里,长烟落日孤城闭。

浊酒一杯家万里,燕然②未勒归无计。

羌管悠悠霜满地,人不寐,将军白发征夫泪。

[注]①范仲淹写作此词时正在西北地区抗击西夏。

②燕然:山名,汉和帝水元元年(公元年),窦宪大破北匈奴,穷追北单于,曾登此山,刻石勒功而还。勒,雕刻。

1. 对这两首诗语句的解说,恰当的一项是(　　)

A. 王诗"孤城遥望玉门关"应理解为"遥望孤城玉门关",作者是出于平仄需要而颠倒了语序。

B. 王诗"黄沙百战穿金甲"一句意思是黄沙滚滚,战斗频繁,战士们穿着坚固的铠甲奋勇杀敌。

C. 范诗"四面边声连角起"是说一切带有边地特色的声响都从各个角落传来。

D. 范诗"燕然未勒归无计"是说战争还没有取得胜利,还乡之事还不能谈起。

2. 对这两篇作品内容的分析,不恰当的一项是(　　)

A. 范诗"衡阳雁去无留意"一句既写出了时令和环境,又映衬出边关将士们对故乡亲人的思念。

B. 王诗中的"终不还",范诗中的"归无计",都表现了他们爱国思乡的矛盾情绪。"终不还"中一个"终"字表达了将士们夺取胜利的决心。

C. 范诗的上阕重在写景,可以使人想见充满肃杀之气的边塞景象。

D. 两首诗都描写了西北边塞将士们生活环境的艰苦,歌颂了边关将士们为国家献身的精神,表现了激越雄壮的风格。

三、科技文阅读

数字地球

近来媒体的有关报道引起了人们对"数字地球"这一概念的兴趣,那么究竟什么是数字地球呢?为有效研究和解决有关地球的重大问题,目前世界上许多国家都在积极发展和运用先进的科学技术,如以遥感、地理信息系统、全球定位系统为代表的地球信息技术,以数字的方式获取、处理和应用关于地球自然和人文因素的空间数据。并以此为基础提出解决资源环境问题的科学方案和有力措施,增强对重大自然灾害的快速反应能力。与此同时,信息技术革命席卷全球,使人类对地球空间数据进行处理、分析的技术手段和观念发生了翻天覆地的变化。

在这种情况下,近年来人们设想有关地球的大量的多分辨率的、三维的、动态的数据按地理坐标集成起来,形成一个数字地球。借助于这个数字地球,人们无论走到哪里,都可以按地理坐标了解地球上任何一处、任何方面的信息。

数字地球是对真实地球及其相关现象统一性的数字化重现和认识,核心思想有两点,一是用数字化手段统一性处理地球问题;二是最大限度地利用信息资源。

数字地球由下列体系构成:数据获取与更新系统、数据处理与存储体系、信息提取与分析体系、数据与信息传播体系、数据库体系、网络体系、专用软件体系等。数字地球可以包容 80% 以上的人类信息资源,是未来信息资源的主体核心,是信息资源高速公路上的"车"和"货"。

货币流通专家指出,数字地球这一概念的提出,是第二次世界大战以来,特别是 20 世纪 70 年代以来新技术革命的一个自然发展。无论是否提出数字地球的概念,地球信息集成和整体化工作都是当前地球科学和信息技术发展的一个重要趋势。数字地球并非一个孤立的科学项目和技术目标,而是以信息高速公路和国家空间数据基地设施为依托的具有整体性、导向性的战略思想。

1. "数字地球"一词的意思是( )

A. 以数字的方式获取、处理和应用关于地球自然和人文因素的空间数据。

B. 对真实地球及其相关现象统一性的数字化重现和认识。

C. 人类对地球空间数据进行处理和分析的技术手段。

D. 全球定位系统为代表的地球信息技术。

2. 不属于"数字地球"体系的一项是（   ）

A. 多分辨率的动态数据体系　　　　B. 数据处理与存储体系

C. 信息提取与分析体系　　　　　　D. 网络体系

3. 下列理解不符合原文意思的一项是（   ）

A. 数字地球将增强对重大自然灾害的快速反应能力。

B. 人们借助数字地球可以按地理坐标随时随地获取来自全球各地全方位的信息。

C. 数字地球主要是最大限度地利用信息资源，用数字化手段统一性处理地球问题。

D. 数字地球可以包容 80% 以上的人类信息资源，人类中尚有 20% 的人还不能利用信息资源。

4. 根据本文提供的信息，以下推断正确的一项是（   ）

A. 形成数字地球的设想已变成现实。

B. 数字地球是新千年信息资源的主体核心。

C. 信息高速公路的主体核心是数字地球。

D. 数字地球是一种战略思想，它具有整体性和导向性，任何一个科研单位只有通力合作才能形成。

四、文言文阅读

廉颇蔺相如列传（节选）

司马迁

廉颇者，赵之良将也。赵惠文王十六年，廉颇为赵将，伐齐，大破之，取阳晋，拜为上卿。以勇气闻于诸侯。

蔺相如者，赵人也。为赵宦者令缪贤舍人。

赵惠文王时，得楚和氏璧。秦昭王闻之，使人遗赵王书，愿以十五城请易璧。赵王与大将军廉颇诸大臣谋，欲予秦，秦城恐不可得徒见欺；欲勿予，即患秦兵之来。计未定，求人可使报秦者，未得。

宦者令缪贤曰："臣舍人蔺相如可使。"王问："何以知之？"对曰："臣尝有罪，窃计欲亡走燕。臣舍人相如止臣，曰：'君何以知燕王？'臣语曰：'臣尝从大王与燕王会境上，燕王私握臣手曰，"愿结友"，以此知之，故欲往。'相如谓臣曰：'夫赵强而燕弱，而君幸于赵王，故燕王欲结于君。今君乃亡赵走燕，燕畏赵，其势必不敢留君，而束君归赵矣。君不如肉袒伏斧质请罪，则幸得脱矣。'臣从其计，大王亦幸赦臣。臣窃以为其人勇士，有智谋，宜可使。"

于是王召见，问蔺相如曰："秦王以十五城请易寡人之璧，可予不？"相如曰："秦强而赵弱，不可不许。"王曰："取吾璧，不予我城，奈何？"相如曰："秦以城求璧而赵不许，曲在赵；赵予璧而秦不予赵城，曲在秦。均之二策，宁许以负秦曲。"王曰："谁可使者？"相如曰："王必无人，臣愿奉璧往使。城入赵而璧留秦；城不入，臣请完璧归赵。"赵王于是遂遣相如奉璧西入秦。

1. 对下列加点词解释正确的一项是（　　）

A. 宦者令缪贤曰　　　　　令：让，使

B. 而束君归赵矣　　　　　束：捆绑

C. 王必无人，臣愿奉璧往使　必：一定

D. 大王亦幸赦臣　　　　　幸：侥幸

2. 下列与"而君幸于赵王"句式相同的一项是（　　）

A. 而为秦人积威之所劫　　B. 句读之不知，惑之不解

C. 不能喻之于怀　　　　　D. 师不必贤于弟子

3. 下列翻译有误的一项是（　　）

A. 臣舍人蔺相如可使——我的门客蔺相如可以出使。

B. 求人可使报秦者——寻找可以出使报复秦国的人。

C. 则幸得脱矣——那么侥幸能够免罪。

D. 宁许以负秦曲——宁可答应给秦国宝璧，使它承担理亏的责任。

4. 下列加点的词与"臣语曰"的"语"活用相同的一项是（　　）

A. 日削月割，以趋于亡　　B. 臣请完璧归赵

C. 沛公军霸上　　　　　　D. 素善留侯张良

五、填空题

1.《离太阳最近的树》作者_____。

2. 散文的特点_____。

3. 静女其姝，_____。

4. 只要我的爱人，_____，沿着我荒凉的额亲密的攀援上升。

5.《子路、曾皙、冉有、公西华侍坐》一文，反映了儒家的_____主张。

六、应用文写作

请根据以下信息，以当事人身份写一则欠条：王磊向赵刚借了人民币5 000元，已还2 400元，尚欠2 600元，承诺二个月内还清。

七、现代文阅读

溯　源

（1）有一种鲑鱼，幼小时，成群游出河源地带，顺流而下出海，成熟之后，又成群逆流而上还归河源，在那里交配、产卵，力竭而亡。在回溯源流的行程中，不管有多大的阻挠，鲑鱼总是舍命克服。有时溯至断岩，便从水中腾跃入空，直到跃岩上的河段，继续溯流归源，回到原产地，完成生命之旅，也交代传递了生命的使命。第二代孵出后，幼鱼又重复着同样的出海、溯源和回归。

（2）我从电视上看到有关鲑鱼的报道，真是看得我惊心动魄。到底是什么促使了鲑鱼的回归呢？我只能想到，那是生命本能的根源感。记得古诗上有两句："胡马依北风，越鸟巢南枝。"胡马来自北地，不管身在哪里，也能从风里去辨别来处方向。越鸟来自南疆，不管栖于何枝，也能从光热中感认原乡。

（3）人呢？人又何尝不然？

（4）人类文明中的考古、史学、族谱、传说……不也都是溯源寻根的举措么？人的形体，不管在地球上迁徙流离得多远，人的心灵，总要回溯时间长流，让精神归本还源。

（5）人类在精神上的回溯，不能只凭本能上的感受，而须透过历史、艺文、习俗，甚至生活记忆的文化潜流，去汇合命脉中的远源。乡愁是一种文化心灵的寂寞。这种寂寞原也是驱使一个漂泊者反省回顾的基本力量。没有那种驱使力量，一种文化，一个种族，会很快在浩瀚人世汪洋中消失。

（6）曾经在一个宴会里，听一个朋友高谈她游访俄国，为一个俄国老太太带回一份礼物的情谊。她在俄国买到这份小礼物后，用一张日常俄文日报包裹起来，回到美国后，送到俄国老太太的手中。八十高龄的俄裔老妇人，一眼看到数十年也不曾见到的俄文报页，礼物尚未见到，先哽咽啜泣起来。俄文报对她而言，代表的是乡土信息，冲击着她命脉中的文化根源，封装了数十年的乡愁，一下子崩溃泛滥起来。

（7）我自己也曾经有过那样一种感情泛滥的经历。那年，在重庆乘船渡三峡去宜昌。汽笛鸣起，船起碇开航了。船速渐紧，但见山城倒驰，青山后移，江风呼啸中，历史山川，浮沉眼底。一时，诗的长江，地理教科书的长江，民族文化的长江，全都在血脉中汇流。那样一种浑融浩阔的情感，将我淹没。我伏在船栏上，久久哽咽，不能自已。那一刻，我是长江，我是中国，我是那鲑鱼，跃万里河海关山，回归了本源。

（8）有一个朋友，去大陆旅游，游山玩水，看古迹，没有什么特殊的感触。他很奇怪自己的冷漠。直到有一天，他在故乡的一座花园中，沿一条石径独行，踩着折转处一道月门时，一阵桂花香，隐约扑鼻。忽然间，他双眼含泪。当年，桂子飘香的季节，老祖父，肥蟹一碟，老酒一壶，灯下独酌。幼小的他，站在桌边，踮起脚，为祖父斟酒，听祖父说些掌故。海外数十年汲汲，他不乏物质上的丰盈，事业上的成绩，就是无法体验什么是满足与宁静。故园小径，一阵桂香，勾起儿时往事，勾起文化的失落感。

（9）海外的侨民，从中国带来宗祠的传统，自身命脉便和宗亲远源相续，透过文化长流，便超越时空，连系故土，侨乡也就是故乡了。

（10）我们这一代呢？东迁西徙，移居西土，已无宗祠的归属，就像脱离大海的鱼，没有河源可溯了，只有相濡以沫。

（11）我们的下一代呢？

1. 文章用鲑鱼的溯源开头，这样写有什么好处？人类的归本还源跟鲑鱼的"回归"有什么相同和不同？

2. 概括说明文章第（6）、（7）、（8）自然段写的是人类通过哪几个方面寻根溯源。

3. 请分别说明以下句子在文中的含义。
① 乡愁是一种文化心灵的寂寞。

② 诗的长江，地理教科书的长江，民族文化的长江，全都在血脉中汇流。

4. 下列对这篇散文的赏析，不正确的两项是（　　）

A. 本文的两句古诗"胡马依北风,越鸟巢南枝"，很容易使人联想到陶渊明笔下的"羁鸟恋旧林，池鱼思故渊"，因为两者表达的主旨是相同的。

B. 文章第（3）自然段以设问和反问在文意的递进中完成了过渡，结尾又以发问的方式收束，使文章意味深长。

C. 文章内容丰富，线索分明，结尾表达了作者对失落文化根源的隐忧。

D. 文章情景并茂，以小见大，细节丰盈、精当，成功地营造出了浓郁的文化认同感。

E. 文章第（8）自然段说："……就是无法体验什么是满足与宁静"，是说"他"虽不乏物质上的丰盈，事业上的成绩，但因再也无法回到童年，所以体验不到满足与宁静。

八、写作训练

"卡布奇诺""英伦小镇""爱丁堡""柏林春天""阿斯兰小镇""罗托鲁拉小

镇""普罗旺斯""BOHO天明圆""广汇·PAMA"这样的地名并非位于大洋彼岸，而就在我们身边。当前我国城市的新兴建筑，特别偏爱"洋名称"，而与此同时发生的是古老传统地名的消亡和具有民族特色地名的弱化。为此，央视《焦点访谈》《人民日报》等多家媒体对地名洋化现象的泛滥给予了批评。

网友们也议论纷纷，有人说："老地名承载着古老文化，记载着古代的地理人文，是祖先留给我们的宝贵财富，是我们的根，绝不能被洋化。"有人说："放着本国、本民族的名称不用，乱用一些外国的名字，这是崇洋媚外。"也有人说："这不算什么，与时俱进，与国际接轨，何必抱残守缺呢？"也有人说……

对于地名洋化，你有怎样的思考？请综合材料内容及含意作文，表明你的态度，阐述你的看法。

要求选好角度，确定立意，明确文体，自拟题目，不要脱离材料内容和含意作文，不得套作，不得抄袭。

综合检测题二

一、选择题

1. 下列词语中读音完全相同的一组是（　　　）
   - A. 真谛　取缔　孝悌　有的放矢
   - B. 包庇　奴婢　媲美　刚愎自用
   - C. 驿站　后裔　臆断　神采奕奕
   - D. 嗜好　对峙　吞噬　舐犊深情

2. 下列各组词语中，书写无误的一组是（　　　）
   - A. 硝烟　分歧　鬼斧神工　称心如意
   - B. 呼啸　通牒　目不暇接　披星带月
   - C. 惰性　磨蹭　感恩戴德　全神惯注
   - D. 沉缅　鉴别　忠贞不逾　名声大震

3. 依次填入画线句子处的词语最恰当的一组是（　　　）
   ① 多年来，我养成了一种＿＿＿，除夕总要到花市挤一挤，观花海，也观人海。
   ② 面对老师的＿＿＿问候，他满脑子的烦恼顿时烟消云散了。
   ③ 从学校走向工作岗位，并不意味着学习的＿＿＿，而是应该在新的条件下继续学习。
   - A. 嗜好　亲切　中止
   - B. 癖好　亲密　中止
   - C. 嗜好　亲切　终止
   - D. 癖好　亲密　终止

4. 下列各句中加点的成语使用恰当的一组是（　　　）
   - A. 昨天上午，韶关南岭国家森林公园迎来了今年第一场大雪，纷纷扬扬的雪花把公园的松树和红叶装点得格外美丽。
   - B. 我们对入校新生进行了一次摸底测试，结果成绩悬殊，良莠不齐。
   - C. 1998 年年初，国际足联秘书长布拉特宣布参加国际足联主席的竞选，欧洲足联主席约翰逊也积极参与竞选，一时间国际足联主席一职炙手可热。
   - D. 陕西剪纸粗犷朴实，简练夸张，同江南一带工整细致的风格相比，半斤八两，不相上下。

5. 下面句子中标点符号使用正确的一项是（　　　）
   - A. 开班会时，班主任正式向全班同学宣布：学校这次征文比赛确定了两个主题：一是支持奥运，二是抗震救灾。
   - B. 辛弃疾的词是以多用典故出名的。他的《永遇乐·京口北固亭怀古》就用了五个典故（孙权、刘裕、刘义隆、拓跋焘和廉颇。）

C. 人可以用精神疗救肉体，使肉体获得满足；人可以用书籍拓展延续生命的疆域，使生命不朽；人可以用诚意感动他人，使社会更加和谐。

D. 兖州交通便利，有"九省通衢，齐鲁咽喉"之称，战略位置重要，自古就是"兵家必争之地，商贾云集之埠。"

6. 下列句子中有语病的一项是（　　）

A. 事实证明，有没有创新能力，能不能进行创新，是经济和科技竞争的决定因素。

B. 我还差一年没有毕业。

C. 公司的三个职员，高高兴兴地向这边走来。

D. 在国际传媒会议的正式代表中，有中央电视台台长、东方电视台台长、香港凤凰卫视总裁。

7. 填入下面横线处的句子，与上下文衔接最恰当的一组是（　　）

青衫是文化的，它昭示的一切，来自十年寒窗、秉烛夜读之苦，_____。_____，_____。_____，_____？更何况还有心中那座黄金屋，在远方熠熠生辉，耀人眼目。

①只是书中自有颜如玉，书中自有黄金屋的价值判断，也美若虚幻

②且不说正心、修身、齐家、治国、平天下的文化理想

③即使读遍经史子集，又何苦之有呢

④苦虽苦矣，但是，苦中之乐，自有个中真味

⑤夜深人寂，有红颜相伴，素手秉烛，红袖添香

A. ④⑤①②③　　　B. ⑤③④②①　　　C. ④②①⑤③　　　D. ⑤①④③②

8. 对下列诗句中所使用的修辞手法判断正确的一项是（　　）

①西风吹老洞庭波，一夜湘君白发多。

②去岁今辰却到家，今年相望又天涯。

③久在樊笼里，复得返自然。

④萧萧梧叶送寒声，江上秋风动客情。

A. 比喻　借代　比喻　对比　　　　　B. 借代　夸张　借代　对比

C. 对比　夸张　借代　拟人　　　　　D. 拟人　对比　比喻　拟人

9. 下列关于文学常识的解说，错误的一项是（　　）

A. "四书五经"是我国古代科举考试的内容，其中"四书"指《论语》《孟子》《大学》《中庸》，"五经"指《易》《尚书》《礼》《诗》《春秋》。

B. 司马迁，我国西汉著名的史学家、文学家，他创作了我国第一部纪传体通史《史记》。

C. 契诃夫与莫泊桑均是法国著名作家，他们与美国的欧·亨利并称"世界三大短篇小说之王"。

D. 老舍，原名舒庆春，字舍予，现代著名作家。长篇小说代表作《骆驼祥子》《四世同堂》；话剧代表作《茶馆》《龙须沟》；他也被北京市人民政府授予"人民

艺术家"的称号。

10. 下列各句不含通假字的一项是（　　）

A. 君子生非异也　　　　　　　B. 莫春者，春服既成

C. 留恋处兰舟催发　　　　　　D. 彤管有炜，说怿女美

二、诗文阅读

杂　诗

〔唐〕无名氏

近寒食雨草凄凄，著麦苗风柳映堤。
等是有家归未得，杜鹃休向耳边啼。

1. 下面对这首诗的语句的理解错误的一项是（　　）

A. "寒食"即冷食，外出游玩时带的熟食已经凉了，再遇上凄清的冷雨，心情更是郁闷。

B. "著"是吹入的意思，这一句是指春风过处，麦苗摇摆，堤上杨柳依依。

C. "等是"是同是的意思，这一句是指诗人有家却不能回，抒发了游客居外不得返乡的思乡之情。

D. 思乡情浓之时，悲苦杜鹃的叫声，更增添了诗人的无限悲伤。

2. 对这首诗的赏析，不恰当的一项是（　　）

A. 前两句描写了春天芳草凄凄、风吹麦苗、绿柳拂堤的景象。

B. 三、四句的意思是同样有家归不得，杜鹃你还是不要再啼叫，触景生情，借景寄慨，暗寓伤今。

C. 这首七言诗的朗读节奏均为二二三式，句式整齐划一，从而加强了诗歌的韵味。

D. 整首诗歌写得委婉曲折，表达了游子思乡，有家不得归的感伤之情。

三、科技文阅读

醋

醋可以用大米和大麦等谷物、苹果和葡萄等水果来酿造，具有独特的酸味和刺激的味道。其中，谷物含有的碳水化合物淀粉和水果中的甜味成分，在微生物的作用下会转变成具有独特的酸味和刺激的味道。其中，谷物含有的碳水化合物淀粉和水果中的甜味成分，在微生物的作用下会转变成醋的特有成分——醋酸。

微生物在进行自身代谢活动时，会将其周围的物质转变为其他物质，这就是发酵过程。醋就是利用这一过程酿造出来的。

最常见的食醋是以大米等谷物为原料酿造而成。谷物所含的淀粉先被米曲霉分解成

很小的糖分子（葡萄糖），再被酵母菌进一步分解成乙醇和二氧化碳。至此，相当于完成了酿酒的步骤。在酒里加入醋酸菌使其继续发酵便可酿造成醋。醋酸菌对乙醇（白酒的主要成分）进行了酸化，从而生成了具有酸味和刺激味道的醋酸。任何种类的醋里面，都含有4%～5%左右的醋酸。

　　醋有很多种类，虽然酿造的秘诀都是在酒里加入醋酸菌进行发酵（醋酸发酵），但不同种类的醋呈现出的颜色和味道却不同，使其颜色和味道发生变化的并非是醋酸。比如用苹果酒酿造而成的苹果醋，其独特的风味来自苹果特有的苹果酸。

　　用醋腌渍或炖肉、鱼等食物可以令其变软，这是因为醋的酸性作用。肉和鱼的蛋白质在酸性环境中被加热后，会被分解或者改变性状。而骨头中所含的钙质也更容易在酸中被溶解，所以不仅仅是鱼、肉的肉质部分，就连骨头也会在用醋熬煮时变软。这导致有人认为喝了醋之后，人的身体也会变软。但事实上即使喝再多的醋，人体的柔韧性也不会增加。

　　此外，醋还能有效去除厨房水槽里的水垢，这是因为同骨头中的钙质一样，水垢的主要成分也容易被醋的酸性溶解。

　　醋还可以杀死引发食物中毒的细菌，并抑制细菌的繁殖。醋酸一旦遇到细菌，就会进入细菌的细胞内，将其体内环境变为酸性。这样一来，原本应该是中性的细菌细胞变为酸性，失去了活性。

　　人们经常说吃醋有益健康，真是这样吗？醋含有的醋酸成分被人体吸收后有利于细胞的新陈代谢（产生能量），而人的新陈代谢关系到人体内所有的机能。尽管还不太了解醋酸具体对身体的哪一部分有好处，但是吃醋对一些生活习惯病的预防效果已被大家认可，比如减少内脏脂肪、减少血液中的胆固醇含量、抑制餐后血糖增高以及抑制血压升高等，这些都是人们在几周或几个月内每天坚持喝15～30毫升醋之后得出的结论。

　　但是，再少量的醋，也不建议直接饮用醋原液这样的强酸性液体。饮用醋的时候，应该兑入水或者其他液体进行5倍以上的稀释后才可以喝。对于有生活习惯病的人，饮用醋的同时也要注意不可过量。

　　1. 下列关于醋的酿造的说法，正确的一项是（　　）

　　A. 白酒加入酵母菌发酵之后便可酿造成醋。

　　B. 醋酸菌酸化乙醇之后便生成醋酸。

　　C. 以大米为原料所酿造的食醋的醋酸浓度为3.9%。

　　D. 米曲霉分解的淀粉被酵母菌分解之后便酿成了醋。

　　2. 根据原文推断，下列说法正确的一项是（　　）

　　A. 酒放一放就会自然变成醋。

　　B. 使醋的颜色和味道发生变化的是醋酸。

　　C. 醋是利用微生物的发酵过程酿造出来的。

D. 苹果酒的风味与苹果酸有关。

3. 关于醋的效果和作用，下列说法不正确的一项是（　　）

A. 使骨头变软。

B. 有效去除厨房水槽里的水垢。

C. 可以杀死引发食物中毒的细菌。

D. 增加人体的柔韧性。

4. 关于醋与人体健康的表述，不正确的一项是（　　）

A. 有利于细胞的新陈代谢。

B. 对一些生活习惯病有预防效果。

C. 可以减少血液中的胆固醇含量。

D. 直接饮用少量的醋有益健康。

四、文言文阅读

子路、曾皙、冉有、公西华侍坐。子曰："以吾一日长乎尔，毋吾以也。居则曰：'不吾知也。'如或知尔，则何以哉？"

子路率尔而对曰："千乘之国，摄乎大国之间，加之以师旅，因之以饥馑；由也为之，比及三年，可使有勇，且知方也。"

夫子哂之。

"求，尔何如？"

对曰："方六七十，如五六十，求也为之，比及三年，可使足民。如其礼乐，以俟君子。"

"赤，尔何如？"

对曰："非曰能之，愿学焉。宗庙之事，如会同，端章甫，愿为小相焉。"

"点，尔何如？"

鼓瑟希，铿尔，舍瑟而作，对曰："异乎三子者之撰。"

子曰："何伤乎？亦各言其志也！"

曰："莫春者，春服既成，冠者五六人，童子六七人，浴乎沂，风乎舞雩，咏而归。"

夫子喟然叹曰："吾与点也。"

三子者出，曾皙后。曾皙曰："夫三子者之言何如？"

子曰："亦各言其志也已矣！"

曰："夫子何哂由也？"

曰："为国以礼，其言不让，是故哂之。唯求则非邦也与？安见方六七十，如五六十而非邦也者？唯赤则非邦也与？宗庙会同，非诸侯而何？赤也为之小，孰能为之大？"

▶ 综合检测题二

1. 下列各句中加点词的解释，不正确的一项是（　　）
   A. 比及三年　　比：等到。　　　　B. 风乎舞雩　　风：吹风。
   C. 夫子喟然叹曰　　喟然：伤感的样子。　　D. 其言不让　　让：谦让。

2. 下列句子中加点字的意义和用法不相同的一句是（　　）
   A. 为国以礼　　　　　　　　由也为之
   B. 方六七十　　　　　　　　且知方也
   C. 方六七十，如五六十。　　如会同
   D. 如或知尔　　　　　　　　或重于泰山，或轻于鸿毛

3. 对下列语句的分析，不正确的一项是（　　）
   A. "不吾知也"是宾语前置句。
   B. "浴乎沂"是状语后置句。
   C. "夫三子者之言何如？"是定语前置句。
   D. "宗庙之事，如会同，端章甫，愿为小相焉。"句中的"端"是名词活用作动词，本意为"古代一种用整幅布做的礼服"，此处译为"穿着礼服"。

4. 下列对原文的概括和分析，不符合文意的一项是（　　）
   A. 从"率尔而对曰：'千乘之国，摄乎大国之间，加之以师旅，因之以饥馑；由也为之，比及三年，可使有勇，且知方也'"的神态、语言描写中，可以看出子路是一个有抱负、坦诚，但性格比较鲁莽、轻率、自负的人。
   B. 从"方六七十，如五六十，求也为之，比及三年，可使足民。如其礼乐，以俟君子"的语言描写中，可以看出冉有是一个谦虚谨慎，说话很有分寸的人。
   C. 从"非曰能之，愿学焉。宗庙之事，如会同，端章甫，愿为小相焉"的语言描写中，可以看出公西华是一个谦恭有礼，娴于辞令的人。
   D. 从"莫春者，春服既成，冠者五六人，童子六七人，浴乎沂，风乎舞雩，咏而归"的语言描写中，可以看出曾皙是一个洒脱、只追求个人享受而没有理想的人。

五、填空题

1. 《劝学》的作者是荀况，本文的中心论点是＿＿＿＿＿＿＿（原句）。
2. 昔我往矣，＿＿＿＿＿＿＿。今我来思，雨雪霏霏。
3. 《不求甚解》是一篇＿＿＿＿＿＿＿（体裁），它的作者是＿＿＿＿＿＿＿。
4. 《我的母亲》的作者是＿＿＿＿＿＿＿。
5. 《论语》是记录孔子言行的一部＿＿＿＿＿＿＿的散文集。

六、应用文写作

校团委决定于 5 月 4 日下午 3:00 在学校大礼堂召开新团员入团宣誓大会，希望各班新团员准时参加，请你以校团委的名义拟一则通知。（限 200 字以内）

七、现代文阅读

素面朝天

毕淑敏

（1）素面朝天。我在白纸上郑重写下这个题目。夫走过来说，你是要将一碗白皮面，对着天空吗？我说有一位虢国夫人，就是杨贵妃的姐姐，她自恃美丽，见了唐明皇也不化妆，所以叫……夫笑了，说，我知道。可是你并不美丽。

（2）是的，我不美丽。但素面朝天并不是美丽女人的专利，而是所有女人都可以选择的一种生存方式。

（3）看着我们周围。每一棵树、每一叶草、每一朵花，都不化妆，面对骄阳、面对暴雨、面对风雪，它们都本色而自然。它们会衰老和凋零，但衰老和凋零也是一种真实。作为万物灵长的人类，为何要将自己隐藏在脂粉和油彩的后面？

（4）见一位化过妆的女友洗面，红的水黑的水蜿蜒而下，仿佛洪水冲刷过水土流失的山峦。

（5）那个真实的她，像在蛋壳里窒息得过久的鸡雏，渐渐苏醒过来。我觉得这个眉目清晰的女人，才是我真正的朋友。片刻前被颜色包裹的那个形象，是一个虚伪的陌生人。

（6）脸，是我们与生俱来的证件。我的父母凭着它辨认出一脉血缘的延续；我的丈夫，凭着它在茫茫人海中将我找寻；我的儿子，凭着它第一次铭记住了自己的母亲……每张脸，都是一本生命的图谱。连脸都不愿公开的人，便像捏着一份涂改过的证件，有了太多的秘密。所有的秘密都是有重量的。背着化过妆的脸走路的女人，便多了劳累，多了忧虑。

（7）化妆可以使人年轻，无数广告喋喋不休地告诫我们。我认识的一位女郎，盛妆出行，艳丽得如同一组霓虹灯。一次半夜里我为她传一个电话，门开的一瞬间，我惊愕不止。惨亮的灯光下，她枯黄憔悴如同一册古老的线装书。"我不能不化妆，"她后来告诉我，"化妆如同吸烟，是有瘾的，我已经没有勇气面对不化妆的我。化妆最先是为了欺人，之后就成了自欺。我真羡慕你啊！"从此我对她充满同情。我们都会衰老。我镇定地注视着我的年纪，犹如眺望远方一幅渐渐逼近的白帆。为什么要掩饰这个现实呢？掩饰不单是徒劳，首先是一种软弱。自信并不与年龄成反比，就像自信并不与美丽成正比，勇气不是储存在脸庞里，而是掌握在自己手中。化妆品不过是一些高分子的化合物、一些水果的汁液和一些动物的油脂，它们同人类的自信与果敢实在是不相干的东西。犹如大厦需要钢筋铁骨来支撑，而决非几根华而不实的竹竿。

（8）常常觉得化了妆的女人犯了买椟还珠的错误。请看我的眼睛！浓墨勾勒的眼线在说。但栅栏似的假睫毛圈住的眼波，却暗淡犹疑。请注意我的口唇！樱桃红的唇膏在呼吁。但轮廓鲜明的唇内吐出的话语，却肤浅苍白……化妆以醒目的色彩强调以至强迫人们注意的部位，却往往是最软弱的所在。磨砺内心比油饰外表要难得多，犹如水晶与玻璃的区别。

（9）不拥有美丽的女人，并非也不拥有自信。美丽是一种天赋，自信却像树苗一样，可以播种可以培植可以蔚然成林可以直到地老天荒。

（10）我相信不化妆的微笑更纯洁而美好，我相信不化妆的目光更坦率而真诚，我相信不化妆的女人更有勇气直面人生。

（11）假若不是为了工作，假若不是出于礼仪，我这一生，将永不化妆。

1. 第（2）段画线的句子有何作用？

2. 根据文意，概述"素面朝天"喻指的人生态度。

3. 作者为什么说"化了妆的女人犯了买椟还珠的错误"？

4. 下列对这篇散文的赏析，不正确的两项是（　　　）

A. 我们周围一草一木"衰老和凋零"的本色与自然，和人类的"化妆"形成鲜明的反差，对比效果强烈，发人深省。

B. 作者认为，无数广告对"化妆"效果喋喋不休的虚假宣传，是对广大妇女人生价值取向的误导。

C. 文章末尾处，反复使用了四个"可以"和三个"相信"，以排比句式层层铺开，对点明主旨起到了强化作用。

D. 文章结尾"我这一生，将永不化妆"一句，斩钉截铁，道出一位并不美丽的当代女性作家对自己受到相貌歧视的激愤之情。

E. 本文与著名女诗人舒婷的《致橡树》，分别从不同角度呼唤着当代女性自我意识的觉醒，具有异曲同工之妙。

八、写作训练

阅读下面材料，写一篇作文。

有人曾说世界上只有两种动物能到达金字塔顶，一种是老鹰，一种是蜗牛。请以这句话所蕴含的哲理为话题写一篇文章。立意自定，文体自选，题目自拟，不少于800字。